FREIZEITFÜHRER
Vor die Haustür, fertig – los!

SPESSART MIT KINDERN

700 Ausflüge & Aktivitäten rund ums Jahr

VON MARIA BONIFER

pmv

2. Auflage Frankfurt am Main 2006
PETER MEYER VERLAG

VORWORT

Maria Bonifer hat nach einer Lehre im Buchhandel in Frankfurt Germanistik mit Schwerpunkt Kinder- und Jugendliteratur studiert, außerdem Soziologie und Psychologie. Wenn sie nicht gerade im Spessart unterwegs ist, verkauft sie gern gute Kinderbücher, arbeitet als freie Hörfunkautorin, u.a. für die Kinderredaktion des Hessischen Rundfunks, und leitet Radioworkshops für Kinder.

Empfehlenswert ist die offizielle Übersichtskarte des Naturparks Spessart mit Freizeiteinrichtungen, markierten Rundwanderwegen und Naturlehrpfaden. Maßstab 1:150.000. Erhältlich beim Naturpark Spessart e.V./Bayern, ✆ 09353/793-366, oder beim Zweckverband Naturpark Hessischer Spessart, ✆ 06051/8835-32.

»Wie, du schreibst an einem Spessart-Führer für Kinder? Was kommt da denn rein? Da kann man doch nur durch die Wälder wandern! Das macht Kindern doch keinen Spaß!«

Das wurde ich von einem – erwachsenen – Freund gefragt, als ich gerade an der ersten Auflage von »Spessart mit Kindern« schrieb. Von wegen der Spessart ist nichts für Kinder, dachte ich mir damals schon, denn schließlich konnte ich ihm eine recht ausführliche Antwort geben, immerhin 320 Seiten lang!

Tatsächlich ist der Spessart Deutschlands größtes Laubwaldgebiet. Buchen stehen da, die schon 300 Jahre alt sind, und so manche Eiche ist sogar schon doppelt so alt! Wenn die reden könnte! Kann sie aber nicht, ja klar. Aber die Natur- und Landschaftsführer im Bayrischen Spessart können das und die Naturparkführer im Hessischen ebenso. Mit ihnen könnt ihr durch die Wälder stromern, auf Naturlehrpfaden und auf den Kulturlehrpfaden des Archäologischen Spessartprojekts. Unterwegs gibt es viel zu erzählen, von kurfürstlichen und königlichen Jagden, von Räubern und Wilddieben, von Spessartbauern, die oft in größter Armut lebten, und von all jenen, die im Spessart durch harte Knochenarbeit ihr Brot verdienten, als Köhler oder Glasmacher, in Bergwerksstollen, Eisenhammerschmieden und Sandsteinbrüchen.

Natürlich könnt ihr den Spessart auch auf eigene Faust entdecken, viele traditionelle Handwerksbetriebe besichtigen, spannende Museen, Kirchen, Klöster, Burgen und Schlösser. Ihr könnt auf Spuren einer berühmten Märchenprinzessin wandern und auf der Fährte eines berüchtigten Wilddiebs. Oder auch mal selbst auf die Pirsch gehen! Aber nehmt statt einer »Büchse« ein Fernglas mit. Auf einem Hochsitz in der Abenddämmerung könnt ihr dann den Wildtieren beim Äsen zuschauen. Einfacher habt ihr es natürlich in einem Wildpark. Ein Besuch dort ist vor allem im Frühjahr empfehlenswert, wenn viele Tierbabys zur Welt kommen. Im Sommer könnt ihr in einem der vielen Badeseen im Vorspessart abtauchen, in kühlen Quellbächen plantschen, auf Kinzig, Sinn und Saale Kanu fahren oder mit einem Dampfer auf dem Main. Eine Schifffahrt lässt sich übrigens prima mit einer Radtour kombinieren.

Von wegen, man kann im Spessart nur wandern! Da wären auch noch historische Eisenbahnen in Betrieb. Nicht nur zur Adventszeit geht es mit der Dampflok den Main entlang. Aber dann ist Sankt Nikolaus mit von der Partie. Wenn Schnee liegt, wird es besonders romantisch, denn dann laden die Spessartwälder zu schönen Winterwanderungen, zu Rodelpartien, Schlittenfahrten und zum Skifahren ein!

Puh! Das alles hatte ich für die erste Auflage von »Spessart mit Kindern« zusammen mit den Kindern Nils, Charlotte, Fionna, Max, Elena, Cathérine und ihren Eltern, mit Christiane, Carmen, Steffi, Nicole, mit Waltraud Glock, Christa Eggerer und Förster Bruno Eggerer, mit Jürgen und mit meinem Vater ausprobiert.

Und natürlich sind wir auch für die zweite Auflage wieder losgezogen und haben tolle Entdeckungen für euch gemacht: So sind wir zum Beispiel in die kühlen Fluten der Naturerlebnisbäder in Schöllkrippen und Bad Orb getaucht, sind durch das Elsavatal geradelt und wie die Radprofis durch den Frammersbacher Bike-Wald, haben uns in kinderfreundlichen Wirtshäusern gestärkt, ein originelles Fahrradmuseum haben wir für euch besichtigt, und wir haben eine echte Räuberhöhle für euch entdeckt!

Wo sich die befindet und was sonst noch alles neu dazugekommen ist, werdet ihr schnell herausfinden, wenn ihr ein paar Seiten weiterblättert!

Ich wünsche euch jedenfalls mit der aktualisierten Auflage von »Spessart mit Kindern« viel Spaß!

Maria Bonifer

Gestatten?

Ich bin Sam, die Wasserratte. Meine Clique und ich begleiten euch mit noch ein paar Freunden auf euren Entdeckertouren durch dieses Buch und den Spessart. Darf ich vorstellen:

Karlinchen, unsere Frischluftfanatikerin,

Herr Mau, Experte für Handwerk und Geschichte,

und Mockes, der liebt Musik und Action.

Ich wünsche mir, dass ihr uns schreibt, wenn ihr unterwegs im Spessart selbst tolle Entdeckungen macht, die wir unbedingt in das Buch aufnehmen müssen.
Peter Meyer Verlag
Schopenhauerstraße 11
60316 Frankfurt a.M.
info@PeterMeyerVerlag.de

Empfehlenswert für Wanderungen sind die offiziellen Wanderkarten des Spessartbundes mit Wegmarkierungen, Langlaufloipen und Radwegen: Fritsch Karte 098 und 099, Spessart Nord und Süd 1:50.000, jeweils 7,30 €.

Die Karten der Landesvermessungsämter Hessen (Blatt 6 und 7) und Bayern 1:50.000 glänzen durch ihre exakte Darstellung. Sie enthalten Rad- und Wanderwege.

Zur Gliederung dieses Buches

»Spessart mit Kindern« ist in 7 geografische **Griffmarken** gegliedert sowie ein Spezial-Kapitel für besondere Tipps im Winter. Von West nach Ost und von Nord nach Süd sind das die Kapitel »Hanau – Gelnhausen«, entlang der Kinzig folgt der »Hessische Spessart«, der bis Schlüchtern reicht, dann folgt mit »Vorspessart & Kahlgrund« ein weiteres Stück Fluss-Abenteuer an Main und Kahl, mit dem Abschnitt »Aschaffenburg – Klingenberg« wird dem Main flussaufwärts gefolgt, bevor es im »Hochspessart« und »Östlichen Spessart« zu den Räubern in den Wald geht. Mit den Höhepunkten zwischen Miltenberg und Marktheidenfeld rundet der »Südliche Spessart« die Angebote schließlich ab. Innerhalb dieser Griffmarken folgen die Aktivitäten immer demselben Aufbau:
»**Tipps für Wasserratten**« sind Infos zu Frei- und Hallenbädern sowie zu Bootstouren und Schifffahrten.
»**Unterwegs an der frischen Luft**« nennt Radtouren, Wanderungen, Besuche von Wildparks und Abenteuerspielplätzen. Die Themen Umwelt und Naturerleben stehen dabei im Zentrum, deshalb werden hier auch Naturlehrpfade und Programme von naturkundlichen Vereinen und Ökostationen vorgestellt.
Der Abschnitt »**Handwerk & Geschichte**« führt euch zu Orten der Technik und Arbeit: Historische Eisenbahnen, Mühlen und Töpferwerkstätten. Und ihr werdet staunen, wie viel Interessantes euch die vielen Burgen und Museen auch bei Regen bieten können!
Bei »**Bühne, Leinwand und Aktionen**« werden Kindertheater, Musikprojekte und Kreativangebote vorgestellt.
Am Ende des Buches befindet sich der zweigeteilte **Serviceteil,** der hilfreiche Adressen von Informationsstellen und Tipps zu Verkehrsverbindungen sowie ausgewählte kinderfreundliche Unterkünfte und Campingplätze aufführt. Der **Kartenatlas** schließlich bietet euch den perfekten Überblick über das Wo und Hinkommen.

HANAU – GELNHAUSEN

In Hanau kamen die Brüder Grimm zur Welt: Jacob 1785 und Wilhelm ein Jahr später. Für die Stadt Grund genug, alljährlich im Schlosspark Philippsruhe die Brüder-Grimm-Märchenfestspiele zu veranstalten. Anlässlich der Landesgartenschau im Jahr 2002 wurden der Park neu gestaltet und moderne Spielplätze angelegt. Kinderwagenfreundliche Spazierwege finden sich hier wie auch im historischen Kurpark Wilhelmsbad, wo sich das Hessische Puppenmuseum befindet. Außerdem sind noch das Museum im Schloss Steinheim mit einem gelungenen Mitmachprogramm rund um die Steinzeit und das Museum Großauheim hervorzuheben, in dem es mächtige Dampfmaschinen zu bestaunen gibt. Und wer lieber Tiere streicheln mag, der ist im Wildpark Alte Fasanerie in Klein-Auheim richtig!

In Hanau beginnt die Deutsche Märchenstraße, die Richtung Nordosten nach Rodenbach führt. Dort ist die sagenumwobene Barbarossaquelle nur eines von vielen Wanderzielen: Da gibt es den Aussichtsturm auf dem Buchberg, eine romantische Klosterruine, das Forsthaus Wolfgang oder den Waldspielplatz Dicke Tanne. Niederrodenbach hat einen historischen Ortskern mit Fachwerkhäusern, umringt von einer Dorfmauer aus dem 13. Jahrhundert. Dort findet ihr das Heimatmuseum, aber auch der Badesee und ein Skaterplatz sind nicht weit.

In **Langenselbold** gibt es ein tolles Freibad und den Ruhlsee, der in einem Vogelschutzgebiet liegt. Dort, wie auch im Schlossgarten findet man kinderwagentaugliche Spazierwege und im ehemaligen Marstall des Schlosses ein nettes Heimatmuseum, das aus dem Leben der Urgroßeltern erzählt. Segeln, Surfen, Schwimmen und Abtauchen, das alles könnt ihr im Freizeit- und Erholungszentrum Kinzigsee am Langenselbolder Autobahn-Dreieck.

In **Hasselroth** wird Natur- und Umweltbildung groß geschrieben: Hier gibt es das erste Hessische Jugendwaldheim, mit tollen Projekten für Kinder und Jugend-

Meine tüchtigen Recherche-Helferinnen: Fiona, Cathérine, Charlotte

Das Rhein-Main-Gebiet einschließlich der westlichen Hanauer Vororte findet ihr in »Rhein-Main mit Kindern« von Eberhard Schmitt-Burk beschrieben, Peter Meyer Verlag, 12,95 €.

liche. Auch in der Natur- und Vogelschutzgruppe Hasselroth könnt ihr aktiv werden. Im Ortsteil Niedermittlau ist das Heimatmuseum mit seinem historischen Kuhstall sehenswert!

In **Freigericht** gibt es das schöne Allwetterbad Platsch im Ortsteil Somborn. Schöne Wege zum Wandern, Radeln und Skaten findet ihr in den Ortsteilen Horbach und Neuses.

Viele Legenden ranken sich um Kaiser Friedrich I., der wegen seines roten Bartes den Beinamen Barbarossa trug. In der von ihm im 12. Jahrhundert gegründeten Stadt **Gelnhausen** ist die Ruine der einst mächtigen Kaiserpfalz zu besichtigen. Nicht nur auf dem jährlichen Barbarossa-Markt gibt es Menschen in mittelalterlichen Kostümen zu sehen, sondern auch während einer Erlebnisführung durch die schöne Altstadt mit ihren Fachwerkhäusern, Kirchen, einer Synagoge, der Stadtmauer und dem Hexenturm.

Wächtersbach hat eine Altstadt mit schmucken Fachwerkbauten und ein altes Rathaus mit Heimatmuseum. Vom Museum ist es nicht weit zum Schloss, das im 12. Jahrhundert als Wasserburg errichtet und im 17. Jahrhundert im Renaissance-Stil umgebaut wurde. Es kann zwar nicht besichtigt werden, der kleine Park mit Schwanensee und Spielplatz laden aber zum abwechslungsreichen Spaziergang ein.

Nichtschwimmer, 'rin ins Wasser! Hanaus H.-F.-Bad wartet auf euch.

Frei- & Hallenbäder

Hallen- und Freibad Hanau

Heinrich-Fischer-Bad, Eugen-Kaiser-Straße 19, Hanau.
✆ 06181/3656-970. www.stadtwerke-hanau.de.
Anfahrt: Bus 3 ab Marktplatz bis Heinrich-Fischer-Bad.
Auto: A66, Ausfahrt 37 Erlensee, über B8 Richtung
Hanau, Ausfahrt Lamboystraße, unter Bahnunterführung durch, geht in Eugen-Kaiser-Straße über. **Rad:** Vom
Mainufer oder Bhf Hanau-West 1,5 km die Kinzig auf-
wärts. **Zeiten:** Halle Okt – April Mo 12 – 15.30, nur
Frauen 15.30 – 17, Di, Do 6.30 – 21.30, Mi, Fr 6.30 –
18, Sa 8 – 18, So 8 – 13 Uhr; Freibad Mai – Sep Mo – Fr
6.30 – 21, Sa, So, Fei 8 – 21 Uhr. **Preise:** 3 €, 5er-Karte
11, Jahreskarte 135 €. Saisonkarte Freibad 44 €;
Kinder 3 – 17 Jahre 1,50 €, 5er-Karte 6, Jahreskarte
80 €. Saisonkarte Freibad 25 €; Familien-Jahreskarte
265, Familiensaisonkarte Freibad 90 €. **Infos:** Saison-
und Jahreskarten gelten auch im Frei- und Hallenbad
Lindenau.

▶ Zu den Attraktionen des großen **Freibades** gehören der Sprungturm mit 3-, 5-, 7- und 10-m-Brett sowie
die 73 m lange Riesenrutsche. Es gibt außerdem ein
großes Sportbecken mit 8 Bahnen, ein stattliches
Nichtschwimmerbecken mit Massagedüsen und
Wasserkanonen und natürlich für die Kleinsten unter
euch ein Plantschbecken. Auf der großen Wiese findet ihr außerdem einen Spielplatz und einen Holzkohlegrill mit vier Grillplätzen, dessen Benutzung im
Schwimmbadpreis inbegriffen ist.

Im Winter geht's dann in die **Halle,** wo alles etwas
enger ist, denn das Kombibecken muss außer den
Schwimmern und Springern auch den Nichtschwim-
mern Platz bieten. Ansonsten gibt es in dieser Abteilung Sonnenbänke, Solarium und Sauna. Für etwas
Gemütlichkeit sorgt die Cafeteria.

TIPPS FÜR WASSER-RATTEN

Hier könnt ihr für
5 € pro Kind
euren Kindergeburtstag
im Wasser feiern. Infos
und Anmeldung an der
Kasse. Außer Spielfes-
ten bietet das Bad auch
Babyschwimmen,
Schwimm- und Tauch-
kurse!

HANAU – GELNHAUSEN

Specki ist schon im
Wasser

Hallen- und Freibad Lindenau

An der Lindenau 7, Hanau-Großauheim. ✆ 06181/54825. www.stadtwerke-hanau.de. **Anfahrt:** Bus 6 ab Freiheitsplatz hält 300 m vor dem Bad. **Auto:** B43a, Ausfahrt Großauheim, Richtung Großauheim Mitte, am Rochusplatz links in Rochusstraße, Umgehungsstraße L3309 überqueren, erste Straße rechts. **Rad:** Vom Südausgang des Hbf Hanau 3 km südostwärts. **Zeiten: Hallenbad** Okt – April Mo 12 – 14.30 nur Frauen, Di – Do 6.30 – 21.30, Fr 6.30 – 18, Sa 8 – 18, So 8 – 13 Uhr; **Freibad** Mai – Sep Mo – Fr 6.30 – 21, Sa, So, Fei 8 – 21 Uhr. **Preise:** 3 €, 5er-Karte 11, Jahreskarte 135 €. Saisonkarte Freibad 44 €; Kinder 3 – 17 Jahre 1,50 €, 5er-Karte 6, Jahreskarte 80 €. Saisonkarte Freibad 25 €; Familienjahreskarte 265, Familiensaisonkarte Freibad 90 €. **Infos:** Saison- und Jahreskarten gelten auch im Heinrich-Fischer-Bad.

▶ Das Frei- und Hallenbad Lindenau liegt im Sport- und Naherholungsgebiet von Großauheim. Im Freien warten auf euch ein 50 m langes Schwimmer- und ein kleines Nichtschwimmerbecken, in das ihr auf einer Großrutsche hinuntersausen könnt, außerdem ein Plantschbecken mit Sprudlern, ein Spielplatz, Tischtennisplatten und ein Beachvolleyballfeld. Die Liegewiese ist groß und bietet an heißen Tagen genügend Baumschatten.

In der **Halle** befinden sich ein Sportbecken mit Sprunganlage sowie ein Nichtschwimmerbecken mit Massagedüsen und Wasserspeier, ein Plantschbecken, Sonnenbänke, Sauna und eine Cafeteria.

Städtisches Freibad Langenselbold

Schwimmbadstraße, ✆ 06184/61121, www.langenselbold.de. Direkt südlich vom Ortskern. **Anfahrt:** Bus HU54 Rathaus/Schloss, dann 5 Minuten zu Fuß. **Auto:** A66 Abfahrt 40 Langenselbold, Kinzig- und Gelnhäuser Straße. **Rad:** Vom Kinzigradweg wie Auto. **Zeiten:** Mai – Aug 7 – 21 Uhr, 1. – 15. Sep 7 – 19 Uhr. **Preise:** 3 €, 10er-Karte 18 €, Saison 39 €; Kinder 6 – 15 Jahre

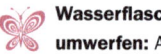 **Wasserflaschen umwerfen:** Alle Spieler stehen in einem Kreis mit einer Wasserflasche vor ihren Füßen. Mit einem kleinen Ball versuchen sie, die Flaschen umzuschießen. Der Spieler, dessen Flasche getroffen wurde, muss den Ball aufheben und »Stopp« rufen. So lange der Ball noch auf dem Boden rollt, darf der Spieler, der geworfen hatte, das Wasser ausleeren. Gewonnen hat, wer als Letzter noch Wasser in seiner Flasche hat.

1,50 €, 10er-Karte 8 €, Saisonkarte 18 €; Familiensaisonkarte 65 €. **Infos:** Dauerkarten gelten für das Freibad und den Kinzigsee. Sie müssen über die Stadtverwaltung erworben werden, dort gibt es auch Auskunft über die aktuelle Wasserqualität des Sees, ✆ 06184/ 802-0, -34.

▶ Wenn der Kinzigsee in Langenselbold zum Baden mal wieder nicht freigegeben wird, weil die pH-Werte zu hoch liegen, so kann man immer noch im Freibad abtauchen oder von der 70 m langen Rutsche ins Wasser sausen. Ganz kleine Kinder haben ihren Badespaß im terrassenförmig angelegten Plantschbecken. Die Liegewiese besteht aus einem flachen Teil und einem Hangstück. Nur schade, dass es so wenig Bäume gibt. Das ansonsten recht gemütliche Bad besitzt einen Kinderspielplatz, ein Beachvolleyballfeld und einen Imbiss-Stand.

Familien-, Freizeit- und Sportbad Gelnhausen: Barbarossafreibad

Barbarossastraße, Gelnhausen. **Anfahrt:** Bus HU61 Haltestelle Freibad, nur Mo – Sa. **Auto:** A66, Ausfahrt 44 Gelnhausen Ost, weiter Richtung Innenstadt. **Rad:** Am Kinzigradweg gelegen. **Zeiten:** Mitte Mai – Sep Mo – Sa 7 – 21 Uhr, So 8 – 21 Uhr. **Preise:** 3 €, ab 17 Uhr 2 €, 10er-Karte 27 €, Saison 50 €; Kinder bis 3 Jahre frei, 4 – 16 Jahre 2 €, ab 17 Uhr 1 €, 10er-Karte 18 €, Saison 35 €; Schüler, Studenten, behinderte Badegäste 2 €, Familienkarte ab 4,50 €. **Infos:** Bäderverwaltung Gelnhausen, ✆ 06051/830181.

▶ Im Jahr 2004 wurden die Sanierungsarbeiten im alten Gelnhäuser Freibad abgeschlossen. Dabei herausgekommen ist ein attraktives Familien-, Freizeit- und Sportbad mit Wasserpilz, Rutsche und einer künstlich angelegten Felsengrotte mit Wasserfall. Natürlich fehlt im großzügig angelegten Eltern-Kinderbereich nicht das Plantschbecken, außerdem gibt es einen Spielplatz mit einem sonnenbeschirmten Sandkasten. Wer es richtig sportlich mag, kann Vol-

 Tauchen lernen könnt ihr bei *Top Diver Crew,* PADI 5* Star Diver Center, William Ölsner, Gelnhäuser Straße 35, 63505 Langenselbold. ✆ 06184/ 63704, Fax 63704. TDC5star@aol.com. Der praktische Teil findet im Freibad Langenselbold statt.

leyball oder Fußball spielen, im Schwimmerbecken 50-Meter-Bahnen zurücklegen oder vom 1er- oder 3er-Turm springen. Eine große Wiese lädt zum Sonnenbaden und Picknicken ein, für euer leibliches Wohl sorgt aber auch eine Cafeteria.

Platsch

Freizeit- und Familienbad, Konrad-Adenauer-Ring, Freigericht-Somborn. ☎ 06055/3053, Cafeteria 3051, Sauna 3052, www.freigericht.de. **Anfahrt:** In Freigericht ab Karlstraße/Trenngasse dem Wegweiser folgen. **Zeiten:** Mo und Mi 14.30 – 21.30, Di 6 – 8, Do und Fr 7 – 21.30, Sa und So 9 – 21.30 Uhr. **Preise:** Tageskarte 3,70 €, 10er-Karte 32, Jahreskarte 160 €; Kinder bis 6 Jahre Tageskarte 1 €, bis 17 Jahre Tageskarte 2,70 €, 10er-Karte 21, Jahreskarte 68 €; Ermäßigung für Schüler, Studenten, Zivil- bzw. Wehrdienstleistende, Schwerbehinderte. Familienkarte 10,50 €.

▶ Hier zahlen zwar schon die Allerkleinsten Eintritt, aber an die wurde auch zu allererst gedacht – und natürlich an ihre Eltern: Im gepflegten Sanitärbereich findet sich ein Wickelraum, im Wintergarten gibt es eine Wasserspiellandschaft mit Strand, Wasserkanonen, Blubberquelle, Wasserfall und Kinderrutsche. Weitläufige Liege- und Aufenthaltsbereiche sowie eine Cafeteria laden zum Verschnaufen und eine Felsenlandschaft zum Klettern ein. darüber hinaus gibt es ein Lehrschwimmbecken mit Glaspyramide und Lichtspielen, ein 25-m-Schwimmbecken mit Startblöcken und Massagedüsen, eine Riesenrutsche mit Sprungturm und eine weitere Sprunganlage natürlich zum Spielen, Toben, Schwimmen und Springen! Platsch!

Angeboten werden Babyschwimmen, Schwimm- und Tauchkurse.

Freibad Wächtersbach

Am Freibad, Wächtersbach. ☎ 06053/1832, B276 zwischen Innenstadt und Neudorf. **Anfahrt:** ↗ Wächtersbach. **Zeiten:** 15. Mai – 30. Aug Mo – Fr 9 – 20 Uhr, Sa, So und Fei ab 8 Uhr, im Sep Mo – Fr 9 – 19 Uhr, Sa, So und Fei ab 8 Uhr. **Preise:** Tageskarte 2,50 €, ab 18 Uhr 1,20 €, 10er-Karte 16, Saisonkarte 40 €; Kinder bis 3 Jahre frei, bis 16 Jahre Tageskarte 1,20 €, 10er-Karte 8, Saisonkarte 20, Familiensaisonkarte 80 €; Saisonkarte für Schüler, Studenten, Zivil- und Wehrdienstleistende, Schwerbehinderte 30 €.

▶ Die Jüngsten werden am Plantschbecken viel Spaß haben: Beim Rutschen oder Schiffchenfahrenlassen am Wasserkanal grinst ihnen ein lustiger Clown entgegen. Es gibt auch einen schönen Spielplatz. Die Älteren können Volleyball spielen und natürlich schwimmen oder am großen Becken mit Schwimmer- und Nichtschwimmerbereich von den Sprungtürmen springen. Zum Sonnenbaden gibt es eine Liegewiese und wer Hunger hat, wird am Kiosk satt.

Badeseen

Ein Hauch von Riviera: Der Birkensee

Wassersportclub Birkensee e.V., Forellenstraße 4, Hanau. © 06181/16260, Fax 16260. Am Nordostrand von Hanau. **Anfahrt:** Ab Hanau Freiheitsplatz Bus 11 bis IKEA, 10 Min Fußweg. Auto: Von der A66 Hanau-Nord auf der B45 Richtung Hanau, an der 1. Ampel links ins Gewerbegebiet Nord/Oderstraße, nach 2 km links und auf der Forellenstraße die Autobahn überqueren, dann Wegweiser folgen. **Zeiten:** Mai – Sep 10 – 20 Uhr. **Preise:** 4 €; unter 10-Jährige 2,50 €.

▶ Der waldgesäumte Birkensee liegt zwar nur 200 m von der A66 entfernt, aber dank der vielen Bäume dringt das Autogedröhne nur gedämpft herüber. An der Südseite dieses beschaulichen Gewässers befindet sich ein **Strandbad**, das durch seine große Terrasse voll blühender Oleander, Hibiscus und Bananenstauden sogar den Eindruck erweckt, direkt an der Riviera zu liegen. Aber Vorsicht: Oleanderblätter sind für Kleinkinder extrem giftig.

*In großen und überfüllten Strandbädern können sich Kinder bis etwa 5 Jahre sehr leicht verlaufen. Zwar gibt es Kinder mit einem angeborenen guten **Orientierungssinn**, aber bei den meisten muss dieser erst trainiert werden. Deshalb sollten Erwachsene und ältere Geschwister den Kleinen Orientierungshilfen anbieten und diese viele Male abfragen. Orientierungshilfen können sein: eine besonders farbige Decke, der Sonnenschirm oder ein mitgebrachtes Fähnchen, in unmittelbarer Nähe zur Uhr, zu einem einzeln stehenden Baum oder Busch, zum Spielplatz und so weiter.*

HANAU – GELNHAUSEN

Auf dem See werden Grundkurse im **Windsurfing** veranstaltet, auch Kinder können teilnehmen. Ihr könnt den Windsurfgrundschein des VDWS erwerben: *Windsurfcenter Hanau,* Bernhard Hombach, Birkensee, 63452 Hanau. ✆ 06188/901155, Handy 0177/5752727, Windsurf-Center-Hanau@t-online.de. 3-stündiger Schnupperkurs 28 €, 14-stündiger Grundkurs inkl. Schulmaterial und Neoprenanzug 107 €, Sonderpreise für Kindergruppen.

Im See leben allerlei Fische, darunter auch Marmorkarpfen, die durch ihren Appetit auf Algen die Wasserqualität hoch halten. Auf dem schmalen Sandstreifen seines Ufers können die Jüngsten unter euch Burgen bauen und im extra abgegrenzten Plantschbereich Schwimmen üben. Wer sportlich ist, kann weit hinausschwimmen und mit dem Schlauchboot oder per Luftmatratze in See stechen. Auch Surfer und Segler sind auf einem dafür freigegebenen Abschnitt unterwegs. Nicht erlaubt ist allerdings das Ballspielen, so dass es für ältere Kinder und Jugendliche etwas langweilig werden kann. Für Familien mit Kleinkindern ist der See aber sehr empfehlenswert.

Freizeit- und Erholungszentrum Kinzigsee

Stadtverwaltung Langenselbold, Am Kinzigsee, Langenselbold. ✆ 06184/4300, Fax 80268. www.langenselbold.de. **Anfahrt:** Ab Hanau Freiheitsplatz Bus HU54 bis Rathaus, von dort 15 Min Fußweg ausgeschildert. Auto: A66 Ausfahrt Langenselbold, Richtung Hasselroth, gleich nach der Ausfahrt rechts. **Rad:** Über den Kinzigradweg oder vom Bhf Langenselbold 2 km nach Nordwesten. **Zeiten:** witterungsabhängig. **Preise:** bei Badebetrieb 2,50 €, 10er-Karte 18, Saison 39 €; bei Badebetrieb Kinder 6 – 15 Jahre 1 €, 10er-Karte 8, Saison 18 €; Familien-Saisonkarte 65 €. **Infos:** Dauerkarten gelten für den Kinzigsee und das Freibad, müssen über die Stadtverwaltung erworben werden, dort gibt es auch Auskunft über die aktuelle Wasserqualität des Sees ✆ 06184/802-0, -34.

▶ Im Kinzigsee ist Baden nicht immer angesagt, weil die pH-Werte des Wassers manchmal zu hoch liegen. Die Wasserqualität wird aber regelmäßig untersucht und so konnte im Sommer 2005 an den meisten Tagen der Badebetrieb aufgenommen werden.

Zum Strandbad am Nordostufer zählen ein Sandstrand sowie ausgedehnte Liegewiesen, ein Bolzplatz, ein Beachvolleyballfeld und ein recht abwechs-

lungsreicher Spielplatz (dummerweise ohne Sonnen-
schutz!), u.a. mit einer kleinen Tunnelrutsche, Schau-
keln und vor allem mit viel Sand. Am Eingang sind
Toiletten, Umkleidekabinen und Freiluftduschen, im
hinteren Teil des Strandbades gibt es einen kleinen
Fkk-Bereich. Getränke und Eis bekommt ihr an der
Beach Bar neben dem Kinderspielplatz. Den größe-
ren Hunger könnt ihr im *Ristorante Villa Aurora* beim
Eingang stillen. Im Westabschnitt des Sees haben
Surfer Quartier bezogen.

Strandbad Rodenbach

Am Auenweg, Rodenbach-Niederrodenbach. ✆ 06184/
59933, 54359, www.rodenbach.de. **Anfahrt:** Ab Hanau
Freiheitsplatz Bus HU53 bis Toom-Markt, 5 Minuten
zum See. Auto: A66, Ausfahrt 40 Langenselbold, Richtung Hasselroth, nach der Brücke rechts nach Rodenbach, am Ortseingang rechts direkt bei Toom. Dessen
Parkplätze dürfen von Badeseebesuchern benutzt werden. **Rad:** Vom Bhf Langenselbold gut 2 km südlich vom

Hunger & Durst

Ristorante Villa Aurora,
Kinzigsee, Langensel-
bold, ✆ 06184/63132.
März – Sep 12 – 24,
Okt – Feb 12 – 14.30
und 17 – 24 Uhr. Schö-
ne Sonnenterrasse mit
Seeblick. Speiselokal
mit gehobenen Preisen.
Es gibt aber auch ofen-
frische Pizza zum Mit-
nehmen an den Strand!

PH IST WAS WERT

▶ Der pH-Wert ist ein Maß für die Stärke der sauren
bzw. basischen Wirkung einer Lösung, z.B. von Wasser. PH leitet sich von dem lateinischen Begriff *pondus
hydrogenii* ab (pondus = Gewicht, hydrogenium = Wasserstoff). Der
pH-Wert hat Auswirkungen auf Tiere, Pflanzen und uns Menschen.
So muss ein bestimmter pH-Wert eingehalten werden, damit Fische
und Pflanzen im Wasser überleben können. Auch für den Menschen
ist es sehr schädlich, in Wasser mit einem hohen pH-Wert zu baden.
Unsere Haut ist nämlich zum Schutz vor Krankheitserregern von einem Säuremantel umgeben. Kommt die Haut mit stark alkalischem
(»seifigem«) Wasser in Berührung, wird dieser Schutzmantel zerstört. ◀

pH-Wert < 7 = saure Lösung
pH-Wert $= 7$ = neutrale Lösung
pH-Wert > 7 = alkalische Lösung

Wasser marsch!
Zwei Mannschaften halten je einen Eimer mit Wasser an einem geheimen Ort versteckt. Dort werden die Wasserpistolen aufgefüllt, mit denen die Spieler der gegnerischen Mannschaft bespritzt werden. Ziel ist es natürlich, sich gegenseitig so richtig nass zu machen. Wer schlau ist, versucht dabei, den gegnerischen Wassereimer umzuwerfen und den eigenen zu schützen!

Bahndamm durch den Wald. **Zeiten:** Mitte – Ende Mai Mo – Fr 12 – 18, Sa, So, Fei 10 – 18 Uhr, Juni – Aug und während der Sommerferien 9 – 21 Uhr, ab 1. Sep Mo – Fr 12 – 18, Sa, So 10 – 18 Uhr. **Preise:** 1,80 €, 10er-Karte 15,30, Saison 28 €; Kinder 6 – 16 Jahre 1 €, 10er-Karte 8,70, Saison 18 €; in der Vor- und Nachsaison freier Eintritt, günstige Familientarife. **Infos:** Bei der Gemeindeverwaltung Rodenbach gibt es Informationen zur aktuellen Wasserqualität, ✆ 06184/59933.

▶ Das Strandbad in Rodenbach ist klein und fein. Es gibt saubere Sanitäranlagen, Umkleidekabinen und kalte Freiluftduschen, außerdem einen Kiosk mit Getränken, Eis und kleinen Speisen. Der flache See erwärmt sich im Sommer schnell. An den Sandstrand schließt sich eine ausgedehnte Liegewiese mit alten Bäumen an. Ein schöner Kleinkinderspielbereich liegt im Halbschatten. Die Älteren können Beachvolleyball, Tischtennis und Tischfußball spielen. Im Wasser gibt es eine Badeinsel mit Sprungbrett und einen markierten flachen Nichtschwimmerbereich. Am gegenüberliegenden Ufer schwimmen Seerosen.

Wassersport auf Seen und Flüssen

Boot fahren auf der Kinzig

Frey, Bootsschule, Bootsverleih, Yachtcharter, Philippsruher Allee, 63454 Hanau-Kesselstadt. Fax 06181/907274. Handy 0172/7219534. www.bootsschule.com. frey-yacht@t-online.de. An der Hellerbrücke und Kinzigmündung. **Zeiten:** April – Okt So und Fei 10 – 20 Uhr, Mo – Fr 13 – 19 Uhr, oder nach Vereinbarung. **Preise:** Tretboot für max. 5 Pers. 1 Std 13 €, Ruderboot für max. 4 Pers. 1 Std 10 € oder 5 – 6 Pers. 1 Std. 13 €, Kanu für max. 3 Pers. Std 8 €, Paddelboot für 1 bzw. 2 Pers. 1 Std 6 bzw. 8 €.

▶ In einem Boot die Kinzig entlangzupaddeln oder zu rudern ist ein Riesenspaß, ist die Kinzig in Hanau doch stellenweise sehr beschaulich. Ihr gleitet an

Weiden vorbei, im Wasser schwimmen Enten. Die Tour ist maximal 4 km lang und führt vom Startplatz an der Kinzigmündung bis zu den Kaiserteichen.

Surfen auf dem Kinzigsee

Surfshop am Kinzigsee, Jürgen Wolf, 63505 Langensel-bold. ✆ 06184/4487, Fax 72738. Handy 0171/5700338. www.surfshopamkinzigsee.de. surfshop.kinzigsee@gmx.de. **Anfahrt:** ↗ Freizeitzentrum Kinzigsee. **Zeiten:** See offen April – Mitte Nov. **Preise:** Surfgebühr 90 Minuten 3 €, Tageskarte 6, Leih-boards ab 7 €; Tageskarte für Kinder bis 14 Jahre 3 €.

▶ Segeln und Surfen auf dem Kinzigsee kostet eine Gebühr, die am Surfshop zu zahlen ist. Dort könnt ihr auch Bretter leihen. Der Surfshop führt ferner verschiedene Kurse durch. Schnupper-Surfkurse für Kinder von 8 bis 12 Jahre finden unter der Woche für 110 € statt. Kinder von 11 bis 14 Jahren dürfen mit Erwachsenen im Grundkurs am Wochenende loslegen (135 €).

Kajaks und Kanadier

Sport- und Erlebnisreisen, Obertor 2, 63607 Wächters-bach. ✆ 06053/2705, Fax 5180. www.clever-points.de. sport-erlebnisreisen@clever-points.de. In der Altstadt. **Zeiten:** Mo – Fr 10 – 18.30 Uhr, Sa 9 – 13 Uhr. **Preise:** Kajaks ab 23 €, Kanadier ab 27 € pro Tag.

▶ Im Sport- und Reiseladen könnt ihr Kajaks und Kanadier leihen und damit zu einer Tour auf der Kinzig starten. Außerdem werden Familienkurse im Kanufahren angeboten. Auf zwei gemütlichen Tagesetappen paddelt ihr dann die fränkische Saale entlang und übernachtet in Zelten.

Mit dem Schiff zwischen Hessen und Franken

Primus Linie, Frankfurter Personenschifffahrt Anton Nauheimer GmbH, Mainkai 36, Eiserner Steg, 60311 Frankfurt am Main. ✆ 069/1338370, Fax 284798.

*Flüsse sind wichtige Brut- und Laichgewässer. Ob und wann sie befahren werden dürfen, hängt von Naturschutzauflagen, Flusssperren und Wasserständen ab. Die **Kinzig** darf deshalb nicht vor dem 15. Juli befahren werden!*

www.primus-linie.de. mail@primus-linie.de. **Preise:** bis Seligenstadt 12,50 €, bis Aschaffenburg 16,50 €; Kinder bis 5 Jahre frei, bis 15 Jahre halber Preis; Gruppenermäßigung. **Infos:** Logbuch mit aktuellen Fahrzeiten telefonisch anfordern oder im Internet abrufen.

▶ Auf ihren Fahrten von Frankfurt nach Aschaffenburg und Seligenstadt halten die Schiffe der Primus Linie auch in Hanau Schloss Philippsruhe, Schloss Steinau und Großauheim, so dass ihr von dort zu einer Schiffstour auf dem Main starten könnt.

RAUS IN DIE NATUR

Radeln und Skaten

Durch die Wälder der Großen Bulau: Von Großkrotzenburg zur Klosterruine Wolfgang und nach Rodenbach

Rad- und Wanderkarte Gemeinde Freigericht, 1:20.000, 4 €, erhältlich bei den Verwaltungen von Langenselbold und Rodenbach.

Länge: 11 km, fast immer durch Wald, flach und leicht.
Anfahrt: RB 55, 56 Frankfurt – Hanau – Aschaffenburg bis Bhf Großkrotzenburg; zurück von Rodenbach Bhf City 50 Express Wächtersbach – Frankfurt, Bus HU52 Freigericht – Niederrodenbach, HU53 Freigericht – Hanau.

▶ Ihr fahrt zunächst nach Südosten der Bahnlinie Richtung Aschaffenburg folgend zu den **Großkrotzenburger Seen** (1 km). Anschließend geht es am Ostrand des Freigerichtsees, des Weihertannen Sees und des Schloss-Sees circa 2 km Richtung Nordosten. Danach taucht ihr für lange Zeit in den tiefen Wald der **Großen Bulau** ein. Zumeist in nördlicher Richtung radelnd, überquert ihr nach 1,5 km die A45 und seid nach weiteren 3,5 km Fahrt an der schaurig-romantischen **Klosterruine Wolfgang** (Km 8). Zum Schluss radelt ihr noch 1,5 km in Richtung Nordosten durch Wald, bis zum Ortsrand von Niederrodenbach. Schließlich geht es ein längeres Stück durch das Dorf, das zur Verbandsgemeinde **Rodenbach** gehört. Der Bahnhof befindet sich am Nordwestrand.

Skaten in Niederrodenbach

Am Auenweg, 63517 Rodenbach-Niederrodenbach.
Anfahrt: Vom Hanau Friedrichstraße Bus 53 bis Toom-Markt, 5 Min Fußweg zum Skaterplatz, Mo – Fr stündlich, So, Fei nur 2 Verbindungen.

▶ Direkt neben dem Rodenbacher Strandbad befindet sich ein Skaterplatz mit Halfpipe und Funbox.

Achtung! Benutzung nur mit Schutzausrüstung! Aktivitäten ganz auf eigene Gefahr!

Kinzigtal total – Radeltag auf abgasfreier Straße

Anfahrt: Ganz bequem mit Regionalexpress und -bahn Frankfurt – Hanau – Fulda sowie per Sonderzug.
Zeiten: 2. So im Sep 9 – 18 Uhr.

▶ Jedes Jahr im September findet unter dem Motto »Kinzigtal total – Vorfahrt fürs Fahrrad« ein riesiges Radelfest zwischen Kinzig-Quelle und Kinzig-Mündung statt. An diesem Tag könnt ihr auf gesperrten Bundes- und Landstraßenabschnitten völlig unbelästigt von Autoabgasen und Verkehrslärm von **Sterbfritz** bis nach **Hanau** durch das landschaftlich schöne Kinzigtal radeln – eine Strecke von 80 km. Die gesamte Route legen allerdings die wenigsten der etwa 200.000 Teilnehmer zurück. Viele – vor allem auch Familien – beschränken sich auf mehr oder weniger lange Teilstrecken und genießen die festlich-fröhliche Atmosphäre und vielen Aktivitäten in den Orten und das reichliche gastronomische Angebot.

Eine Infobroschüre zum Aktionstag »Kinzigtal total« gibt es bei der Fachgruppe Sport des Main-Kinzig-Kreises, ✆ 06052/854392. Darin erfahrt ihr alles über die Strecke, die Festprogramme in den einzelnen Orten, Pannendienst, 1.-Hilfe-Stationen und Sonderzüge. Weitere Informationsquelle: www.mkk.de.

Radeln rund um Ruhl- und Kinzigsee

Länge: ebener Rundweg um die Seen circa 20 Minuten, auch für Fahrradanfänger. **Anfahrt:** ↗ Langenselbold.
Rad: Am R3 gelegen; vom Bhf Langenselbold 2 km Radweg erst Richtung Stadtmitte, dann Wegweiser zum See.

▶ Das **Vogelschutzgebiet Ruhlsee** ist besonders schön Ende Mai und Anfang Juni mit dem Rad zu umrunden, denn dann hört man nicht nur Vogelzwitschern und das Rauschen der nahen Autobahn, sondern auch Froschgequake. Wasserlilien und Hecken-

Wusstet ihr schon …

… dass Kröten und Frösche im Frühjahr auf Wanderschaft gehen?

… dass sie dann die Laichgewässer aufsuchen, in denen sie selbst geboren wurden?

… dass das Männchen dort einen Quakgesang anstimmt, um ein Weibchen anzulocken, mit dem es sich paaren kann?

… dass jede Frosch- und jede Krötenart am Quaken zu erkennen ist, damit das Weibchen den richtigen Partner findet?

… wie wunderschön so ein Froschkonzert klingen kann? ◄

rosen stehen in voller Blüte. Direkt neben dem Ruhlsee liegt der Kinzigsee, mit seinem Strandbad, einem italienischen Restaurant, einer Tauch- und einer Surfschule.

@ Auf der Homepage der Stadt www.gelnhausen.de findet ihr eine Liste mit Spiel- und Bolzplätzen, Basketball- und weiteren Sportanlagen!

Skaten in Gelnhausen

Hallenbadstraße, 63571 Gelnhausen.

▶ Eine tolle Skateboard-Anlage mit Funbox.

Skaten und mehr in Horbach

Anfahrt: Ab Freiheitsplatz Hanau Bus 53 und vom RB-Bhf Niederrodenbach nach Freigericht-Horbach. Von der Ortsmitte 10 Gehminuten über die Geiselbacher Straße zum Festplatz.

▶ Am Horbacher Festplatz gibt es einen Skaterplatz mit Halfpipe, einen Basketballkorb und einen Holzspielplatz. Zum Skaten, schon für Anfänger, ist auch der Radweg zwischen Horbach und Neuses geeignet.

Wandern und Spazieren

Zum Aussichtsturm auf dem Buchberg

Länge: 2 km einfach, stetig steigend, kinderwagentauglich. **Anfahrt:** RB, RE Bhf Langenselbold. **Auto:** A66, Ausfahrt 40 Langenselbold Richtung Hasselroth, nach

Brücke rechts Richtung Rodenbach und dann gleich links Wanderparkplatz am Buchberg.

▶ Ihr geht an der Nordseite des **Bhf Langenselbold** nach Westen zur circa 300 m entfernten Brücke. Auf ihrer Südseite müsst ihr in die Straße nach Rodenbach. Kurz darauf taucht links der Wanderparkplatz am Buchberg auf, von dem es immer kräftig bergauf durch den Wald auf einem Schotterweg zum 1,5 km entfernten Buchberg hinaufgeht. Dort könnt ihr einkehren, einen Spielplatz testen und den Aussichtsturm besteigen.

Von dort oben habt ihr einen sagenhaften Rundblick. Ihr seht die Skyline von Frankfurt, die Türme der Ronneburg, die Ausläufer von Odenwald, Taunus und Vogelsberg und noch vieles andere – also das Rhein-Main-Gebiet aus der Vogelperspektive. Gut, wenn ihr ein Fernglas dabeihabt!

Rund um die Klosterruine Sankt Wolfgang

Länge: Niederrodenbach, 6,4 km ebener Rundweg, geeignet auch für Fahrrad, Inlineskates, Kinderwagen und Rollstuhl. **Anfahrt:** Ab Hanau Freiheitsplatz Bus HU53 bis Haltestelle Forstamt an der B43 kurz hinterm Autobahndreieck, von dort 15 Gehminuten zum Wanderparkplatz. **Auto:** A45, am Hanauer Kreuz in Richtung Hanau-Wolfgang, weiter auf der B43 dem Wegweiser zum Forstamt Wolfgang folgend rechts zum Wanderparkplatz Klosterruine. **Rad:** Radweg an der B43 bzw. an den Bahngleisen.

▶ Bergahorn, Flatterulme, asiatischer Götterbaum? Wenn ihr wissen wollt, wie die Bäume aussehen, die so fantastische Namen tragen, dann startet am Wanderparkplatz Klosterruine Sankt Wolfgang zu einer Rundtour. Unterwegs kommt ihr nicht nur an alten Bäumen vorbei, sondern auch an der schaurig-schönen Klosterruine, am Forstamt Wolfgang und am *Naturschutzgebiet Rote Lache*. Als Wanderzeichen begleitet euch das Grüne Buchenblatt. Der Weg ist über

Hunger & Durst
Gaststätte am Buchbergturm, Ristorante und Pizzeria, Am Buchberg, Langenselbold, ✆ 06184/1201, Mo Ruhetag. Viele Pasta-Gerichte auch in Kinderportionen, Biergarten.

So sehen die Blätter und Früchte der Rotbuche aus

An der Kloster-
ruine Sankt Wolf-
gang darf **gegrillt** werden. Dazu braucht ihr
einen Erlaubnisschein
des Forstamtes. An der
Ruine gibt es eine
Schutzhütte und einen
Lagerfeuerplatz, Grillge-
rät müsst ihr selbst mit-
bringen, Infos unter
✆ 06181/95010.

große Strecken asphaltiert und eignet sich somit
auch zum Skaten!

Grillfest an der Barbarossaquelle

Länge: 2 km, einfach und mit Kinderwagen und Rollstuhl befahrbar. **Anfahrt:** Bus 53 vom Freiheitsplatz Hanau, Linie 53 und vom RB-Bhf Niederrodenbach nach
Oberrodenbach, Haltestelle Drisselbach. Von dort weiter Richtung Freigericht laufen, am Ortsende dem Weg
für Fußgänger und Radfahrer bis zum Wanderparkplatz
Barbarossaquelle/Oberrodenbach folgen; Wegdauer
gut 15 Minuten. **Auto:** A66, Ausfahrt 40 Langenselbold,
weiter Richtung Hasselroth, nach der Brücke rechts
nach Niederrodenbach, dort am Ortseingang links nach
Oberrodenbach, Wanderparkplatz Barbarossaquelle
südlich von Oberrodenbach anfahren.

▶ An der Barbarossaquelle wurde ein schöner **Grill-
und Picknickplatz** mit einer Schutzhütte, einer Lager-
feuerstelle und vielen Holztischgarnituren angelegt.
Über knorrige Wurzeln und Brücken führt euch ein
Weg rund um einen Seerosenteich. Kaum zu glau-
ben, dass an diesem idyllischen Ort einst Kaiser
Friedrich Barbarossa heimtückisch überfallen wurde,
aber wer weiß?
Schon gut, dass es heute keine Wegelagerer mehr
gibt, so könnt ihr vom Wanderparkplatz sicher zur
Barbarossaquelle gelangen. Auf dem asphaltierten
Weg können Geübte sogar skaten. Aber Vorsicht, das

Wusstet ihr schon ...

... dass Gartenrotschwänzchen im April schon um
4 Uhr morgens ausgeschlafen haben und dann mit
ihrem Vogelgesang beginnen?
... dass Grünfinke zu den Langschläfern unter den heimischen
Vogelarten zählen, sie zwitschern nämlich erst ab 5.30 Uhr?
Die **Vogeluhr** am Wanderparkplatz Barbarossaquelle informiert
euch darüber, wann welcher Vogel seine Gesangsstunde hält! ◀

DIE SCHAURIGE LEGENDE DER BARBAROSSAQUELLE

▶ **Kaiser Friedrich von Hohenstaufen,** wegen seines roten Bartes Barba-rossa genannt, war im Jahre 1184 zu seiner Lieblingsburg nach Gelnhausen unterwegs. Mit nur wenigen Gefolgsleuten nächtigte der Kaiser an einer Quelle im finsteren Wald und wurde da von dem arglistigen Raubritter Ranneburger und seinen Mannen überfallen. Die waren in der Überzahl und so hätte sich Barbarossa mit seinem Gefolge ergeben müssen, wären ihm nicht die treuen Bauern der Umgebung zu Hilfe gekommen. Mit Äxten, Sensen und Mistgabeln schlugen sie die Feinde in die Flucht. Das Leben des Kaisers konnte gerettet werden, viele tapfere Bauern aber starben im blutigen Kampf und ihr Blut färbte das Wasser der Quelle rot. Darum hieß der Bach, der aus ihr entspringt, fortan Rodenbach und die Quelle selbst wird seitdem Barbarossaquelle genannt. ◀

letzte Drittel des Weges geht stetig bergab, das Bremsen solltet ihr also beherrschen!

Schmetterlingswanderung rund um Horbach

Länge: 10 km gesamt, leichte Steigungen, nur Teilstrecke kinderwagentauglich. **Anfahrt:** Bus 53 vom Freiheitsplatz Hanau und vom RB-Bhf Niederrodenbach nach Freigericht-Horbach; von der Ortsmitte 10 Gehminuten über die Geiselbacher Straße zum Festplatz.
Auto: A66, Ausfahrt 41 Gründau/Rothenbergen, weiter auf der L3269 über Niedermittlau und Altenmittlau nach Horbach, Parkplatz am Festplatz anfahren.
▶ Vom Horbacher Festplatz aus führt euch das Wanderzeichen Blauer Schmetterling rund um den schön gelegenen Ort. Das erste Viertel des Weges durch den Näßlichgrund bietet sich auch für Familien mit Kindern im Buggy für einen Spaziergang an. Ihr kommt an einer Freizeitanlage vorbei und an einer Hütte des Horbacher Verkehrsvereins, an der es an

Hunger & Durst

 Zwischen Neuses und Horbach liegt der Wanderparkplatz **Schnellmichgrund.** Von dort führt der Rote Pilz auf einem Rundweg von 6 km hinauf zum **Landhaus Fernblick,** einem Ausflugslokal mit italienischer Küche, Kinderspielplatz und Aussichtsturm. Es gibt auch eine Straße, die zum Landhaus führt. Di – So 12 – 24 Uhr, ✆ 06055/6427.

Sommersonntagen Getränke, Eis und Kuchen zu kaufen gibt. Kleine, gut beschilderte Abstecher führen zu einer Mariengrotte und zum Gondelteich. Auf der weiteren Wegstrecke sind leichte Steigungen zurückzulegen. Der Weg führt an lauschigen Picknickplätzen, an Tümpeln und Teichen, an einer Jagdhütte und an einer Kapelle vorbei. Wieder am Festplatz angekommen, gibt es dort noch einen schönen Holzspielplatz zu testen, bei dem man auch skaten und Basketball spielen kann.

Natur- und Umweltinfos

Forstmuseum im Wildpark Alte Fasanerie
Fasaneriestraße 106, 63456 Hanau-Klein-Auheim. ✆ 06181/69191, www.erlebnis-wildpark.de. **Anfahrt:** ↗ Wildpark. **Zeiten:** ↗ Wildpark.
▶ Im Forstmuseum, mit seinem umweltfreundlichen Solardach, könnt ihr ganz viel über den Wald erfahren – biologisch, ökologisch, wirtschaftlich, geschichtlich. Auch zum Thema Waldarbeit existiert eine gehaltvolle Ausstellung. Früher, als es nur Beil und Handsäge gab, war die Holzernte eine verdammt schwere und gefährliche Arbeit. Die Erfindung der Motorsäge brachte bereits eine gewaltige Erleichterung. Heute gibt es den »Voll-Harvester«, der den Waldarbeitern einen großen Teil der Arbeit abnimmt: Er fällt die Bäume, entastet sie und schneidet die Stämme transportgerecht. Andere Schwerpunkte sind: Geschichte der Flößerei, Harzgewinnung, der Wald als Lieferant von Bau- und Möbelholz, als Wasserspeicher und wichtiger Umweltfaktor.

Im Wildpark befinden sich außer zahlreichen Tiergehegen nicht nur das **Forstmuseum**, sondern auch ein **Sinnespfad** auf dem ihr barfuß auf Basalt, Blättern, Kies, Kiefernzapfen, Balancierholz, Sand, Findlingen, Waldboden, Rinde und Holzpalisaden laufen könnt, ein **Gesteinspfad,** mit Basalt, Vulkanit, Sandstein und Granit am Wegrand und dann gibt es eine **Sprunggrube,** in der markiert ist, wie weit unsere heimischen Tiere hüpfen können. Ihr könnt ja mal ausprobieren, ob ihr auch so weit wie Rehe oder Hasen springen könnt!

Infozentrum Natur- und Vogelschutz
Natur- und Vogelschutzgruppe e.V., In den Etzwiesen, 63594 Hasselroth-Niedermittlau. ✆ 06055/1966, volker-HR1@t-online.de. **Infos:** Volker Schneider, 1. Vorsitzender, ✆ 06055/81379.

▶ Zum Natur- und Vogelschutz-Infozentrum gehört ein großes Gelände mit Amphibienzuchtbecken, Streuobstwiese, Fledermausturm, Steingarten, Weidentunnel, Feuerstelle und Sinneslehrpfad. Bei den monatlichen Gruppentreffen der Vereinsjugend können schon Kinder ab 4 Jahre aktiv werden. Für Kinder und Jugendliche ab der 5. Klasse gibt es thematische Projekte, Fotokurse, Töpfern, eine Wasserwerkstatt, einen naturnahen Garten, außerdem Zeltlager und Exkursionen. Für Schulklassen und andere Kindergruppen kann man Führungen vereinbaren.

Aus Samen werden Bäume
Hessische Staatsdarre Wolfgang, Rodenbacher Chaussee 3, 63457 Hanau-Wolfgang. ✆ 06181/9501-930, Fax 9501-927. FAHanauwolfgang@forst.hessen.de. **Anfahrt:** Ab Hanau Freiheitsplatz mit Bus 53 bis Haltestelle Forstamt an der B43 kurz hinterm Autobahndreieck, von dort 30 Minuten zum Forstamt laufen. **Auto:** Von der A45 am Hanauer Kreuz über Ausfahrt Rodenbach auf die B43, Wegweiser zum Forstamt Wolfgang folgend rechts abbiegen, Wanderparkplatz Klosterruine anfahren. **Rad:** Radweg an der B43. **Zeiten:** Besichtigung nur nach Anmeldung, Führungen auch für Schulklassen ab der 5. Jahrgangsstufe.

▶ Im **Forstamt Wolfgang** gibt es eine Darre zu besichtigen. Das Wort Darre kommt von dörren. Gedörrt werden hier die Zapfen veschiedener Nadelbäume. So wird ihr Samen gewonnen, den man aussät, um neue Baumtriebe heranzuziehen. Und die werden dann später wieder im Wald gepflanzt.

Der Zapfen der Edeltanne wächst aufrecht auf dem Zweig

Geführt durch die Natur
Zweckverband Naturpark Hessischer Spessart, Geschäftsführer, Fritz Dänner, Barbarossastraße 24, 63571 Gelnhausen. ✆ 06051/883-542, Fax 883-547. www.naturpark-spessart.de. naturpark-spessart@ t-online.de. **Preise:** 50 € je Exkursion. **Infos:** Buchung auch unter ✆ 06051/883-532.

▶ Ihr wollt wissen, warum der Biber im Spessart ausgestorben war und wo er heute wieder heimisch ist? Welche Schmetterlinge hier flattern und welches Wild hier lebt? Ihr wollt im Frühjahr einmal frische Kräuter sammeln oder Pilze im Herbst? Oder interessiert ihr euch mehr für die Menschen im Spessart, die hier früher als Salzsieder arbeiteten oder als Bergarbeiter nach Kupfer und Silber gruben? Eigentlich egal, wo eure Interessen liegen, der Zweckverband Naturpark Hessischer Spessart hat eine Menge spannender Geschichts- und Naturexkursionen zu bieten. Auch in Zusammenarbeit mit dem Schullandheim Wegscheide und dem Archäologischen Spessartprojekt stehen euch insgesamt rund fünfzig Naturparkführer mit verschiedenen Themenschwerpunkten zur Verfügung.

Kids und Kröten

Amphibienschutz & Jugend, Dipl. Biologin Marianne Demuth-Birkert, Am sumpfigen Wege 8, 63589 Linsengericht. ✆ 06051/967-169, Fax 967-329. m.demuth-b@web.de.

Tarngrün: Laubfrösche sind im Grün ganz schwer zu entdecken

▶ Es gibt weltweit rund 3500 Froschlurcharten, die mitunter recht lustige Namen haben, wie Erdbeerfröschchen, Knoblauchkröte, Beutelfrosch, Wabenkröte, Tomatenfrosch, Geburtshelferkröte oder Ochsenfrosch. Hier werden Amphibienschutzprojekte für Schulklassen und andere Kindergruppen angeboten.

Infozentrum für Umweltbildung

Erstes Hessisches Jugendwaldheim, Fichtenstraße 17, 63594 Hasselroth-Niedermittlau. ✆ 06055/2541, Fax 900973. revhasselrothaol.com. **Preise:** Vormittagskurse 8.30 – 12.30 Uhr 4 €/Teilnehmer, Mehrtageskurse 23,50 €/Teilnehmer, einschließlich Vollverpflegung und Unterkunft.

▶ Das 1. Hessische Jugendwaldheim organisiert ein- und mehrtägige Waldkurse für Schulklassen und andere Kindergruppen, auch mit Übernachtungsmöglichkeit vor Ort. Zum Waldheim gehören 15 stationär aufgebaute Info-Anlagen im Schul- und Lehrwald, außerdem ein Amphibienschutzteich. Hier könnt ihr mit dem Förster Waldlebewesen erforschen oder auf Exkursion in die nähere Umgebung gehen, in das Naturschutzgebiet Hässeler Weiher, zum Birkigsbach oder zur Kinzigaue.

Tier- und Erlebnisparks

Freizeitanlage Dicke Tanne bei Oberrodenbach

Anfahrt: Bus 53 vom Freiheitsplatz Hanau und vom RB-Bhf Niederrodenbach nach Oberrodenbach, Haltestelle Drisselbach. Von dort Richtung Freigericht laufen, am Ortsende dem Rad- und Fußweg 15 Minuten zum Wanderparkplatz Barbarossaquelle/Oberrodenbach folgen. **Auto:** A66, Ausfahrt 40 Langenselbold, Richtung Hasselroth nach der Brücke rechts nach Niederrodenbach, dort am Ortseingang links nach Oberrodenbach, Wanderparkplatz Barbarossaquelle südlich von Oberrodenbach anfahren. **Infos:** Führungen und Grillfeste können bei Herrn Bruno Dieter gebucht werden, ✆ 06055/3281.

Quatsch mit Birke: Max und Elena genießen ihren Spaß

▶ Mehr als nur eine dicke Tanne findet ihr an der gleichnamigen Freizeitanlage, nämlich einen ganzen Wald und mitten drin einen Lehrpfad, einen Waldlehrgarten, einen ganz tollen Holzspielplatz mit vielen Wippen, Schaukeln, einer Seilbahn, einem Flugzeug und einer Eisenbahn mit Wärterhäuschen! Eine urige Hütte ist außer Mi und Sa an Nachmittagen bewirtschaftet. Dann gibt es Getränke und jeden Sonntag leckeren Kuchen. Die Freizeitanlage wird von der *Schutzgemeinschaft Deutscher Wald Freigericht e.V.* betrieben und sorgfältig gepflegt. Dort können Vereine, Schul-

 Kommt doch mal an **Silvester** zur Dicken Tanne, dann brennt dort oben ein großes Feuer. Ganz schön romantisch, besonders wenn Schnee liegt!

klassen und andere Kindergruppen auch Führungen und Grillfeste buchen. Zur Dicken Tanne gelangt ihr zu Fuß vom ↗ **Wanderparkplatz Barbarossaquelle.** Aber Achtung, ihr müsst die Straße überqueren und einige Meter in Richtung Freigericht weiterlaufen, bevor euch ein Forstweg 800 m einen steilen Hang hinaufführt. Oder ihr lauft von Somborn aus durchs Feld hinauf.

Wildpark Alte Fasanerie

Hessische Landesforstverwaltung, Fasaneriestraße 106, 63456 Hanau-Klein-Auheim. ✆ 06181/69191, www.erlebnis-wildpark.de. **Anfahrt:** RB von Hanau Hbf bis Klein-Auheim und ein halbstündiger Spaziergang. **Auto:** B45 Ausfahrt Klein-Auheim, Wegweiser zur Fasanerie. **Zeiten:** April – Sep 9 – 17, Okt – März 9 – 16 Uhr. **Preise:** 3 €; Kinder 6 – 14 Jahre 1,50 €; Erwachsenengruppen ab 20 Personen 2 € /Person, Schulklassen 1 €/Schüler.

Achtung! Einige Wildtierarten wie Elch und Wisent dürfen keinesfalls gefüttert werden! Den anderen Tieren nur das an der Kasse gekaufte **Futter** geben, sonst kriegen sie Bauchweh. Ein Päckchen kostet 1 €.

▶ Breite, gut ausgebaute Wege leiten euch durch die Wälder und Lichtungen der Alten Fasanerie. Im **Eingangsbereich** dominieren Kleingehege und Volieren. In Ersteren könnt ihr Waschbären, Marderhunde, Iltisfrettchen, Füchse, aber auch die vom Aussterben bedrohten Haustiere Rhönschaf und Thüringer Waldziege bewundern. Hier befindet sich ferner ein kleiner Streichelzoo mit Ziegen. Die Volieren sind mit Tauben, Fasanen, Kolkraben, Schnee-Eulen u.a. bevölkert. Der Eingangsbereich, in dem sich auch ein **Spielplatz,** Bänke und Tische zum Picknick und das Forstmuseum befinden, ist der Teil des Tierparks, den die Familien mit kleineren Kindern zu Recht bevorzugen.

Im eigentlichen Wildpark bestimmen ausgedehnte **Wildgehege** die Szene. Hier sind Damhirsch, Wildschwein, Rothirsch, Reh, Mufflon, Sikahirsch, Elch, Wisent, Luchs, Wolf, Fuchs, Dachs und Steinmarder zu Hause. Wenn ihr sie alle kennen lernen wollt, müsst ihr den 3,5 km langen großen Rundgang ma-

chen. Auf diesem kommt ihr auch am Sinneslehrpfad und am Gesteinslehrpfad vorbei und könnt ferner mit einem kleinen Umweg den Hochseilgarten mitnehmen.

Zur Orientierung, d.h. nicht zuletzt auch zur Planung der Route für den Streifzug durch die Alte Fasanerie dient eine Karte im Eingangsbereich. Oder ihr markiert euch in der Karte des Führers Erlebnis Wildpark eine Rundtour.

Ein Falkner lädt Di – So um 15 Uhr beim Damwildgatter zur **Greifvogel-Flugschau,** Erw 1,50 €, Kinder 1 €.

Führungen durch den Wildpark Alte Fasanerie

Preise: Führung 2 € je Schüler, Mindestpauschale 60 €.

▶ In der Alten Fasanerie gibt es eine Wildparkschule, dort können sich Schulklassen nach Anmeldung über die Tierarten im Park unterrichten lassen. Natürlich gehört dazu auch eine Führung, entweder zu einer bestimmten Tierart oder je nach Jahreszeit zu einem Thema: im Herbst zur Hirschbrunft oder im Frühjahr zu den Tierbabys. Außerdem ist eine Tierpark-Rallye möglich.

Von April bis September finden mittwochs ab 18 Uhr kostenlose geführte Wanderungen durch den Wildpark statt.

Historische Kuranlagen Wilhelmsbad

3 km nordwestlich vom Stadtzentrum Hanaus. **Anfahrt:** RB oder ab Freiheitsplatz Bus 1 bis Bhf Wilhelmsbad. **Preise:** freier Eintritt. **Infos:** Plan und Beschreibung des Parks beim Info-Zentrum. Nov – Weihnachten und März Sa, So 13 – 17 Uhr, sonst Di – Sa 14 – 18, So 11.30 – 18 Uhr.

▶ Ob es wohl stimmt, dass vor knapp 300 Jahren zwei alte Frauen mit allerlei Zipperlein beim Kräutersuchen im Wald eine Quelle fanden, daraus tranken und bald darauf eine heilsame Wirkung verspürten? So ganz genau weiß das heute niemand mehr. Sicher ist aber, dass es im heutigen Wilhelmsbad eine Quelle gab, die Erbprinz Wilhelm von Kassel 1777 dazu veranlasste, hier eine Bad- und Kuranstalt errichten zu lassen. Darin vergnügten sich Adlige und reiche Bürger im Spielkasino, im Comödienhaus und auf ei-

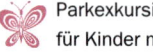 Parkexkursionen für Kinder mit Lesungen und Suchspielen organisiert das Puppenmuseum. Anmeldung: Heidrun.Merk@netsurf.de, ℂ & Fax 06181/9066295 und ℂ 595818.

nem schönen Pferdekarussell, das unterirdisch zunächst von Menschen (!), später von Pferden angetrieben wurde. Im 19. Jahrhundert versiegte die Quelle und der Kurbetrieb wurde eingestellt. Heute hat der Park vor allem Familien mit Kleinkindern einiges zu bieten: Das Karussell steht zwar still, aber man kann ein altes Holzkegelspiel ausprobieren, die Teufelsschlucht auf einer Hängebrücke überqueren oder den Schneckenberg besteigen. Im Arkadenbau ist das Hessische Puppenmuseum untergebracht und im Comödienhaus finden heute Theater und Konzerte, auch für Kinder, statt.

HANDWERK UND GESCHICHTE

Burgen und Schlösser

Schloss Philippsruhe

Historisches Museum und Papiertheatermuseum, Philippsruher Allee 45, 63454 Hanau-Kesselstadt. ℂ 06181/20209, Fax 257939. www.museen-hanau.de. museen@hanau.de. **Anfahrt:** Ab Hbf Bus 10, ab Westbhf Bus 1 und 10. **Zeiten:** Di – So 11 – 18 Uhr. **Preise:** 2,50 €; Kinder bis 6 Jahre frei; Schüler, Studenten 1,50 €, Gruppen ab 10 Personen 1 €, Familienkarte 5 €; Führungen für Schulklassen ab 1,50 €/Schüler.

▶ *Graf Philipp Reinhard von Hanau-Lichtenberg* ließ 1701 – 1712 das Schloss Philippsruhe am Main errichten, als Vorbild diente ihm das Versailler Prachtschloss des französischen Sonnenkönigs. Den Baustil nennt man Barock, das Eingangstor zeigt, wie verspielt die Mode damals war. Generationen von Adligen haben auf Philippsruhe in Saus und Braus gelebt, während das einfache **Volk darben musste.** Heute ist darin eine Ausstellung zur Stadtgeschichte untergebracht, eine Ausstellung über die Grimm-Brüder und eine Gemäldesammlung mit Werken regionaler Künstler, darunter auch Bilder von Emil Ludwig Grimm, dem jüngeren Bruder der beiden Märchensammler. Im Obergeschoss findet ihr außerdem das

Nicht zu allen Zeiten war Publikum willkommen: Das Tor mit dem dahinterliegenden Schloss Philippsruhe

*An vier Tagen in der Woche mussten die Bauern der Region, die **Leibeigene des Grafen** waren, von morgens um vier bis abends um sieben Frondienste auf der Baustelle leisten. Sie bekamen keinen Lohn, sondern lediglich eine karge Verpflegung. Die restlichen drei Tage hatten sie keineswegs frei, denn in dieser Zeit mussten sie die Arbeit auf ihren Feldern bewältigen. Von der Ernte mussten sie dem Adel etwas abgeben, der sie dafür vor Feinden beschützen sollte.*

Hanauer Papiertheatermuseum mit über zwanzig kompletten Papiertheatern und einer ganzjährig bespielten Papiertheaterbühne.

Im **Schlosshof** gibt es einen großen Springbrunnen, einen Spielplatz findet ihr am Mainufer und in der Parkanlage hinter dem Schloss könnt ihr schön spazieren gehen. Sie wurde anlässlich der Landesgartenschau 2002 wieder nach der Mode des frühen 18. Jahrhunderts mit streng geometrischen Formen und Mustern gestaltet. Im hinteren Teil wurde ein Amphitheater errichtet, in dem jeden Frühsommer unter freiem Himmel die *Brüder-Grimm-Märchen-Festspiele* stattfinden.

Des Kaisers Palast

Kaiserpfalz & Museum Burgmannenhaus, Burgstraße, 63571 Gelnhausen. ℂ 06051/3805. **Anfahrt:** Ab Bhf Bus 61 oder 62 bis Obermarkt. **Zeiten:** März – Okt Di – So 10 – 17 Uhr, Nov – Feb 10 – 16 Uhr. **Preise:** 1,80 €, mit Führung 3 €; Kinder ab 3 Jahre 1,30 €, mit Führung 2 €, Familienkarte 4,50, mit Führung 8 €; Ermäßigung

▶ … sie wurden in Hanau geboren. Jacob 1785, Wilhelm ein Jahr später. Als die beiden fünf und sechs Jahre alt waren, wurde ihr Vater nach Steinau versetzt. Als Amtmann hielt er dort Gericht und war

ES WAREN EINMAL ZWEI BRÜDER, DIE HIESSEN JACOB UND WILHELM GRIMM …

für die Bürger Steinaus eine wichtige und gefürchtete Person. Jacob und Wilhelm Grimm verlebten im Amtshaus zu Steinau eine recht glückliche Kindheit, zusammen mit ihren jüngeren Brüdern Ludwig, Emil, Karl, Ferdinand und der kleinen Schwester Charlotte. Sie wuchsen in einem begüterten Elternhaus auf, bekamen eine gute Schulbildung und hatten genügend freie Zeit zum Spielen. Das änderte sich plötzlich, als der Vater 1796 an einer Lungenentzündung starb. Mit gerade mal elf Jahren wurde Jacob zum männlichen Oberhaupt der Familie und musste ihre Finanzen verwalten. Die Familie hatte die Dienstwohnung zu räumen und die Mutter musste mit den jüngeren Geschwistern in ein Armenhaus jenseits der Stadtmauern ziehen. Jacob und Wilhelm wurden von einer Tante nach Marburg geholt. Sie finanzierte den beiden Brüdern Schule und Studium. Zunächst studierten sie Jura, um in die Fußstapfen ihres verstorbenen Vaters zu treten. Später betrieben sie Sprachforschungen und interessierten sich für Geschichte und Volkskunde. Sie fingen an, Märchen zu sammeln. Und das war ihr Glück, denn ihre Märchensammlung wurde weltberühmt, in 160 Sprachen übersetzt und zum meistgelesenen Werk nach der Bibel … ◀

… und wenn sie auch gestorben sind, so liest man ihre Kinder- und Hausmärchen doch bis heute.

für Studenten und Gruppen ab 15 Personen. **Infos:** Führungen für Schulklassen nach telefonischer Vereinbarung für 19 €/Klasse einschließlich Eintritt.

▶ Eine Kaiserpfalz ist nichts anderes als ein Palast, in dem ein Kaiser gewohnt hat, wenn er gerade in der Gegend war. Im Mittelalter waren Kaiser oft auf Reisen, um sich ihre Macht im ganzen Reich zu sichern. So war auch **Kaiser Friedrich Barbarossa** gar nicht allzu oft in Gelnhausen. Die Kaiserpfalz, die er dort auf einer Kinziginsel errichten ließ, soll aber trotzdem einer seiner Lieblingspaläste gewesen sein. Heute ist die Barbarossaburg zwar eine Ruine, zählt aber zu den am besten erhaltenen Palastgebäuden des 12. Jahrhunderts. Stellt euch vor, ihr Fundament steht immer noch auf den Baumstämmen, die die Baumeister vor mehr als 800 Jahren in den schlammigen Auenboden rammen ließen. Heute kann noch der Palas, das eigentliche Wohngebäude, besichtigt werden und im Burgmannenhaus ein Modell der mittelalterlichen Kaiserpfalz und der Reichsstadt.

Museen und Stadtführungen

Mit Spuki durch Hanau

Umweltzentrum Kinzigaue, Stadt Hanau, 63452 Hanau. ✆ 06181/3049-148, Fax 3049-152. www.umweltamt-hanau.de. Umweltzentrum@hanau-stadt.de. **Zeiten:** Führungen für Schulklassen und Kindergruppen Termine nach Vereinbarung, max. 30 Personen, 35 €, Familienspaziergänge 1. So im Monat, Kinder 1, Erw 2 €.

▶ Spuki (geboren 1557), das Schlossgespenst von Philippsruhe, erzählt Kindergruppen, Schulklassen und Familien auf Spaziergängen fantasievoll die Geschichte der Stadt. Die Streifzüge starten am Schlossgarten oder von der Stadtbibliothek am Schlossplatz.

*Kaiser Friedrich I. wurde **Barbarossa** genannt. Wisst ihr warum? Schlaufüchse blättern ein wenig im Buch herum und finden so die Antwort!*

Annegret Weng, *Mit Spuki durch Hanau. Ein Stadtführer für Kinder und junggebliebene Erwachsene,* Hanau 1996, 96 Seiten, CoCon Verlag.

Führungen für Kinder-, Jugend- und Erwachsenengruppen ab 8 Personen zu 13 Themen, zum Beispiel:

- Spielzeug der Antike;
- Puppen – über Material, Herstellung, Handel;
- Gutes Spielzeug – früher und heute;
- Besonders toll: Kinder führen Kinder.

Im Museumsshop gibt es Spielzeug und Literatur zum Thema Puppen, regelmäßige Bastelstunden und Workshops, **Puppen-** und **Bärenmärkte,** besondere **Spielaktionen** für Schulklassen und Kindergeburtstage!

Puppen von der Antike bis zur Gegenwart

Hessisches Puppenmuseum, Parkpromenade 4, 63454 Hanau-Wilhelmsbad. ✆ 06181/86212, Fax 840076. www.hessisches-puppenmuseum.de. hesspuppenmuseum@aol.com. Im Arkadenbau der Kuranlage. **Anfahrt:** Ab Freiheitsplatz Bus 1 bis Bhf Wilhelmsbad oder RB bis Wilhelmsbad, dann noch wenige hundert Meter zu Fuß. **Zeiten:** Di – So 10 – 12 und 14 – 17 Uhr. **Preise:** 2,50 €; Kinder 0,50 €; Familie 5 €. **Infos:** Programm der abwechslungsreichen Veranstaltungsreihe für Kinder und Jugendliche anfordern.

▶ Unglaublich, was sich zum Thema »5000 Jahre Puppen« für ein schönes Museum gestalten lässt. Die Wilhelmsbader Sammlung reicht von tönernen Puppen und Nachziehtieren aus der Antike über hölzerne Prinzessinnen aus dem 16. Jahrhundert, feine Porzellandamen um 1870, kostbare Puppenhäuser und Kaufläden aus dem 19. und Anfang des 20. Jahrhunderts. Zauberhaft sind das Modell »Leben in einer japanischen Stadt« mit 493 Papierpüppchen und das »größte Miniaturkaufhaus der Welt«. Natürlich zeigt das Museum auch moderne Puppen wie Barbies und bunte Playmobil-Figuren. Klar darf hier auch gespielt werden, dazu liegen Spiel- und Basteltipps aus.

Kochkünste der Steinzeit im Schloss Steinheim

Museum für Ortsgeschichte & regionale Vor- und Frühgeschichte, Schlossstraße, 63456 Hanau-Steinheim. ✆ 06181/659701, www.museen-hanau.de. museen@hanau.de. **Anfahrt:** S8 bis Hanau-Steinheim, Bus 4 Richtung Klein-Auheim bis Obertor. **Auto:** B43a nach Steinheim, Altstadtparkplatz und Parkplätze am Main. **Zeiten:** ganzjährig Do – So 10 – 12 und 14 – 17 Uhr. **Preise:** Eintritt frei; Kindergeburtstage ab 60 €, museumspädagogisches Programm je nach Art und Dauer der Veranstaltung. **Infos:** Museumsverwaltung Hanau, ✆ 06181/20209.

Im von einem 40 m hohen, zinnen- und türmchengekrönten Bergfried überragten Steinheimer Schloss zeigt die Stadt Hanau ihre archäologischen Schätze aus der Stein-, Bronze- und Römerzeit. Das Museum beschränkt sich dabei nicht auf eine trockene Präsentation, sondern gibt euch allerlei Möglichkeiten, diese Zeit richtig aktiv erleben zu können. So dürft ihr z.B. in den Kochtopf der Steinzeitmenschen schauen und Schmuck nach Steinzeitmode basteln, nach römischen Rezepten kochen und wie die Römer spielen, wenn ihr euch für kinderspezifische Erlebnisführungen anmeldet. Das muss übrigens mindestens 2 Wochen im Voraus geschehen, ihr könnt dafür sogar Termine außerhalb der Öffnungszeiten bekommen.

Von März bis Oktober könnt ihr auch den Bergfried besteigen. Das solltet ihr unbedingt machen. Von da oben habt ihr nämlich einen ganz tollen Blick auf die Altstadt mit ihren vielen schönen Fachwerkhäusern und der Stadtmauer. Steinheim – seit 1974 Stadtteil von Hanau – ist nebenbei gesagt ein richtig altes Städtchen (Stadtrechte seit 1320). Nach langen Jahren baulichen Elends ist dank umfangreicher Restaurierung in jüngerer Zeit wieder ein wenig vom alten Glanz zurückgekehrt.

 In der Altstadt Steinheims und am Main könnt ihr wunderbar bummeln. Es gibt mehrere einladende, durchaus preiswerte Gartenlokale, in denen die hessische Küche oft originell variiert wird. Ganz nostalgisch ist's im **Gemäuer des Stadtwirtshauses,** dem ersten Gäste- und Schankhaus Steinheims, das noch heute in Betrieb ist. Die Speisekarte lockt mit so geheimnisvollen Gerichten wie Steinheimer Apfelweinsuppe mit Käsekrüstchen oder Salmschnitzel nach Art der Steinheimer Fischerzunft unter Kartoffelkruste und mit Äpplerschmandsauce.

Dampf aus alten Kesseln
Museum Großauheim, Museum für Landwirtschaft, Handwerk und Industrie, Pfortenwingert 4, 63457 Hanau-Großauheim. ✆ 06181/573763, www.museen-hanau.de. museen@hanau.de. **Anfahrt:** RB nach Großauheim oder Bus 8 ab Freiheitsplatz Hanau. **Auto:** B43 Abfahrt Großauheim. **Zeiten:** ganzjährig Do – So 10 – 12 und 14 – 17 Uhr. **Preise:** freier Eintritt. **Infos:** Auskünfte und Anmeldung zu Dampfmaschinen-Veranstaltungen beim Förderverein Dampfmaschinen-Museum e.V., ✆ 06181/257939.

Das Großauheimer Museum hat zwei große Schwerpunkte: Der eine ist die Landwirtschaft und

Museumspäda-
gogisches Pro-
gramm mit Zeichen- und
Modellierkursen für Kin-
der nach Anmeldung bei
der Hanauer Museums-
verwaltung, ℓ 06181/
20209. Dampfvorfüh-
rungen im kleineren Stil
am **Rochusmarkt** am
letzten Sep-Wochen-
ende.

Im Juli wird all-
jährlich anläss-
lich der **Großauheimer
Dampftage** das Dampf-
zeitalter wieder leben-
dig: Dampfsägen,
Buschholzhacken,
Steinbrecher, Kornmüh-
len und Wasserpumpen
in Verbindung mit den
Antriebsmaschinen der
Lokomotiven oder sta-
tionärer Dampfmaschi-
nen werden in Bewe-
gung gesetzt.

das Handwerk des Dorfes Großauheim, der andere
ist die industrielle Entwicklung der Kleinstadt Großauheim. Am Beispiel der Pflüge, Mäh- und Dreschma-
schinen, Traktoren und Dampfmaschinen könnt ihr
sehen, wie die landwirtschaftliche Arbeitsweise und
Technik sich durch die Industrialisierung änderte.
In der Anfangsphase der industriellen Entwicklung
war die gerade entdeckte Dampfkraft die treibende
Kraft. Sie ermöglichte es erstmals, ortsunabhängig
große Mengen Energie zu erzeugen, mit der gewaltige Räder und Maschinen in Bewegung gesetzt wurden. Genau das ist die Spezialität des Großauheimer
Museums, das mit zahlreichen Maschinen und Kes-
seln einen hervorragenden Einblick in die Dampfma-
schinentechnik bietet.

Kinderspielsachen der Groß- und Urgroßeltern

Heimatmuseum Langenselbold, Verein für Geschichte
und Heimatkunde Langenselbold e.V., Schlosspark,

Wie bei Dornröschen: Ein
weinumranktes Schloss-
fenster in Langenselbold

63505 Langenselbold. ✆ 06184/3301, www.heimatmuseum-langenselbold.de. **Anfahrt:** Bus HU54 von Hanau, HU55, 59 von Bhf Langenselbold bis Rathaus. **Zeiten:** am 1. So im Monat 13 – 17 Uhr, sonst und Führungen nach Vereinbarung. **Preise:** freier Eintritt.

▶ Der **Langenselbolder Schlosspark** ist eine kleine, schöne Anlage mit alten Bäumen und Rosensträuchern. Dort findet ihr in einem ehemaligen Wirtschaftsgebäude des Schlosses das **Heimatmuseum**, in dem nicht nur alte Werkzeuge, Haushalts- und landwirtschaftliche Geräte ausgestellt sind, sondern auch eine große Sammlung Kinderspielsachen, die euren (Ur-)Großeltern gehört haben könnte: Puppenwagen und -stuben, Schaukelpferde und Dreiräder. Beeindruckend sind auch die alte Schulstube mit den engen Holzbänken und der Tante-Emma-Laden. Das Schloss selbst ist leider nicht zu besichtigen.

Ein Kuhstall von Anno dazumal

Heimatmuseum Hasselroth, Altes Schulhaus, Hauptstraße 46, 63579 Hasselroth-Niedermittlau. ✆ 06055/ 2900. **Anfahrt:** ↗ Hasselroth. **Zeiten:** letzter So im Monat 14 – 17 Uhr. **Preise:** freier Eintritt.

▶ Die Ausstellung bäuerlicher Haushaltsgeräte sowie landwirtschaftlicher Geräte und Werkzeuge ist in einem schmucken, kleinen Fachwerkhaus untergebracht, das 1847 als Schulhaus errichtet wurde und über Jahre als Bürgermeisteramt diente. Außerdem gibt es einen historischen Kuhstall zu sehen.

Wie war's früher?

Heimatmuseum Niederrodenbach, Kirchstraße 9, 63517 Rodenbach-Niederrodenbach. ✆ 06184/50956. **Anfahrt:** ↗ Rodenbach. **Zeiten:** am 2. So im Monat 14 – 17 Uhr. **Preise:** freier Eintritt.

▶ Niederrodenbach hat einen sehr schönen alten Ortskern mit Fachwerkhäusern, umgeben von einer Dorfmauer aus dem Jahr 1231 mit Schießscharten und einem Wehrturm. Der Rodenbacher Geschichts-

Hunger & Durst

Restaurant Dragonerbräu, Schlosspark 8, mit Biergarten, Di – So ab 17 Uhr, So, Fei ab 11 Uhr, auch Kindergerichte, z.B. Reibekuchen mit Apfelmus.

Museums- und Ortsführungen nach telefonischer Vereinbarung, unter ✆ 06184/51238 – gerne für Schulklassen und andere Kindergruppen!

verein hat einen historischen Spaziergang mit Informationstafeln durch den Ort angelegt und ein **Heimatmuseum** eingerichtet, in dem es unter anderem alte Töpfe, Werkzeuge und eine alte Schulbank zu sehen gibt.

Die Geschichte Gelnhausens

Heimatmuseum Gelnhausen, Obermarkt 24, 63571 Gelnhausen. ✆ 06051/830-303, Fax 830-250. tourist-information@gelnhausen.de. **Anfahrt:** Ab Bhf Gelnhausen Bus 61, 62 bis Obermarkt. **Zeiten:** Mo – Fr 8 – 12 und 14 – 16.30 Uhr, Sa 9 – 12 und 14.30 – 16 Uhr, So 14 – 16.30 Uhr. **Preise:** freier Eintritt. **Infos:** Führungen nach telefonischer Vereinbarung.

▶ Nicht nur Kaiser Friedrich Barbarossa war in Gelnhausen zu Hause, auch *Philipp Reis,* der Erfinder des Telefons, und *Johann Jacob von Grimmelshausen,* der in seinem Roman »Simplicissimus« die Schrecken des Dreißigjährigen Krieges (1618 – 48) schilderte. Hungersnöte und Pestepidemien suchten die Stadt in dieser Zeit heim, viele Gelnhäuser Frauen wurden der Hexerei bezichtigt und zum Tode verurteilt. Über die auch grausige Vergangenheit der Stadt könnt ihr euch im Heimatmuseum ein Bild machen. Hier wird ein Querschnitt durch die Geschichte Gelnhausens gezeigt, der von vorgeschichtlichen Funden über das Mittelalter bis in das 19. Jahrhundert hinein reicht.

Historische Erlebnisführungen

Städtisches Fremdenverkehrsamt, Am Obermarkt 24, 63571 Gelnhausen. ✆ 06051/830-300, Fax 830-303. Fremdenverkehrsamt@Gelnhausen.de. **Anfahrt:** Ab Bhf Gelnhausen Bus 61 und 62 bis Obermarkt. **Zeiten:** Mai – Okt in der Regel jeden 1. Fr im Monat ab 20.15 Uhr. **Preise:** 8 €; Kinder 7 – 16 Jahre 4 €.

▶ Wie wäre es, sich einmal in das mittelalterliche Gelnhausen entführen zu lassen? Von Kräuterfrauen oder von einem Spielmann, mit Musik und Gesang im Fackelschein? Zwei Stunden dauern diese histori-

In der historischen Fachwerkstadt gibt es noch die Geburtshäuser von *Philipp Reis* und *Grimmelshausen* zu sehen. Das Verkehrsamt Gelnhausen gibt einen kostenlosen Altstadtführer heraus!

Für Kindergruppen unterschiedlichen Alters gibt es verschiedene Führungen, entweder historische Erlebnisführungen im Kostüm für 130 €/Gruppe oder Themenführungen für 60 €/Gruppe, die ebenfalls sehr spielerisch gestaltet sind.

schen Führungen, die bestimmt zu einem tollen Erlebnis werden. Ihr müsst nur rechtzeitig am Treffpunkt auf dem Rathausplatz sein, um euch einer der historischen Figuren anzuschließen, die euch auf der Stadttour von ihrem Leben erzählen wollen.

So lebte und arbeitete man früher
Heimatmuseum Freigericht, Alte Apotheke, Hauptstraße 24, 63579 Freigericht-Somborn. ✆ 06057/914199. **Anfahrt:** ↗ Freigericht, Busbahnhof. **Zeiten:** ganzjährig am 2. So im Monat, 15 – 17 Uhr. **Preise:** freier Eintritt.
▶ Im Heimatmuseum gibt es neben dem Arbeitsplatz einer **Zigarrendreherin** auch eine Schuster- und eine Schneiderwerkstatt, eine Küche, ein Schlafzimmer und eine Schulstube aus der Zeit eurer Urgroßeltern zu sehen. In Planung ist außerdem ein Modell der Freigerichter Kleinbahn, die von 1904 bis 1955 durch die Region fauchte.

Heimatmuseum Wächtersbach
Altes Rathaus, Marktplatz, 63607 Wächtersbach. ✆ 06053/3883, hgv-waechtersbach.de. **Anfahrt:** ↗ Wächtersbach. **Zeiten:** Mo – Fr 10 – 12, Mi 14 – 16 Uhr, 1. und 3. Sa im Monat 10 – 12 Uhr. Führungen auch außerhalb der Öffnungszeiten nach Vereinbarung. **Preise:** freier Eintritt.
▶ Das Heimatmuseum findet ihr in einem schönen Fachwerkhaus aus dem 15. Jahrhundert. Es diente viele Jahre als Rathaus und als Pranger. Noch heute hängt an der Hausfront ein Halseisen, an dem Verbrecher angekettet wurden. In den Innenräumen ist eine Ausstellung über die Wächtersbacher Keramik zu sehen und über weitere traditionelle Handwerksberufe der Region. Den Museumsbesuch könnt ihr gut mit einem **Altstadtbummel** verbinden. Dabei kommt ihr auch am Schloss vorbei, an einer Parkanlage und an einem kleinen Spielplatz mit tollem Klettergerüst!

Bis in das frühe 20. Jahrhundert hinein wurden in vielen Familien der Region Zigarren gedreht. Nicht etwa, weil hier so viel geraucht wurde. Vielmehr besserten vor allem Frauen und manchmal auch Kinder mit dieser mühseligen Heimarbeit für eine Zigarrenfabrik ihren Lebensunterhalt auf.

Kletter-Max testet den Wächtersbacher Spielplatz

BÜHNE, LEINWAND & AKTIONEN

Tipp: Eine Übersicht über das Angebot an Aktivitäten bietet das Programm der JUKS.

Kurse und Kunst

Kurse und Nachhilfe

VHS der Stadt Hanau, Ulanenplatz 4, 63452 Hanau. ✆ 06181/92380-0, Fax -21. www.vhs-hanau.de. fit@vhs-hanau.de.

▶ Für Kinder werden Koch-, Sprach- und EDV-Kurse, autogenes Training und Nachhilfeprogramme angeboten.

Jugendkunstschule der Stadt Hanau (JUKS)

VHS Hanau, Ulanenplatz 4, 63452 Hanau. ✆ 06181/92380-22, Fax -21. www.vhs-hanau.de. fit@vhs-hanau.de.

▶ Im Rahmen der Volkshochschule betreibt die Stadt eine Jugendkunstschule, die Kindern ab 4 Jahre und Jugendlichen verschiedener Altersstufen eine Reihe von Kursen zum Malen, Zeichnen und Gestalten einschließlich Grafik-Design, Töpfern und der Herstellung von Schmuck bietet. Auch interessante Tänze und Theater spielen könnt ihr dort lernen.

Hören und Sehen

Kindertheater im Comödienhaus Wilhelmsbad

Parkpromenade 1, 63454 Hanau. ✆ 06181/99776-66, Fax 99776-67. **Anfahrt:** Vom Freiheitsplatz Bus 1 bis Bhf Wilhelmsbad, dann wenige hundert Meter zu Fuß.

▶ Im ausgedehnten Gebäudekomplex des ehemaligen Nobelkurorts Wilhelmsbad befindet sich außer dem weithin bekannten Puppenmuseum auch der Kulturtempel Comödienhaus. Von außen ist das ein ausgesprochen bescheidenes Bauwerk. Nichts – aber auch gar nichts – deutet darauf hin, dass euch im Innern ein stilvolles, kleines Rokokotheater erwartet. 200 Besucher finden hier ein gemütliches Plätzchen. In dem gut gefüllten Veranstaltungskalender stehen Theater, Chanson, Kabarett, Kammeroper, Operetten-Kabarett, Komödie, Konzerte und Lesungen – und durchaus regelmäßig Kindertheater und Erzählcafé für Kinder. Ihr könnt den Besuch mit einem Spaziergang im Park des Wilhelmsbades verbinden.

Brüder-Grimm-Märchenfestspiele
Park Schloss Philippsruhe, Philippsruher Allee 45, 63456 Hanau-Kesselstadt. ✆ 06181/24670 (Festspielbüro), www.brueder-grimm-maerchenfestspiele.de. Am Mainufer. **Anfahrt:** Vom Hbf Bus 10, ab Westbhf Bus 1, 10. **Rad:** von beiden Mainufern gut erreichbar.

▶ Seit 1985 finden alljährlich von Mitte Mai bis Anfang Juli im Amphitheater vor der romantischen Kulisse des Schlossparks mit dem barocken Schloss Philippsruhe die Brüder-Grimm-Märchenfestspiele statt. Das ist eine Riesenveranstaltung, zu der über 75.000 Kinder und Erwachsene aus allen Winkeln des Rhein-Main-Gebietes herbeiströmen. Zu sehen gibt es dann natürlich märchenhaftes Theater, aber auch Märchenmusicals.

Musikunterricht
Adolf-Schwab-Musikschule, Ludwigstraße 92, 63456 Hanau-Steinheim. ✆ 06181/650186, Fax 650186. www.adolf-schwab-musikschule.de. adolf-schwab-musikschule@hanau.de. **Anfahrt:** S8 bis Hanau-Steinheim, Bus 4 Richtung Klein-Auheim bis Am Obertor.

▶ Einzel- und Gruppenunterricht in allen Instrumentengruppen, Ensemblearbeit und musikalische Früherziehung.

Musik und Tanz
Musikschule Main-Kinzig e.V., Obermarkt 13, 63571 Gelnhausen. ✆ 06051/14015, buero@musikschule-main-kinzig.de. **Zeiten:** Bus 61, 62 ab Bhf Gelnhausen bis Obermarkt.

Ihr findet die Kinderveranstaltungen des Comödienhauses in dem halbjährlich erscheinenden »programm kinderkultur« der Stadt Hanau, in dem noch viele andere, für Kulturkids interessante Termine angeführt sind; wie z.B. die Vorlesestunden und Lesungen der Stadtbibliothek, das Kindertheater der Stadtteilbibliothek Großauheim und die vielen museumspädagogischen Aktivitäten der Hanauer Museen.

Leckeres Jogurteis gibt es bei **Yoghi**, Untermarkt 14, Gelnhausen, Mi Ruhetag.

▶ Musikgarten für Kleinkinder ab 18 Monate und ihre Eltern, musikalische Früherziehung für Kinder ab 4 Jahre, musikalische Grundausbildung ab 6 Jahre. Einzel- und Gruppenunterricht in allen Instrumentengruppen, Chor, Kindertanz, Rockband, Schnupperkurs für Unentschlossene, zahlreiche Konzerte, Freizeiten, Fortbildungen und Kinderfeste.

Bücher & Medien

Markanter Fachwerkbau:
Rathaus in Hanau

Schmökern und Basteln

Stadtbibliothek Hanau, Hauptstelle, Am Schlossplatz, 63452 Hanau. ✆ 06181/295-923, Fax 295-638. **Infos:** Zu Veranstaltungen auch unter ✆ 295-914.
▶ Große Auswahl an Kinder- und Jugendliteratur, auch neue Medien, regelmäßige Veranstaltungen für Kinder, Vorlesestunden mit Malen und Basteln sowie Puppentheater.

Stadtbibliothek Hanau

Zweigstelle Großauheim, Alte Langgasse 9, 63457 Hanau-Großauheim. ✆ 06181/52929, Veranstaltungen 295914, stadtbibliothek.grossauheim@privateline.de. **Anfahrt:** RB nach Hanau-Großauheim oder ab Freiheitsplatz Hanau Bus 8. **Zeiten:** Di, Mi und Fr 15 – 18, Do 10.30 – 12.30 Uhr und 15 – 17 Uhr.
▶ Große Auswahl an Kinder- und Jugendliteratur, auch neue Medien. Regelmäßige Veranstaltungen für Kinder, Puppentheater, Vorlesestunden mit Malen und Basteln.

Stadtbücherei Langenselbold

Schlosspark Langenselbold. ✆ 06184/901424.
Anfahrt: ↗ Langenselbold, Haltestelle Rathaus.
Zeiten: Di 17 – 19 Uhr, Mi 9.30 – 11.30 Uhr, Do 16 – 18 Uhr.
▶ Viele Kinder- und Jugendbücher, außerdem Spiele, Videos, Hörspiel- und Musikkassetten, Audio-CDs

und CD-ROMs. Lesungen und andere Veranstaltungen für Kinder.

Gemeindebücherei Rodenbach

Kirchstraße 9, 63517 Rodenbach-Niederrodenbach. ✆ 06184/53844, Fax 991206. gemeindebuecherei-rodenbach@t-online.de. **Anfahrt:** ↗ Rodenbach. **Zeiten:** Di 10 – 12 und 15 – 20 Uhr, Mi, Do und Fr 10 – 12 und 15 – 18, Sa 10 – 12 Uhr.

▶ Viele Bilderbücher, Kinder- und Jugendbücher und Comics. Außerdem Spiele, Videos, Hörspiel- und Musikkassetten, Audio-CDs und CD-ROMs. Lesungen und andere Veranstaltungen für Kinder. Öffentlicher Internetzugang.

Tipp: Bücherei-Zweigstelle **Oberrodenbach**, Hanauer Straße 8, 63517 Rodenbach, ✆ 06184/51492, Fr 15 – 17 Uhr.

Grimmelshausenbibliothek

Obermarktstraße 24, 63571 Gelnhausen. ✆ 06051/830250. **Anfahrt:** Ab Bhf Gelnhausen Bus 61, 62 bis Obermarkt. **Zeiten:** Di und Do 15 – 19 Uhr, Mi und Sa 9 – 12 Uhr.

▶ Großer Medienbestand, für Kinder neben Büchern auch Hörspiele, Musikkassetten, CDs und Videos, viele Veranstaltungen, Lesungen, Ausstellungen.

@ Einen Veranstaltungskalender mit »Tipps für Kids« gibt es im Rathaus und kann im Internet unter www.gelnhausen.de abgerufen werden.

Kinder- und Jugendbücherei der evangelischen Kirche

Johannes-Hermann-Heim, Hasselbachstraße 6, 63594 Hasselroth-Neuenhaßlau. ✆ 06055/7303. **Anfahrt:** ↗ Hasselroth. **Zeiten:** Do 15 – 17 Uhr, in den Schulferien geschlossen.

▶ Insgesamt 3500 Medien, auch Kassetten, Audio-CDs, Lernspiele auf CD-ROM, schöne Auswahl an Kinder- und Jugendliteratur, viele Bilderbücher und Comics. In den Wintermonaten Vorlesestunden, Spiel- und Bastelaktionen.

Lesemobil

Buchecke Freigericht, Buchhandlung an der Kirche, Hauptstraße 52a, 63579 Freigericht-Somborn.

✆ 06055/930-926, Fax 930-910. www.buchecke.de. team@buchecke.de.

▶ Wenn die Buchhändlerinnen mit ihrem Lesemobil angerollt kommen, ist nicht nur Vorlesen und Zuhören angesagt, sie kommen vielmehr zu euch in den Kindergarten, in die Schule oder auf den Kindergeburtstag, um mit euch gemeinsam zu malen und zu basteln. Dabei geht es natürlich immer um ganz tolle Bücher: um ihre Lieblingsbücher und um eure!

FESTKALENDER

März: 2. Wochenende, Gelnhausen: **Barbarossamarkt,** großer Rummel mit Karussells, Buden und mittelalterlichem Spektakel.

Mai: Mitte Mai, **Internationaler Museumstag:** Viel los in den Hanauer Museen, auch für Kinder!

Mitte Mai – Ende Juni, Hanau: **Brüder-Grimm-Märchenfestspiele** am Schloss Philippsruhe.

Juni: 21. Juni, **Johannisfeuer** in Hanau-Steinheim.

August: Wochenende, Hanau: **Wilhelmsbader Kinderkultur- und Familienfest** mit Theater, Musik, Märchenzelt, Spielwiese.

Sa, Hanau: **Museumsnacht.**

2. Wochenende, Gelnhausen: **Schelmenmarkt,** größter Jahrmarkt im Kinzigtal.

Letztes Wochenende, Hanau-Steinheim: **Bundesapfelweinfest** im Schlosshof – es gibt auch Apfelsaft!

September: 2. So: **Kinzigtal total** – Vorfahrt fürs Fahrrad – Autofreier Sonntag mit vielen Aktionen rund ums Radfahren.

Letzte Woche, Hanau-Großauheim: **Rochusmarkt** mit Buden und Kinderaktionsprogramm.

HESSISCHER SPESSART

Die Nordwestgrenze des Hessischen Spessarts bildet das Kinzigtal mit der Deutschen Märchenstraße, eine Touristikroute, die auf den Spuren der Brüder Grimm von Hanau nach Bremen führt.

Schneewittchen, Dornröschen, Hänsel und Gretel – welches Kind kennt nicht die Märchen der Brüder Grimm? Aber wer weiß schon, dass Jacob und Wilhelm Grimm ihre Kindheit in **Steinau an der Straße** verbrachten? Während einer Entdeckungstour durch die kleine Fachwerkstadt werdet ihr allerorts mit der Nase darauf gestoßen: Auf Brunnen, in Museen, im Marionettentheater, im Schloss und auf den Speisekarten der Gaststätten – überall wimmelt es von Märchenfiguren. Und schließlich könnt ihr nördlich der Stadtmauern sogar den Teufel in seiner Höhle besuchen!

In **Schlüchtern** könnt ihr euch über die Geschichte der Region informieren, zum Beispiel, wenn ihr den Nachtwächter auf seiner Tour durch die abendliche Stadt begleitet. Wer lieber die Natur erkunden will, wird im Quellgebiet Acisbrunnen südwestlich des Marktfleckens fündig. Natur und Geschichte zugleich bekommt ihr nordöstlich davon geboten: Wanderungen durch die Region könnt ihr auf Burg Brandenstein mit einem mittelalterlichen Spektakel verbinden, auf Schloss Ramholz mit einem festlichen Mahl inmitten eines schönen botanischen Gartens.

Die zwölf Dörfer der Gemeinde **Sinntal** sind von der Landwirtschaft geprägt, prima für Urlaub auf dem Bauernhof – vor allem im Schulbauerndorf Sinntal-Weichersbach, wo ihr an spannenden Aktionen teilnehmen könnt. Die Auenlandschaft zu Füßen der Burg Schwarzenfels kann man leicht mit dem Rad erkunden.

Die Kurstädte **Bad Orb** und **Bad Soden-Salmünster** richten sich mit ihrem Angebot an ein Erholung suchendes Publikum. Gepflegte, kinderwagentaugliche Wege führen durch Parkanlagen und hinaus zu Wildgehegen. Tier- und Pflanzenfreunde entdecken auf

Wusstet ihr schon, dass Steinau an der Straße seinen Namen dem bedeutenden Handelsweg verdankt, der schon im Mittelalter als Reichsstraße von Frankfurt über Steinau bis nach Leipzig führte? Einst brachten Händler ihre Waren durch die Stadttore, spannten hier ihre Fuhrwerke um und erbaten für die Weiterfahrt den Geleitschutz der Ritter zu Steinau.

Ganz schön beweglich:
Die Steinauer Holzköppe

51

In den Altstädten von Steinau, aber auch von Bad Orb und Schlüchtern, sind schöne Fachwerkbauten zu bewundern

*Wenn ihr in Steinau vom Amtshaus zur Kinzig hinunterlauft, findet ihr einen **Schnappkorb**. Damit wurden früher Verbrecher in das Wasser getaucht oder auch schon mal ein Bäcker, der zu kleine Brötchen gebacken hatte!*

Naturlehrpfaden viel Wissenswertes. Im Sommer könnt ihr auf dem Kinzigstausee Tretboot fahren, in den Tälern durch Kneippbecken waten und in Naturbächen plantschen oder das tolle Bad Orber Naturerlebnisbad testen. An kühlen Regentagen lässt sich in den wohlig-warmen Becken der Thermalbäder wunderbar faulenzen.

Bieber soll der Ort sein, in dem das schöne Schneewittchen Zuflucht bei den sieben Zwergen fand. Was der Alltag den Bergarbeitern im Biebergrund, die wie die Märchenzwerge nach Silber und anderen Erzen gruben, wirklich abverlangte, zeigen das Biebergrundmuseum und der Kulturweg des Archäologischen Spessartprojektes. Ganz schön tierisch geht es dagegen im Wirtheimer Saupark zu.

In den Wäldern des Hessischen Spessarts mit den Gemeinden **Flörsbachtal** und **Jossgrund** gibt es ein Wasserschloss, Freizeitanlagen mit Kneippbecken, Spiel- und Grillplätze zu entdecken. Ihr könnt um Wildgehege spazieren, ausgedehnte Wanderungen und Kutschfahrten unternehmen – vielleicht sogar mit einem echten Spessarträuberüberfall!

Frei- und Hallenbäder

Schwimmbäder in Schlüchtern

Freibad Schlüchtern, Breitenbacher Straße 31, 36381 Schlüchtern. ✆ 06661/5206. **Anfahrt:** ↗ Schlüchtern. **Zeiten:** Mitte Mai – Mitte Sep täglich 9 – 20 Uhr. **Preise:** Tageskarte 2,50 €, 10er-Karte 18, 25er-Karte 36 €, 50er-Karte 60 €; Kinder bis 6 Jahre frei, bis 18 Jahre Tageskarte 1,50 €, 10er-Karte 9 €, 25er-Karte 18 €, 50er-Karte 30 €; Familiensaisonkarte 80 €, Ermäßigung für Schüler, Studenten, Zivil- und Wehrdienstleistende, Schwerbehinderte.

▶ Hier könnt ihr auf 50-m-Bahnen um die Wette schwimmen. Wer noch nicht schwimmen kann, steigt ins Nichtschwimmer- oder ins Plantschbecken, und wer vom Wasser genug hat, spielt Tischtennis, Fußball oder Beachvolleyball. Kleine Kinder können auf einem Spielplatz unter schattigen Bäumen spielen. Kühle Getränke und kleine Speisen gibt es am Kiosk.

Hallenbad Schlüchtern, Bahnhofstraße, 36381 Schlüchtern. ✆ 06661/85800. **Anfahrt:** ↗ Schlüchtern. **Zeiten:** Mitte Sep – Mitte Mai Di – Fr 8 – 12.30 und 15.30 – 20.30, Sa 8 – 10 und 14 – 18 Uhr, So 14 – 18 Uhr, Do und Fr Warmbadetag. **Preise:** Tageskarte 3 €, 5er-Karte 12 €, Saisonkarte 100 €; Kinder bis 6 Jahre frei, Tageskarte 2 €, 5er-Karte 8 € Saisonkarte 70 €; Familiensaisonkarte 170 €, Ermäßigung für Schüler, Studenten, Zivis und Wehrdienstleistende, Schwerbehinderte.

▶ Kombibecken mit Sprungbucht und Massagedüsen, Babybecken.

Freibad Hutten, Im Heiligenborn, 36381 Schlüchtern-Hutten. ✆ 06661/4417. **Anfahrt:** Vom Bhf Schlüchtern mit Bus 5060. **Zeiten:** Mitte Mai – Mitte Sep täglich 13 – 20 Uhr. **Preise:** Tageskarte 2,50 €, 10er-Karte 18 €, 25er-Karte 36 €, 50er-Karte 60 €; Kinder bis 6 Jahre frei, bis 18 Jahre Tageskarte 1,50 €, 10er-Karte 9 €,

25er-Karte 18 €, 50er-Karte 30 €; Ermäßigung für Schüler, Studenten, Zivil- und Wehrdienstleistende, Schwerbehinderte.

▶ Kleines Freibad mit 15-m-Becken, Spielplatz, Tischtennisplatten und Kiosk.

Schwimmbäder in Sinntal

Freibad Altengronau, Aspenweg, 36391 Sinntal-Altengronau. ✆ 06665/8066. **Anfahrt:** ↗ Sinntal. **Rad:** Direkt am R2 gelegen. **Zeiten:** Mitte Mai – Mitte Sep täglich 9 – 20 Uhr. **Preise:** Tageskarte 2 €, Saisonkarte 35 €; Kinder bis 6 Jahre frei, bis 18 Jahre Tageskarte 1 €, Saisonkarte 15 €, Familiensaisonkarte 45 €; Ermäßigung für Schwerbehinderte, Schüler, Studenten, Azubis, Zivil- und Wehrdienstleistende.

▶ Kleines Freibad mit 25-m-Becken, Plantschbecken, Tischtennisplatten, Beachvolleyballfeld und Kiosk.

Freibad Sterbfritz, Seemeweg, 36391 Sinntal-Sterbfritz. ✆ 06664/515. **Anfahrt:** ↗ Sinntal. **Preise:** Tageskarte 2 €, 10er-Karte 15 €, Saisonkarte 30 €; Kinder bis 6 Jahre frei, bis 18 Jahre Tageskarte 1 €, 10er-Karte 7,50, Saisonkarte 15, Familiensaisonkarte 45 €; Ermäßigung für Schwerbehinderte, Schüler, Studenten, Azubis, Zivis und Wehrdienstler.

▶ Freibad mit 25-m-Becken, Sprungbucht, Plantschbecken, Tischtennisplatten, Beachvolleyballfeld, ausgedehnter Liegewiese und Kiosk.

Schwimmbäder in Steinau

Freibad Steinau, Am Steines, 36396 Steinau an der Straße. ✆ 06663/6849. **Anfahrt:** ↗ Steinau. **Zeiten:** Juni – Aug 9 – 20 Uhr, Mai und Sep 9.30 – 19 Uhr. **Preise:** Tageskarte 2,50 €, 10er-Karte 23, Saisonkarte 40 €; Tageskarte für Kinder bis 6 Jahre 0,50 €, bis 18 Jahre 1,50 €, 10er-Karte bis 6 Jahre 4, bis 18 Jahre 12 €, Saisonkarte 26, Familiensaisonkarte 80 €; Ermäßigung für Schwerbehinderte.

An der Kirche von **Altengronau** startet ein Kulturlehrpfad des Archäologischen Spessartprojekts, der euch auf Spuren der Ritter von Hutten durch den kleinen Ort führt, Infos und Anmeldung zu Führungen, ✆ 06021/3867415.

▶ Zum Schwimmbad gehören ein 50-m-Becken mit Sprungturm, ein Nichtschwimmerbecken mit Rutsche, ein Plantschbecken mit Wasser speiender Krake und Sonnensegel, ein Volleyballfeld, Tischtennisplatten, eine große Liegewiese, ein Spielplatz unter Bäumen und ein Kiosk.

Freibad Ulmbach, Alte Steinauer Straße, 36396 Steinau an der Straße-Ulmbach. ✆ 06667/209. **Anfahrt:** ab Schlüchtern Post mit Bus 5065. **Zeiten:** Juni – Aug 10 – 20 Uhr, Mai und Sep 11 – 19 Uhr. **Preise:** Tageskarte 2,50 €, 10er-Karte 23, Saisonkarte 40 €; Tageskarte für Kinder bis 6 Jahre 0,50 €, bis 18 Jahre 1 €, 10er-Karte bis 6 Jahre 4 €, bis 18 Jahre 12 €; Saisonkarte 26, Familiensaisonkarte 80 €; Ermäßigung für Schwerbehinderte.
▶ Kleines Freibad mit 25-m-Kombibecken, Plantschbecken, Spielplatz, Tischtennis und Beachvolleyball, Automaten mit Getränken und Süßigkeiten.

Baden im Quellwasser
Freibad Bieber, Zum Schwimmbad, 63599 Biebergemünd-Bieber. ✆ 06050/1355, Kiosk 3283. **Anfahrt:** ↗ Biebergemünd. **Zeiten:** Juni – Aug 10 – 21, Mai und Sep 10 – 20 Uhr. **Preise:** Tageskarte 1,75 €, Abendkarten nach 18 Uhr 1,25 €, 10er-Karte 14, Saisonkarte 35 €; Kinder bis 3 Jahre frei, Tageskarte bis 14 Jahre 1,25 €, bis 18 Jahre 1,50 €, 10er-Karte bis 14 Jahre 10, bis 18 Jahre 12 €, Saisonkarte bis 14 Jahre 25, bis 18 Jahre 30 €; Kinder- und Jugendgruppen ab 10 Personen 1 € pro Person, Ermäßigung für Studenten, Zivil- und Wehrdienstleistende, Schwerbehinderte.
▶ Im Bieberer Freibad könnt ihr in solarbeheiztem Quellwasser baden, 25-m-Bahnen schwimmen oder vom Sprungturm springen, außerdem Beachvolleyball spielen und natürlich faul in der Sonne liegen. Hungrige werden am Kiosk versorgt. Für Kleinkinder gibt es ein Plantschbecken, eigene Kindertoiletten und auch an einen Wickelraum wurde gedacht!

Schwimmen in Bad Orb

Leopold-Koch-Bad, Am Kurpark, 63612 Bad Orb. ✆ 06052/8363. **Anfahrt:** ↗ Bad Orb. **Zeiten:** April – Okt täglich 8 – 21 Uhr, Nov – März 8 – 20.30 Uhr. **Preise:** Tageskarte 6,50 €, Zehnerkarte 60, Halbjahreskarte 170 €, Jahreskarte 310 €; Kinder bis 16 Jahre 3,50 €; Kurkarteninhaber 5,50, Schwerbehinderte 5 €.

▶ Im Leopold-Koch-Bad suchen viele ältere Kurgäste Ruhe und Erholung. Toben ist hier also nicht angesagt, aber trotzdem: In wohlig warmem Wasser von 28 bis 33 Grad zu baden, kann schon Spaß machen. Zum Bad gehören zwei Innen- und ein Außenbecken, Sauna und Solarium.

Freibad Bad Orb, Am Orbgrund, 63613 Bad Orb. ✆ 06052/801-854. **Anfahrt:** ↗ Bad Orb. **Zeiten:** Mitte Mai – Mitte Sep täglich 9 – 20 Uhr. **Preise:** 3 €, Saison 60 €; Kinder 3 – 17 Jahre 2 €, Saison 30 €; Familienkarte 9 €, Ermäßigung für Schüler, Studenten, Zivil- und Wehrdienstleistende und Jugendliche.

Hunger & Durst
Für Schleckermäuler gibt es frisch gebackenen Kuchen am Kiosk!

▶ Das Bad Orber Freibad hat seit der letzten Renovierung einiges dazu gewonnen: Dort gibt es jetzt nämlich ein so genanntes Naturerlebnisbecken, das aussieht wie ein natürlicher Badesee mit Sandstrand, Holzstegen und einem Sprungfelsen aus Naturstein. Es wird vorbildlich mit reinem Quellwasser gespeist, das man über einen benachbarten Regenerationsteich durch Wasserpflanzen sauber hält. Beheizt wird dieses Becken natürlich nicht, sodass es auf immerhin 2500 qm Fläche stets ein prickelndfrisches Badevergnügen bietet. Wer es unbedingt etwas wärmer haben will, für den gibt es auch weiterhin ein beheiztes, allerdings auch chlorhaltiges Becken, wo Bodensprudler, Pilz und Riesenrutsche für Wasserspaß sorgen und wo sich auch ein Plantschbereich für Kleinkinder befindet. Das Freibad bietet außerdem noch eine große Liegewiese und einen schönen Holzspielplatz.

Schwimmbäder in Bad Soden-Salmünster

Spessart-Therme, Gesundheitszentrum Therma Sol, Frowin-von-Hutten-Straße 5, 63628 Bad Soden-Salmünster. ℰ 06056/744-144, Fax 744-117. www.badsoden-salmuenster.de. Am Kurpark. **Anfahrt:** ↗ Bad Soden-Salmünster. **Zeiten:** Mo – Sa 8.30 – 22 Uhr, So 9 – 21 Uhr; Bistro Mo – Sa 8 – 19.30 Uhr, So bis 19 Uhr. **Preise:** Karte für 3 Std 7,50 €, 11er-Karte 75 €; bis 16 Jahre 2,30 €, 11er-Karte 23 €; Familien 14 €, Kurgäste und Schwerbehinderte 6,50 €.

▶ Auch die Spessart-Therme ist in den letzten Jahren saniert worden und herausgekommen ist der reinste Badetempel mit Strömungskanal und Wasserspielen, die so fantasievolle Namen wie Pharaonensitz, Champagnersprudel und Poseidonkugel tragen. Trotzdem ist diese Therme kein reines Erlebnisbad, sondern Teil eines Gesundheitszentrums, das vor allem an Rheuma erkrankte Menschen aufsuchen. Laut tobende Kinder werden nicht gern gesehen bzw. gehört. Wer auf Sprudelduschen, Lichteffekte und Wellness-Musik steht, auf ein Wellenfreibad und auf wohlig warme Wassertemperaturen zwischen 25 und 32 Grad, kann trotzdem einen Besuch wagen, aber pssssst!

Freibad Bad Soden-Salmünster, Parkstraße, 63628 Bad Soden-Salmünster. ℰ 06056/73363. **Anfahrt:** ↗ Bad Soden-Salmünster. **Zeiten:** Mitte Mai – Mitte Sep täglich 9 – 19.30 Uhr. **Preise:** Tageskarte 1,60 €, 11er-Karte 16, Saisonkarte 32 €; Kinder 7 – 16 Jahre 1 €, 11er-Karte 10 €, Saisonkarte 20, Familiensaisonkarte 50 €.

▶ Im Sodener Freibad könnt ihr von der Riesenrutsche in die Fluten sausen. Aber Vorsicht, das Wasser ist unbeheizt! Es gibt saubere Sanitäranlagen, Umkleidekabinen und Kaltduschen, zum Vergnügen außerdem ein Plantschbecken, einen Spielplatz mit tollem Klettergerüst, ein Volleyballnetz und Tischtennisplatten.

Achtung! Aus gesundheitlichen Gründen dürfen Kinder erst ab 4 Jahre in das Thermalbad!

Hunger & Durst
Zum Goldenen Hirsch, Romsthaler Straße 3, Bad Soden-Salmünster, ℰ 06056/1392, Mi und So ab 13.30 Uhr geschlossen. Deftige Küche, von allen Gerichten Kinderteller.

Hunger & Durst
Im Freibad-Lokal gibt es leckere griechische Gerichte!

Freibad Mernes, Jossastraße, 63628 Bad Soden-Salmünster-Mernes. ℡ 06660/227. **Anfahrt:** Von Bad Orb mit Bus MKK 82. **Zeiten:** Mitte Mai – Mitte Sep täglich 10 – 19 Uhr, in den Sommerferien bis 20 Uhr. **Preise:** Tageskarte 1,60 €, 11er-Karte 16, Saisonkarte 32 €; Kinder 7 – 16 Jahre 1 €, 11er-Karte bis 18 Jahre 10 €, Saisonkarte 20, Familiensaisonkarte 50 €.

▶ Kleines Freibad mit Rutsche, Liegewiese und Kiosk.

Freibad Lohrhaupten

Hunger & Durst
Gasthaus Adler, Hauptstraße 12, Lohrhaupten, ℡ 06057/1812. Riesenportionen und sechs Sorten Bier vom Fass, Spielecke und deftige Mahlzeiten in Kinderportionen.

Gartenstraße, 63639 Flörsbachtal-Lohrhaupten. ℡ 06057/766. **Anfahrt:** ↗ Flörsbachtal, am südwestlichen Ortsrand gelegen und ausgeschildert. **Rad:** Am Radweg nach Frammersbach gelegen. **Zeiten:** Mai – Sep täglich 8 – 19.30 Uhr. **Preise:** Tageskarte 2 €, 10er-Karte 18, Saisonkarte 45 €; Kinder bis 6 Jahre frei, Tageskarte bis 14 Jahre 1,50 €, bis 18 Jahre 1,80 €, 10er-Karte bis 14 Jahre 10, bis 18 Jahre 12 €, Saisonkarte bis 14 Jahre 22,50, bis 18 Jahre 27,50 €; Familiensaisonkarte 78 €, Ermäßigung für Gruppen, Schüler, Studenten, Zivil- und Wehrdienstleistende, Schwerbehinderte.

▶ Das beheizte Freibad lockt mit einer 40-m-Wasserrutsche, Wassersprudlern, Massagedüsen, einem Sprungturm und einem lustigen Mickey-Maus-Plantschbecken. Für Hungrige gibt es Snacks in der Cafeteria.

Baden und Wassersport auf See

Freizeitanlage im Hatchesgrund

Jossgrund-Pfaffenhausen. **Anfahrt:** ↗ Jossgrund, am südlichen Ortsende von Pfaffenhausen Wegweiser folgen. **Infos:** Anmeldung Grillanlage unter ℡ 06050/909801.

▶ Wer im Sommer nach einer Alternative zu oft überfüllten Freibädern und Badeseen sucht, ist hier genau richtig. Zu der Anlage gehören nämlich drei Kneippbecken mit frischem Quellwasser, ein Weiher und eine Grillanlage mit einer Schutzhütte.

In See stechen

Tret- und Ruderbootverleih am Kinzigstausee, 63628 Bad Soden-Salmünster-Ahl. ℰ 06056/4280. **Anfahrt:** ↗ Bad Soden-Salmünster. **Zeiten:** Mai – Sep Mo – Sa 13 – 19, So 10 – 19 Uhr, in den Sommerferien täglich 10 – 19 Uhr. **Preise:** Tretboote kosten 3,60 €/30 Minuten, 6,20 €/Stunde, Ruderboote 2,60 bzw. 4,20 €.

▶ An der Kinzigtalsperre gibt es einen Bootsverleih mit Tret- und Ruderbooten. Aus Naturschutzgründen sind Ankern und Baden am Ufer verboten.

Radeln und Skaten

Radeln von Schlüchtern zum Kinzigstausee

Länge: 20 km, fast eben, verkehrssicher, schon für fitte Grundschulkinder. **Anfahrt:** ↗ Schlüchtern. **Infos:** Kostenlose Info-Broschüre mit Radeltipps rund um Schlüchtern im Verkehrsbüro, ℰ 06661/85360.

▶ Auf dem Radweg R3, dem Rhein-Main-Kinzig-Radweg, kann man bequem über Niederzell und Steinau zum Stausee radeln. Wer mit der Bahn anreist, fährt zunächst über die Bahnhofstraße zum Untertorplatz und überquert die Kinzig am Feuerwehrhaus, radelt an einem Sportgelände vorbei zur B40, überquert diese und fährt dann auf dem Radweg zunächst nach Niederzell. Immer der grünen Beschilderung folgend, geht's nach Steinau, über die Brüder-Grimm-Straße durch den Altstadtkern und am Friedhof vorbei Richtung Bad Soden-Salmünster. Parallel zur B40 verläuft der Radweg direkt am Stausee bis zur Staumauer. Diese kann man überqueren und auf der anderen Seeseite zurück nach Steinau und von dort wieder auf dem R3 nach Schlüchtern radeln.

RAUS IN DIE NATUR

HESSISCHER SPESSART

Hunger & Durst

Zur Rast eignet sich der Marktplatz von Steinau, das Eiscafé **Dolce & Freddo** in der Brüder-Grimm-Straße 68 hat Feb – Okt täglich geöffnet.

 Kraxel-Max alias Mirco Zeigler führt Kinder auf Wanderungen durch die Bergwinkelregion. Den Tourenverlauf dürft ihr mitbestimmen!

Für diesen Radweg bekamen die Kinder den Schulumweltpreis des Main-Kinzig-Kreises verliehen! Gratulation!

Inline-Skating-Kurse

Kraxel-Max, Der Wanderladen, Mirco Zeigler, Alte Bellinger Straße, 36381 Schlüchtern-Niederzell.
✆ 06661/916-944, Fax 916-944.

▶ Kurse im Fitness-Skaten für Kinder mit vielen Tipps zum Verhalten im Straßenverkehr!

Naturerlebnis-Radtour

Länge: ab Parkplatz 2,5 km einfacher Weg, fast eben, für Fahrradanfänger. **Anfahrt:** ↗ Jossa.

▶ Einen tollen Naturerlebnisradweg haben Kinder der Grundschule Jossa angelegt. Startpunkt ist der Wanderparkplatz Müsbrücke in der Nähe der Barackenhöfe zwischen Jossa und Marjoß. Ab Bahnhof Jossa müsst ihr zunächst 2 km an der Landstraße Richtung Marjoß radeln, bevor euch der Radweg in einen schönen Auenwald führt. Auf acht Stationen geht es vorbei an historischer Nutzlandschaft, zu den Wohnquartieren von Zwerg- und Langohrfledermäusen und durch die Sinnwiesen zu Bienen und Bibern.

Skaten in Bad Orb

▶ In Bad Orb findet ihr zwischen dem Kurpark und dem Alten Rathaus einen Skaterplatz. Der wird im Winter auch zum Eislaufen genutzt!

Skaten in Jossgrund

▶ Einen Skaterplatz mit Fun-Pipe gibt es im Burgwiesenpark am Wasserschloss von Burgjoss.

Skaten in Flörsbachtal

▶ Am Lohrbach entlang führt ein asphaltierter Radweg, auf dem es sich prima skaten lässt. Außerdem gibt es einen Skaterplatz am Lohrhauptener Schwimmbad.

Wandern und Spazieren

Wanderung zur Teufelshöhle
Länge: 7 km, fast eben, nur Teilstrecke kinderwagen-tauglich. **Anfahrt:** ↗ Steinau, ab Steinau auf der L3179 weiter Richtung Freiensteinau, nach 2 km links Wanderparkplatz Am Berg anfahren.

▶ Vom Parkplatz führt eine Rundwanderung durch ein schönes Naturschutzgebiet zur ↗ Teufelshöhle. Um ans Ziel zu kommen, müsst ihr dem Wanderzeichen Schwarzes Wildschein auf der Spur bleiben. Kurz vor der Höhle geht es treppab. Besonders empfehlenswert ist die Runde im Juni, dann lauft ihr an blühenden Wiesen vorbei und an einem Bergweiher voller Seerosen, Schachtelhalme und Kaulquappen.

Wir wäre es, sich mit einem Grimmschen Märchen wie zum Beispiel »Der Teufel mit den drei goldenen Haaren« auf die Teufelshöhle einzustimmen? Steckt doch das Märchenbuch in den Rucksack und lest es unterwegs an einem lauschigen Picknickplatz!

Küssen verboten: Wisst ihr schon, was aus den lustig wimmelnden Kaulquappen eines Tages wird?

Durch den Orbgrund zum Wildpark

Länge: 2 km einfach, eben, kinderwagentauglich.

Anfahrt: ↗ Bad Orb, Bus HU3 zwischen Kurpark/Salinenplatz und Wildpark, auch am Wochenende.

▶ An den Bad Orber Kurpark schließen sich südlich Spazierwege an, die durch den Orbgrund führen. Schautafeln informieren über die heimische Tier- und Pflanzenwelt. Entlang dem Orbbach kommt ihr am Freibad und an einer Freizeitanlage vorbei, wo ihr im Sommer Minigolf spielen und im Winter Eisstock schießen könnt. Am Ende des Tales gibt es eine Kneippanlage und ein Wildgehege und auf halber Strecke wurde ein Kunstpark angelegt. Auf einer Wiese stehen Kunstwerke, zum Beispiel aus Stroh.

Mit dem Picknickkorb durch das Haseltal

Länge: 3 km einfach, eben, kinderwagentauglich.

Anfahrt: ↗ Bad Orb, an Werktagen ab Salinenplatz Stadtbus A bis Haselstraße. Die Straße führt unmittelbar auf einen Forstweg durchs Tal. **Auto:** Ab Zentrum Wegweiser folgen, am ehemaligen Bahnhof vorbei.

▶ Zu den schönsten Tälern des hessischen Spessart gehört das Haseltal. Und das Allerschönste daran ist, dass es auf einer Wanderung vom Stadtrand Bad Orbs aus bis zur Haselquelle eine Menge zu entdecken und auszuprobieren gibt: Unterwegs kommt ihr an Anglerseen mit Infotafeln über Süßwasserfische, an einem Weiher voller Entengrütze, an einer großen Liegewiese mit Holzbänken zum Sonnenbaden und an einer Holzkneippanlage vorbei. Der Haselbach selbst lädt auch zum Plantschen ein und an der Quelle stehen Holztische für ein Picknick bereit. Wohl dem, der seinen Picknick-Korb gut gefüllt hat.

Hunger & Durst
Jagdhaus Haselruhe, am Talende, ✆ 06052/2503. Di – So 11 – 21 Uhr. Nov – März nur Sa und So geöffnet, Dez – Feb geschlossen. Gutbürgerliche Küche und deftige Speisen.

Vogelkunde für Kids

AGÖV, Arbeitsgruppe Ökologie und Vogelschutz, Dirk Kempel, Ziegenbergweg 1, 36381 Schlüchtern. ✆ 06661/71387. **Preise:** 20 € je Kind für 5 Nachmittage.

▶ Warum zwitschern nur die Vogelmännchen? Wie lange muss ein Meisenweibchen über seinen Eiern brüten? Und wie wächst eigentlich ein Kleiberküken heran? Das und vieles mehr könnt ihr in den Vogelkundekursen der AGÖV herausfinden. Die Kurse richten sich an Kids 8 – 12 Jahre.

Auf Naturfühlung

Umweltpädagogin und Diplom-Biologin, Beate Löb, Strauchweg 2, 36381 Schlüchtern. ☎ 06661/6719, beate.loeb@freenet.de. **Preise:** nach Absprache, je nach Dauer und Aufwand der Veranstaltung.

▶ Mit Beate Löb könnt ihr auf Naturfühlung gehen, schließlich gibt es unterwegs nicht nur eine Menge zu sehen, sondern auch zu hören, fühlen, riechen und vielleicht sogar zu schmecken? Neben Kindergeburtstagen und Naturspielen für die ganze Familie bietet sie Bachexkursionen an, märchenhafte Führungen auf Spuren der Brüder Grimm, Vogelstimmenwanderungen am frühen Morgen und Glühwürmchenwanderung in der Dämmerung!

Die feuchte Höhle des Teufels

Anfahrt: Ab Steinau L3179, nach knapp 4 km Parkplatz an der Teufelshöhle anfahren. **Zeiten:** Ostern – Okt Führungen Sa 13 – 19 Uhr, So und Fei 10 – 19 Uhr, ab Juni auch Mo – Fr 13 – 17 Uhr, Sonderführungen nach Anmeldung im Verkehrsbüro. **Preise:** 2 €; Kinder 5 – 16 Jahre 1,50 €; Ermäßigung für Kinder- und Erwachsenengruppen jeweils ab 15 Personen. **Infos:** Verkehrsbüro Steinau, ☎ 06663/96310.

▶ **Teufelshöhle** heißt diese Tropfsteinhöhle. Wer sie besuchen möchte, sollte auch im Sommer einen warmen Pullover dabeihaben, denn hier herrschen keine höllischen Temperaturen, es ist vielmehr kühl und feucht. Die Spannund steigt, je tiefer ihr in die Höhle vordringt. Wasser tropft von den Wänden. Der Führer weiß Schauerliches zu erzählen. Tropfsteingebilde, Stalagmiten und Stalaktiten gibt es zu sehen, die,

*Alljährlich im Spätherbst findet sich in der Teufelshöhle eine **Fledermauskolonie** ein, die hier ihren Winterschlaf hält. Für menschliche Besucher bleibt die Höhle dann geschlossen, damit die kleinen Fledertiere ungestört bis zum nächsten Frühjahr durchschlafen können.*

*Für ihre Projekte
erhielten die
Kindergruppen des
NABU Steinau den Um-
weltpreis des Main-Kin-
zig-Kreises, herzlichen
Glückwunsch!*

nur mit der Taschenlampe beleuchtet, einen leicht in
den Glauben versetzen, im Wohnzimmer des Teufels
zu stehen. Wie gut, dass der gerade nicht zu Hause
ist!

Naturschutz aktiv

NABU, Regionalgruppe Steinau, F. J. Jobst, Judengasse
2, 36396 Steinau an der Straße. ✆ 06666/919440.
Infos: Kindergruppenleiter Rolf und Elke Weber,
✆ 06663/6565, Huber Göbel, ✆ 06663/6124, Hans
Krüger, ✆ 06663/6413.
▶ In den Kindergruppen des NABU Steinau könnt ihr
aktiv am Umweltschutz mitarbeiten, zum Beispiel
Nistkästen bauen, ein Amphibienparadies oder einen
Ökogarten anlegen!

Biberlehrpfad am Willingsweiher

Anfahrt: ↗ Sinntal, über den Gemeindeteil Breunings am Willingshof vorbei, Wegweiser folgen. **Infos:** Führungen auf Spuren der Biber organisiert das Forstamt Schlüchtern, ☎ 06661/796450. Dort ist auch eine Broschüre über das Wiedereinbürgerungsprojekt erhältlich.

▶ Im Spessart wurde der Biber vor über hundert Jahren ausgerottet. Meister Bockert, wie er damals genannt wurde, war bei den Menschen nämlich sehr beliebt, und das ist ihm gar nicht gut bekommen: Sein Fleisch wurde gegessen, sein Pelz verarbeitet und das Sekret Bibergeil als »Heilmittel« verwendet. 1987/88 wurde der Biber hier wieder angesiedelt. Inzwischen vermehren sich die Familien im hessischen wie auch im bayerischen Teil der Sinn fleißig. Auch im Willingsweiher südwestlich von Breunings fühlen sich Biber wieder heimisch in ihrer Wasserburg. Rund um den Weiher führt ein Lehrpfad, der über Lebensraum und -weise der Biber informiert.

 Wusstet ihr schon, dass der Biber nach dem südamerikanischen Wasserschwein das zweitgrößte Nagetier der Welt ist? Ein ausgewachsener Biber kann bis zu einem Meter lang sein und 45 kg wiegen!

Auf den Spuren von Bergmännern

Europäischer Kulturweg des Archäologischen Spessartprojekts, Biebergemünd-Bieber. **Länge:** 12 km hin und zurück, kinderwagentauglich. Vom Biebergrund-Museum dem Wanderzeichen Gelbes EU-Schiff auf blauem Grund folgen. **Anfahrt:** ↗ Biebergemünd. **Infos:** Das Archäologische Spessartprojekt gibt zu dem Kulturweg ein Faltblatt heraus und organisiert Führungen, gern auch für Kindergruppen, ☎ 06021/3867415.

▶ Auf Spuren der Bergmänner lässt es sich auf einem Europäischen Kulturweg des Archäologischen Spessartprojekts durch den Spessart wandern. Es geht durch ein schönes Naturschutzgebiet, an Stollenmundlöchern und Schachtkübeln vorbei zum Wiesbüttmoor, über die Lochbornteiche weiter zur Lochmühle, einer ehemaligen Station der Spessartbahn, und von dort zurück nach Bieber. Auf der Wegstrecke findet ihr Schautafeln, die über die Bergarbeit informieren.

 Die 8 Infotafeln könnt ihr euch als Einzelblätter zu Hause ausdrucken: www.spessartprojekt.de /kulturwege

Im Biebergrund gibt es nicht nur Bergwerksstollen, sondern auch Wasserstollen, die frisches Quellwasser aus dem Spessart zu den Wasserwerken in Frankfurt transportieren. Zweimal im Jahr findet eine öffentliche Begehung statt. Infos bekommt ihr bei der Mainova unter ☎ 06053/ 617564 oder beim Verkehrsverein Biebergemünd, ☎ 06050/2407.

@ Das Jahresprogramm der Naturschutzgruppen im Bergwinkel findet ihr im Internet: www.nabu-mkk.de.

Zu Bibern und Blindschleichen

Johann-Heinrich-Cassebeer-Gesellschaft, Forschungsinstitut für Mittelgebirge, Dipl. Biologin Marianne Demuth-Birkert, Lochmühle, 63599 Biebergemünd-Bieber. ☎ 06050/9114-0, Fax 9114-18. www.cassebeer.de. info@cassebeer.de.

▶ Der als gemeinnützig anerkannte Verein zur Förderung regionalbiologischer Forschung führt Exkursionen und Projekte für Kinder und Jugendliche durch, vorwiegend zu Reptilien, Amphibien und Bibern im Spessart.

Naturschutz vor Ort

NABU, Regionalgruppe Bad Soden-Salmünster, Klaus Eichenauer, Postfach 2207, 63628 Bad Soden-Salmünster. ☎ 06056/4545.

▶ Monatliche Treffen der Kinder- und Jugendgruppen, Exkursionen und Projekte nach Jahreszeit: Amphibienschutz, Vogelschutz, Pflege von Wiesen sowie Apfelernte.

(Über-)leben in der ältesten Pfarrei des Spessarts

Europäischer Kulturweg des Archäologischen Spessartprojekts, Flörsbachtal-Lohrhaupten. **Länge:** 9 km Rundweg, kinderwagentauglich. Von der Lohrhauptener Kirche in der Ortsmitte dem Wanderzeichen Gelbes EU-Schiff auf blauem Grund folgen. **Anfahrt:** ↗ Lohrhaupten. **Infos:** Das Archäologische Spessartprojekt gibt zu dem Kulturweg ein Faltblatt heraus und organisiert Führungen, gern auch für Kindergruppen, ☎ 06021/3867415.

▶ Ein Europäischer Kulturweg des Archäologischen Spessartprojekts startet an der Lohrhauptener Kirche. Mit ihrer Weihe im Jahr 1057 entstand die älteste Pfarrei im Spessart. Fast 1000 Jahre ist die Siedlung alt. Auf dem Rundweg wird an 5 Stationen davon berichtet, wie schwierig es für die Menschen in den vergangenen Jahrhunderten war, die Natur für sich nutzbar zu machen. Zum Mästen trieben sie Schweine-, Ziegen- und Gänseherden in den Wald. Teile des Waldes wurden gerodet und zu Ackerland gemacht. Trotzdem blieb die Armut groß und zwang die Menschen oftmals, Wildtiere zu erlegen und – da die Jagd ein Privileg der reichen Fürsten bzw. Grafen war – zu Wilddieben zu werden.

Tipp: Mehr über den berühmtesten Wilddieb des Spessarts Johann Adam Hasenstab könnt ihr im Kapitel ↗ Hochspessart lesen!

Hoppe, Hoppe und Hü Hott

Reiten, Kutsch- und Planwagenfahrten

Reit- und Fahrverein Distelrasen e.V., Manuela Müller-Alt, 36381 Schlüchtern. ✆ 06661/917860.

▶ Reit- und Voltigierunterricht für Kinder.

Reit- und Fahrsport Simon, Hagen Simon, Gomfritz 7 – 8, 36381 Schlüchtern-Klosterhöfe. ✆ 06661/2229.

▶ Kutsch- und Planwagenfahrten durch die Bergwinkelregion.

Sebastian Dill, Lagerzstraße 8, 36391 Sinntal-Neuengronau. ✆ 06665/448.

▶ Einstunden- bis Ganztagestouren durch die Bergwinkelregion mit einer offenen Kutsche für 5 Personen, Planwagen für 12 Personen.

Hans Hartmann, An der Kinzigquelle, 36391 Sinntal-Sterbfritz. ✆ 06664/7617.

▶ Etwa halbstündige Spazierfahrten mit der Pferdekutsche für bis zu 4 Personen durch die Bergwinkelregion.

Gerhard Sopper, Ziegelgasse 12, 36396 Steinau an der Straße. ✆ 06663/1694.

▶ Kutsch- und Planwagenfahrten durch die Bergwinkelregion für 6 – 28 Personen für min. 2 Stunden. 6 € pro Person und Stunde, Ganztagesfahrten nach Vereinbarung.

HESSISCHER SPESSART

Hermann-Josef Ritter, Forsthausstraße 2, 63599 Biebergemünd-Bieber. ✆ 06050/1639.
▶ Planwagenfahrten durch den Biebergrund.

Herr H. Trümper, 63619 Bad Orb. ✆ 06052/5546.
▶ Kutsch- und Planwagenfahrten durch die nähere Umgebung von Bad Orb.

Gaststätte Hubertusschänke, Familie Hubertus, 63628 Eckardroth. ✆ 06056/2873.
▶ Planwagenfahrten in der näheren Umgebung von Bad Soden-Salmünster für circa 20 Personen.

 Planwagen- und Schlittenfahrten vermitteln die Gastwirte im Flörsbachtal unter ✆ 06057/427.

Gaststätte Kutscherstuben, Wilhelm Meier, Hauptstraße 36, 63639 Flörsbachtal-Lohrhaupten. ✆ 06057/472.
▶ Planwagenfahrten in der näheren Umgebung von Lohrhaupten, im Winter auch Schlittenfahrten. 3 Stunden für 10 – 16 Personen 120 €.

Reit- und Fahrverein Flörsbachtal, Frau Hebben, Engeltal 2, 63639 Flörsbachtal-Lohrhaupten. ✆ 06057/365.
▶ Geführte Ausritte circa 6 € pro Stunde, Reitunterricht möglich.

Tier- und Erlebnisparks

Unter Schweinen: Saupark Wirtheim

Biebergemünd-Neuwirtheim. **Anfahrt:** RB-Bhf Wirtheim Frankfurt – Fulda. **Auto:** Landstraße in Richtung Gelnhausen, am nordwestlichen Ortsausgang von Neuwirtheim Wegweiser folgen. **Preise:** freier Eintritt.
▶ 1000 Hektar ist der Saupark groß. Die Tiere können sich darin frei bewegen und ihr mitten unter ihnen. Allerdings kann es in dem riesigen Gelände schon mal passieren, dass euch kein Schwein begegnet. Am meisten Glück habt ihr, wenn ihr zu einem Spaziergang in der Abenddämmerung vorbeikommt, denn Wildschweine sind nachtaktiv.

Hunger & Durst
Zum Sauwirt, Ysenburger Straße 1, Biebergemünd-Neuwirtheim. ✆ 06050/7704, Mo Ruhetag. Deftige Küche, kleiner Biergarten, direkt am Saupark.

Wildpark Bad Orb

Villbacher Straße, Bad Orb. Anfahrt: Bus HU83 nach Lettgenbrunn, die Haltestelle Wildpark wird auch am Wochenende mehrmals täglich angefahren. **Auto:** Landstraße Richtung Villbach, Wegweiser folgen. **Rad:** Am Orbbach entlang. **Zeiten:** täglich geöffnet, auch abends. **Preise:** freier Eintritt.

▶ Zum Wildpark gehören ein kleiner Streichelzoo, ein Wisent-, ein Sika-, ein Rotwild- und ein Damwildgehege. Wenn ihr das in der Abenddämmerung betretet, könnt ihr die Tiere beim Äsen beobachten. Nehmt am besten ein Fernglas mit und seid schön leise, psssst!

Hunger & Durst
Café Waldfriede am Wildpark: leckere, hausgemachte Schokoküsse! Fr Ruhetag, ☎ 06054/2286.

Zwischen Lebkuchen- und Essigbäumen

Kurpark, Bad Orb. Am Salinenplatz. **Anfahrt:** ↗ Bad Orb. **Zeiten:** ganzjährig. **Preise:** Eintritt im Winter frei, Ostern – Ende Sep 14 – 17 Uhr 1,50 €; Kinder bis 14 Jahre frei. **Infos:** An den Eingängen gibt es einen kostenlosen Kurparkführer.

▶ Spannende Namen haben die Bäume und Sträucher, die im Orber Kurpark stehen: Da gibt es Sumpf-Zypressen, Faschingsschneebälle und Korkflügelsträucher. Wenn ihr wissen wollt, wie die Pflanzen aussehen, die solche Namen tragen, solltet ihr euch einen Kurparkführer besorgen. Schaut mal, was es da noch zu sehen und zu riechen gibt, beispielsweise 1300 Rosensträucher oder einen hübschen Kräutergarten. Enten schwimmen im Orbbach und auf einem kleinen Weiher. Dort plätschert eine Wasserfontäne, sodass schon für die Kleinsten im Buggy der Besuch im Kurpark zum Erlebnis wird.

Eine Prise Seeluft mitten im Spessart

Gradierwerk im Kurpark, ↗ Bad Orb. **Preise:** im Eintrittspreis des Kurparks inbegriffen.

▶ Die Hauptattraktion des Bad Orber Kurparks ist das Gradierwerk. Die mächtige, mit Schwarzdornreisig gefüllte Holzkonstruktion, über die Salzwasser

▶ Wisst ihr, wie Salz gewonnen wird? Kochsalz (Natriumchlorid) ist eine leicht wasserlösliche Kristallart. Als so genanntes Steinsalz wird es in Bergwerken unter Tage abgebaut und dann vermahlen. Es kann aber auch gewonnen werden, indem man salzhaltiges Wasser eindampft.

WIE DAS SALZ IN DIE SUPPE KOMMT

Anlagen, die der Gewinnung von Kochsalz dienen, nennt man Salinen. Salziges Wasser findet man natürlich im Meer, aber auch aus manchen Quellen sprudelt es ganz schön salzig, so zum Beispiel in Bad Orb.

Schon im 11. Jahrhundert hat man dort Salz aus *Sole* gewonnen, so nennt man salzhaltiges Wasser nämlich. Die Sole wurde in Sudhäusern in großen, beheizten Eisenpfannen zum Sieden gebracht, sodass das Wasser verdunstete und die Salzkristalle auf dem Pfannenboden zurückblieben. Weil aber der Salzgehalt der Orber Quellen mit 3 % nicht besonders hoch war, wurde die Sole zunächst gradiert, das heißt eingedickt. Im 17. und 18. Jahrhundert wurden dafür auf dem Gelände des heutigen Kurparks Gradierwerke errichtet. Das waren mit Schwarzdornreisig gefüllte Holzgerüste. Die Sole wurde mittels Wasserkraft mehrmals auf eine Höhe von 13 Metern gepumpt und dann über das Reisig rieseln gelassen. Dabei verdunstete Wasser und außerdem lagerten sich an dem Reisig unerwünschte Bestandteile wie Kalk, Gips und Tonerde ab. Die Sole wurde so gereinigt und auf einen Salzgehalt von immerhin 18 % gradiert, bevor sie zu Kochsalz eingedampft wurde.

Das gewonnene Salz wurde im gesamten Kurfürstentum Mainz verkauft, zu dem die Salzstadt Orb gehörte. Esel transportierten das Salz in Säcken und Fässern verpackt auf einer Handelsstraße, die von Schlüchtern bis nach Miltenberg quer durch den Spessart führte. Allein im Jahre 1716 sollen sie insgesamt 40.000 Zentner Salz auf ihren Rücken getragen haben. Noch heute existiert dieser Eselsweg als beliebte Wanderroute, die mit 111 km einiges an Ausdauer erfordert.

Von den zwölf Gradierwerken ist nur ein einziges erhalten, denn die Kochsalzgewinnung aus Sole wurde eingestellt, als Orb 1814 unter die Regierung des Königreichs Bayern kam. Dort hatte man reiche Steinsalzvorkommen unter Tage und war auf die Salzquellen Orbs

rieselt, erinnert an die Zeit, als auf dem Gelände des heutigen Kurparks eine Salzgewinnungsanlage stand. Zu dieser Saline gehörten insgesamt zwölf solcher Gradierwerke, außerdem Solebehälter, Pumpwerke, Sudhäuser, Salzmagazine und Werkstätten. Heute dient das Gradierwerk als Freiluft-Inhalatorium: Die hier verdunstende Sole schafft ein Klein-Klima, das der Meeresluft sehr ähnlich ist und für lungenkranke Menschen heilsam sein kann. Auf einem Holzsteg zwischen dem Reisig entlangzulaufen und die salzig-feuchte Luft einzuatmen, macht aber

Führungen durch das Gradierwerk für Gruppen ab 8 Personen organisiert der Verein Freunde des Gradierwerks e.V., ✆ 06052/7643 oder 2080. Für Kinder bis 10 Jahre frei, für Erwachsene 2 €.

nicht angewiesen. Für die Orber war das zunächst sehr schlimm, denn damit hatten sie ihre Arbeit und ihr Einkommen verloren. Zum Glück besann sich der Apotheker *Franz L. Koch* auf die Heilwirkung des Quellwassers. Von 1837 an wandelte sich die einstige Salzsiederstadt zur heutigen Kurstadt, in der man das salzige Wasser als Heilmittel testen kann, bei einer Trinkkur, im Thermalbad oder wenn man bei einem Gang durch das Gradierwerk tief Luft holt. ◀

Lange Reihe: Das Gradierwerk im Kurpark von Bad Orb

auch gesunden Kurparkbesuchern Spaß. Probiert es einmal aus und schließt dabei die Augen. Mit etwas Fantasie steht ihr dann an der Nordsee, und das mitten im Spessart – fehlt nur das Meeresrauschen.

Kurpark Bad Soden

Parkstraße, 63628 Bad Soden-Salmünster. ☏ 06056/911993, Im Stadtteil Bad Soden, Eingänge an der Frowin-von-Hutten-Straße und an der Parkstraße. **Anfahrt:** ↗ Bad Soden-Salmünster. **Zeiten:** ganzjährig frei zugänglich.

▶ Wie in Bad Orb gilt auch in Bad Soden: Der Kurpark ist nicht zum Spielen und Toben da. Für Familien mit Kleinkindern lohnt sich trotzdem ein Besuch. Kinderwagenfreundliche Spazierwege führen durch einen Wassergarten mit Springbrunnen, auf einem Fischteich schwimmen Gänse und überall stehen Schautafeln, die über die heimische Tier- und Pflanzenwelt informieren.

Minigolfanlage am Kurpark, 1. Feb – 15. Dez Mo – Sa 13 – 22.30 Uhr, So ab 10 Uhr.

Hunger & Durst

Im **Café Golfstüberl** gibt es preiswert Kaffee und Kuchen, Eis und kleine warme Mahlzeiten!

Hirsche beobachten

Wildpark Bad Soden-Salmünster. Am Waldrand westlich von Bad Soden, vom Kurpark 15 Gehminuten über die Frowin-von-Hutten-Straße. **Zeiten:** ganzjährig geöffnet, auch abends, Fütterung täglich ab 13.30 Uhr. **Preise:** freier Eintritt.

▶ Das Wildgehege mit Damwild- und Rotwild darf betreten werden. Wer leise genug ist, kann die Hirsche an der Futterkrippe aus der Nähe beobachten. Außerdem leben hier Wildschweine, Mufflons und Steinböcke.

Der Wildpark kann Ausgangspunkt für weitere Wanderungen sein. Wer nordwestlich weiterläuft, kommt auf den Reutzenberg und an einem Abenteuerspielplatz am Stadtrand vorbei.

Teiche, Tiere und Teichtiere

Freizeitanlage und Waldgaststätte Am Acisbrunnen, K. Zimmermann, Am Acis 1, 36381 Schlüchtern. ☏ 06661/1738, Fax 72995. Am südwestlichen Stadtrand. **Anfahrt:** Vom Bhf Schlüchtern dem Rundwanderweg Nr. 5 folgen. Dieser führt 5 km durch das gesamte Quellgebiet und auch an der Freizeitanlage vorbei.

Hier kann man prima einen ganzen Tag verbringen. Die Freizeitanlage liegt in einem Quellgebiet mit Tümpeln und Teichen, durch das ein Naturlehrpfad führt. Es gibt ein Kneippbecken, einen Spielplatz auf einer riesigen Wiese, ein Tiergehege mit Damwild, Ziegen und Schweinen sowie einen Karpfenteich, auf dem Enten schwimmen. Auf der Terrasse der Waldgaststätte kann man sich ein Eis schmecken lassen und von dort die Tierwelt beobachten.

Spiel und Spaß im Erlebnispark Steinau

Steinau an der Straße. ☏ 06663/6889, Fax 7820. www.erlebnispark-steinau.de. Mitglied im Verband Deutscher Freizeitparks und Freizeitunternehmen e.V. **Anfahrt:** Ab Steinau Landstraße in Richtung Marjoß, Wegweiser folgen. **Zeiten:** Ostern – 3. Okt täglich 9 – 18 Uhr. **Preise:** Besucher bis 90 cm Körpergröße kostenlos, bis 1,20 m 7 €, über 1,20 m 8,50 €. Jeden 1. und 3. Sa im Monat, außer Fei, alle ausgewachsenen Besucher 6 €, Ermäßigung für Gruppen nach vorheriger Anmeldung, für Behinderte und Senioren.

An der Landstraße nach Marjoß, wo einst der landwirtschaftliche Betrieb Thalhof lag, findet ihr heute den Erlebnispark Steinau. An den Bauernhof erinnern ein Streichelzoo mit einer Tierbabystube, ein landwirtschaftlicher Lehrpfad und ein Museum. Darüber hinaus wartet der Park mit rund 50 Spiel- und Spaßgeräten auf, darunter eine 850 m lange Sommerrodelbahn, ein Fliegenpilzkarussell und eine Riesentrampolinanlage. Wer will, kann einen Picknickkorb mitbringen und auf einer großen Spiel- und Liegewiese grillen. Die Benutzung der Grillhütte ist im Eintrittspreis inbegriffen, muss aber telefonisch angemeldet werden.

Freizeitanlage Mühlwiese

Anfahrt: ↗ Bad Soden-Salmünster, Richtung Stadtteil Mernes, Wegweiser folgen. **Zeiten:** Die Grillhütte steht Familien und Kleingruppen bis 18 Uhr zur Verfügung.

 Storch und Frösche: Ein Spieler hüpft als Storch auf einem Bein und versucht, seine Mitspieler zu fangen. Die sind aber zu Fröschen verzaubert worden und können sich deshalb nur noch in der Hocke fortbewegen, hüpfend und quakend. Ist ein Frosch-Spieler gefangen, verwandelt er sich erneut und muss nun als Storch auf Froschfang gehen.

 Natur pur und kostenlos bekommt ihr an der Landstraße nach Marjoß geboten, wenn ihr 2 km hinter Steinau den Wanderparkplatz anfahrt. Dort steht die **Bellingser Warte**, ein mittelalterlicher Wachturm in einem herrlichen Naturschutzgebiet, in dem im Herbst die Heide blüht. Zwischen Heckenrosen und Weißdornbüschen grast gelegentlich eine Schafherde.

An der Mühlwiese startet ein 5 km langer Rundwanderweg, der euch zu den **Hirschbornteichen** führt. In diesen Feuchtbiotopen sind viele selten gewordene Amphibienarten zu Hause. Zu deren Schutz ist das Baden in den Seen verboten. Im Wasser plantschen könnt ihr aber trotzdem, und zwar in einem Holzkneippbecken.

Hunger & Durst

Heiß auf Eis? **Eiscafé Jossagalerie,** Martinusstraße 6, Oberndorf, ✆ 06059/ 907751, Mo Ruhetag. Superleckeres, hausgemachtes Eis, Kinderspielecke, Terrasse direkt über der Jossa.

HANDWERK UND GESCHICHTE

Für Gruppen mit mehr als 10 Personen und für Grillabende nach 18 Uhr muss ein Erlaubnisschein eingeholt werden. **Infos:** Frau Desch, ✆ 06056/8164.

▶ Die Mühlwiese ist ein toller Ort zum Toben! Zur Anlage gehören ein großer Holzspielplatz mit Torwand, Schaukeln und Riesenrutsche, ein 2 km langer Trimm-Dich-Pfad mit 20 Stationen, eine riesige Picknickwiese sowie eine Grillhütte mit Toiletten.

Abenteuer mit Pippi

Anfahrt: ↗ Jossgrund, am westlichen Ortsrand Oberndorfs. In der Ortsmitte am Bürgerhaus die Jossa überqueren.

▶ Der **Pippi-Langstrumpf-Abenteuerspielplatz** gehört zu den schönsten im ganzen Spessart! Klein aber fein, bietet er vor allem echten Pippi-Langstrumpf-Fans viel Spaß: Schließlich gibt es hier die Villa Kunterbunt als Klettergerüst, ihr könnt das Piratenschiff Hoppe-Tosse entern oder auf Herrn Nilsons Rücken reiten. Kleinkinder können wippen oder im Sandkasten spielen. Sportler finden ein Volleyballnetz und ein Fußballtor. Bälle müssen sie aber selbst mitbringen und am besten noch einen großen Picknickkorb, dessen Inhalt man prima an den Holztischen rund um den Spielplatz verzehren kann. Fehlt nur leider Pippis legendärer Limonadenbaum!

Bahnen und Betriebe

Mit Dampflok Emma zum Aufenauer Berg

Anfahrt: ↗ Bad Orb. **Zeiten:** in den Sommermonaten jeden So und Fei ab Bad Orb 11, 13, 14.30 und 16 Uhr bei mindestens 8 Passagieren, Fahrzeit nach Aufenau circa 1 Std. **Preise:** Bad Orb – Aufenau einfache Fahrt 5 €, Hin- und Rückfahrt 7, Bad Orb – Aumühle einfach 3 €, hin und zurück 5 €; Kinder 3 – 12 Jahre zahlen die Hälfte. **Infos:** ✆ 06661/1840, und über die Kurdirektion Bad Orb, ✆ 06052/8383.

Auf der historischen Bahnstrecke zwischen Bad Orb und Wächtersbach fahren keine regulären Züge mehr. Aber seit August 2002 geht an Wochenenden und Feiertagen ein kleines Museumsbähnchen auf Fahrt, gezogen von der Dampflokomotive Emma. Das ist zwar nicht die berühmte Emma aus der Augsburger Puppenkiste, auf der Jim Knopf und Lukas hinein ins Abenteuer schnauften, aber immerhin eine Namensvetterin. Auch die muss auf ihrer Fahrt hinauf nach Wächtersbach-Aufenau ganz schön Dampf ablassen. Zwischenstation macht sie im Aubachtal.

Landwirtschaft und Handwerk zum Anfassen und Mitmachen

Schulbauerndorf Weichersbach, Gerda Frings, Neumühle 6, 36391 Sinntal-Weichersbach. ✆ 06664/919325, www.schulbauerndorf.de. Die Aktionstage starten meist auf dem Bauernhof der Familie Frings.
Zeiten: Aktionen nur nach Anmeldung. **Infos:** Auch über Anna Zell, ✆ 06664/40120.

Hier könnt ihr jede Menge über **Landwirtschaft** lernen, dabei selbst mit anfassen und garantiert viel Spaß haben: Scheint die Sonne, geht es hinaus aufs Feld zur Aussaat oder zur Kartoffelernte. Da wird ein großes Kartoffelfeuer nicht fehlen. Wenn es regnet, wird Brot gebacken und Marmelade gekocht oder Apfelsaft gepresst. Bevor ihr es euch schmecken lasst, müsst ihr erst noch Fanni, Fleckvieh von Anni melken. Fanni ist eine echte Holzkuh, die Wasser gibt. Mal schauen, ob ihr einen ganzen Liter aus ihr herausbekommt, denn dafür gibt es ein Melkerdiplom! Neben der Landwirtschaft haben sich in Weichersbach einige alte **Handwerksberufe** erhalten: Der Dorfschmied Hans Glock, der Müllermeister Karl Heil und der Holzschuhmacher Wilhelm Ochs lassen sich gern bei ihrer Arbeit über die Schulter schauen.
Das Schulbauerndorf bietet sich für mehrtägige Klassenfahrten an, steht aber auch kleineren Gruppen und Familien offen, Preise ↗ Info- & Ferienadressen.

Dem einjährigen Nils haben vor allem die kleinen Ferkel – wie unsere Susi – gefallen!

Über die Geschichte des Töpferhandwerks könnt ihr euch auch in verschiedenen Heimatmuseen informieren, wie z.B. im Lohrer Spessartmuseum.

Völlig durchgedreht: Mit viel Schwung entsteht auf der Töpferscheibe ein Krug

Beim Eulner, Ullner oder Aulner: Töpfereibesichtigung

Kunsttöpferei Hans Krüger, Ringstraße 52, 36396 Steinau an der Straße. ✆ 06663/6413. **Anfahrt:** ↗ Steinau. **Zeiten:** nach Anmeldung. **Infos:** ↗ Georg Ruppert.

Töpferei Georg Ruppert, Brückenauer Straße 21, 36396 Steinau an der Straße-Marjoß. ✆ 06660/304. **Anfahrt:** Ab Steinau L3196, etwa 7 km südlich von Steinau. **Zeiten:** nach Anmeldung.

▶ Zu den traditionellen Handwerksberufen des Spessarts gehört der des Töpfers. Die Töpfer wurden im Mittelalter auch Eulner, Ullner, Aulner oder Häfner genannt. In der Steinauer Region geht ihre erste urkundliche Erwähnung auf das Jahr 1391 zurück. Für das Jahr 1864 wurden hier 40 Töpferwerkstätten gezählt. Wer heute eine Töpferei besichtigen will, wird in Steinau nur noch eine einzige finden, im südlich gelegenen einstigen Töpferdorf Marjoß noch zwei. Dort kann man zuschauen, wie auf der Töpferscheibe Tongefäße entstehen. Und natürlich kann man sie kaufen!

Wie kommt das Bitzelwasser in die Flasche?

Spessart-Quelle GmbH, Hauptstraße 1, 63599 Biebergemünd-Roßbach. ✆ 06050/1606, Fax 2044. www.spessart-quelle.de. info@spessart-quelle.de. **Anfahrt:** ↗ Biebergemünd, am Ortseingang von Biebergemünd-Roßbach gelegen. **Zeiten:** nach Anmeldung.

▶ Wie kommt eigentlich der Sprudel in die Brause und wie bekommt die gelbe Limo ihre Farbe? Das und vieles mehr könnt ihr bei einer Betriebsbesichtigung der Spessartquelle fragen und dabei lernen, welchen Weg das Mineralwasser von der Quelle bis zur Flaschenabfüllung nimmt.

Burgen im Bergwinkel

▶ Bergwinkel wird die Region rund um Schlüchtern genannt, weil hier drei Mittelgebirge aneinander grenzen, der Spessart, die Rhön und der Vogelsberg. Wo so viele Berge sind, gibt es meist auch Burgen zu entdecken. Im Bergwinkel stehen gleich drei nebeneinander: die **Burg Brandenstein,** die **Ruine Steckelsburg** und die **Burg Schwarzenfels.** Wer will, kann ab Schlüchtern auf dem *Drei-Burgen-Weg* von einer Burg zur anderen wandern. Als Wanderzeichen dient die Gelbe Lanze. Als Tagestour sind die insgesamt 29 km nur von ausgewachsenen, trainierten Wanderern zu schaffen, die andern können sich auf das Erstürmen der Burgen beschränken: Zu den Burgen Brandenstein und Schwarzenfels führen von den Dörfern zu ihren Füßen Wege über Felder und Wiesen hinauf, über die ihr in jeweils 20 Minuten das Ziel erreicht. Eine schöne Wanderung zur Steckelsburg startet am Schloss Ramholz in Schlüchtern-Vollmerz.

Mittelalter erleben auf Burg Brandenstein

Mittelalter-Workshops, Dipl.-Ing, Uwe Kretschmann, Burg Brandenstein, 36381 Schlüchtern-Elm. ✆ 06661/3888, Fax 3888. www.burg-brandenstein.de. info@burg-brandenstein.de. **Anfahrt:** Ab Bhf Schlüchtern Bus 5060 nach Elm, von dort 20 Min zur Burg. **Auto:** Ab Schlüchtern Richtung Elm, Wegweiser folgen, Waldparkplatz nahe der Burg. **Zeiten:** Workshops, Führungen und Mahlzeiten nur nach Anmeldung. **Preise:** nach Vereinbarung.

Anfang September finden anlässlich des **Tag des offenen Denkmals** auf Burg Brandenstein Aktionen statt.

▶ Wollt ihr einmal als Ritter oder Burgfräulein verkleidet sein, und so tun, als ob ihr auf einer echten Burg lebt, die schon über 750 Jahre alt ist? Noch dazu, wo zu der Burg eine wunderschöne Gartenanlage und ein Zauberwald gehören, in dem ihr tolle Kunstwerke und Basteleien aus Naturmaterialien bestaunen und selbst gestalten könnt. Es gibt sogar eine Weide mit Ziegen, die sich von euch melken lassen!

Kommt doch mal zu einem Fest auf Burg Brandenstein. Zum Apfelblütenfest am Muttertag, zum Handwerkermarkt im Juni oder im September zum Tag des offenen Denkmals!

Hunger & Durst

Orangerie-Restaurant-Café Schloss Ramholz, Parkstraße 4, Vollmerz, ✆ 06664/ 919406. Gehobene Küche zu angemessenen Preisen, Terrasse mit herrlichem Blick auf den Schlossgarten, Kindergerichte, Spielgerät, jährliches Mittsommerfest mit Kinderprogramm!

Auf der Steckelsburg wurde 1488 Ulrich von Hutten geboren. Wie Martin Luther übte er in seinen Schriften Kritik an der päpstlichen Kirche und klagte über die gesellschaftlichen Missstände seiner Zeit.

Ihr könntet dabei Brot im Lehmofen backen, Apfelsaft keltern, Wolle filzen oder den Wald noch ein wenig mehr verzaubern, z.B. indem ihr ihn durch ein selbst gebasteltes Windspiel zum Klingen bringt.

Das alles könnt ihr unter fachlicher Anleitung und pädagogischer Betreuung auf Burg Brandenstein. Kindergartenkinder, Schulklassen und auch Erwachsene sind eingeladen, das Mittelalter in verschiedenen Workshops zu erleben. Sie werden auf das Alter der Teilnehmer und die Größe der Gruppe abgestimmt. Auch Wanderer, die auf Burg Brandenstein rasten und eine zünftige Mahlzeit mit hausgekeltertem Saft und frisch gebackenem Brot zu sich nehmen wollen, sind willkommen.

Wanderung von Schloss Ramholz zur Steckelsburg

Länge: Rundwanderung 1 – 2 Std. **Anfahrt:** Ab Bhf Schlüchtern Bus 5060 nach Vollmerz/Ramholz.

▶ Für eure Wanderung zur Ruine Steckelsburg durchquert ihr den Englischen Garten der Schlossanlage Ramholz. Bevor es durch die Lindenallee bergauf geht, gibt es hier Weiher, einen Rosengarten und einen Tierfriedhof zu sehen. Das Renaissanceschloss selbst ist privat und kann nicht besichtigt werden. Am Forst- und Pförtnerhaus verlasst ihr den Park und steigt stetig zur Geburtsstätte Ulrich von Huttens hinauf. Ein Roter Punkt markiert einen Rundwanderweg zur Steckelsburg mit einer Wegdauer von etwa einer Stunde. Zwei Stunden seid ihr unterwegs, wenn ihr dem Weißen Punkt folgt, der an einem Wasserfall vorbeiführt. Von der einstigen Burganlage ist noch ein Turm erhalten, den ihr besteigen könnt.

Burg Schwarzenfels

Anfahrt: ↗ Sinntal. **Zeiten:** April – Okt Mi – Mo 9.30 – 17.30 Uhr. **Preise:** 0,70 €; Kinder bis 4 Jahre frei, bis 16 Jahre 0,40 €. **Infos:** Unter ✆ 06664/1426 können Tagesgäste die Freizeitanlage bei Burgwart Gerlach buchen. Gruppen, die auf Burg Schwarzenfels übernachten wollen, wenden sich an das Finanzamt Fulda, Liegenschaftsstelle, ✆ 0661/924-1662.

▶ Die Burg Schwarzenfels aus dem 13. Jahrhundert diente Hanauer Grafen als Wehranlage. Heute ist im ehemaligen **Marstall** eine Herberge für Jugendgruppen und müde Wanderer eingerichtet. Tagesgäste können die Burganlage mit dem schönen Glockenturm besichtigen, den Burgfried besteigen, das Burgcafé besuchen oder die kleine Freizeitanlage nutzen, zu der ein Volleyballfeld, Grillplätze und Holzsitzgruppen gehören. Wer nach dem Aufstieg noch weiter wandern möchte, findet nordöstlich der Burg einen etwa einstündigen Rundweg, der um den Hopfenberg führt.

Noch mehr Burgen und Schlösser

Schlossmuseum Steinau

Verwaltung der Staatlichen Schlösser und Gärten, Steinau an der Straße. ✆ 06663/6843, Fax 7518. schloss.steinau@t-online.de. **Anfahrt:** ➚ Steinau.
Zeiten: März – Okt täglich 10 – 17 Uhr, 1. Nov – 16. Dez täglich 10 – 16 Uhr, 17. Dez – 28. Feb nur nach Anmeldung. Mo und Fr außer an Fei geschlossen; Führungen auf Anfrage. **Preise:** Turmbesteigung 1 €, Schlossmuseum 2, mit Führung 3,20 €; Kinder bis 3 Jahre frei, Turmbesteigung 0,50 €, bis 16 Jahre 1,50, mit Führung 2,20 €, Schulklassen 20, mit Führung 23 €, Familien 5, mit Führung 8,50 €.

▶ Das Renaissanceschloss wurde einst unter den Hanauer Grafen als Jagdschloss erbaut. Davon zeugt noch der Hirschgraben, der die mächtige Anlage umschließt. In diesem Graben wurden einst Hirsche gezüchtet, die den Grafen als lebendiger Vorrat dienten. Ein Teil der Schlossanlage ist noch bewohnt. Ihr könnt aber den Turm besteigen und im Inneren des Schlosses eine Brüder-Grimm-Gedenkstätte und ei-

Hunger & Durst

Gasthof zur Burg, Familie Hölzer, Schlossgasse 18, Sinntal-Schwarzenfels, ✆ 06664/919140. Im Sommer können Eltern im Biergarten sitzen und Kinder auf dem kleinen Spielplatz toben! Mi Ruhetag.

*Im **Mar-Stall** standen einst die Mähren, also die Pferde der Herrschaft. Pferde wurden so ab dem 15. Jahrhundert oft aus puren Prestigegründen gehalten, weshalb sie auch ein repräsentatives Gebäude bekommen mussten. Wie heute: Je dicker die Autos, desto protziger die Garage ...*

Hunger & Durst

Café-Restaurant Hannekloas, Familie Eckhardt, Brüder-Grimm-Straße 41, Steinau, ✆ 06663/919142, Di – So ab 12 Uhr. Hausgebackene Kuchen und Torten, Kindergerichte, Kinderstuhl und -spielzeug, gemütlicher Innenhof.

 Allzu viel Wasser fließt im Burggraben zwar nicht, aber immerhin! Im **Burgwiesenpark** gibt es einen Forellenteich und eine Kneippanlage, außerdem kinderwagenfreundliche Spazierwege und einen Minigolfplatz.

ne tolle Marionettenausstellung besuchen! Aus dem Fundus der Puppenspielerfamilie *Magersuppe* gibt es hier Bühnenbilder und Theaterplakate, Handpuppen aus China, Stabpuppen aus Indien und Marionetten aus Tschechien zu sehen.

Burgruine Stolzenberg
Anfahrt: ↗ Bad Soden.

▶ Nördlich des Rathausplatzes führen euch Treppen hinauf zur Burgruine Stolzenberg. Die Burg wurde im 10. Jahrhundert durch die Abtei Fulda zum Schutz der kostbaren Salzquellen im heutigen Bad Soden errichtet. Noch heute könnt ihr ihren Burgfried besteigen – auf einer Metalltreppe, die ganz schön schaurig scheppert.

Wasserschloss im Burgwiesenpark
Anfahrt: ↗ Jossgrund, an der Hauptstraße von Burgjoss gelegen. **Infos:** Verkehrsverein Burgjoss, Brunnenweg 8, 63637 Jossgrund, ✆ und Fax 06059/425.

▶ Burgjoss ist der älteste Ort des Jossgrunds. Zum ersten Mal urkundlich erwähnt, wurde das Dorf schon im Jahre 850! Auf das 9. Jahrhundert geht auch der Bau der Wasserburg zurück, die noch heute das Ortsbild prägt. Die hölzerne Urversion der Wasserburg wurde unter Kurfürst Daniel Brendel 1572 durch einen Steinbau ersetzt. Auf dessen Südseite ist eine riesige Sonnenuhr angebracht.

Museen und Stadtführungen

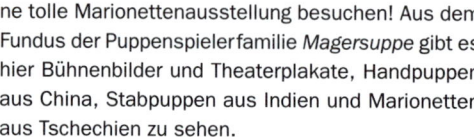

Kirchenkunst und Fledermäuse
Benediktiner-Kloster, Ulrich-von-Hutten-Gymnasium, Unter den Linden, 36381 Schlüchtern. In der Stadtmitte. **Zeiten:** Klosterführungen Mai – Sep jeden Mi ab 14.30 Uhr, Okt – April jeden 1. Mi im Monat.

▶ Schon im 13. Jahrhundert ging aus dem einstigen Benediktiner-Kloster eine Lateinschule hervor. Und

VAMPIRE UND ANDERE FLATTERTIERE

Habt ihr gewusst, dass …

… Fledermäuse zusammen mit den Flughunden zu den Fledertieren bzw. Flattertieren gehören und dass es davon weltweit **957 Arten** gibt?

… sich Fledermäuse in der Dunkelheit am Echo der Laute orientieren, die sie auf ihren Beuteflügen fortwährend ausstoßen?

… diese Laute **so hoch** sind, dass das menschliche Gehör sie nicht wahrnehmen kann?

… Fledermäuse dank ihrer Flughaut zwischen den Fingern **mit den Händen** fliegen?

… sie sich mit einer Zehenkralle **kopfunter** aufhängen können?

… sie dabei keine Muskelkraft brauchen, sondern dass sie einen Sehnensperrmechanismus besitzen, der auch dann noch wirkt, wenn die Fledermaus **längst gestorben** ist?

… einheimische Fledermäuse sich ausschließlich von Insekten und Spinnentieren ernähren und jede Nacht ein Drittel bis die Hälfte ihres Körpergewichts an **Insekten** vertilgen?

… in Mittelamerika aber Fledermausarten leben, die **Vampire** heißen und echte Blutsauger sind?

… ein **Fledermausherz** im Sommer 400 mal in der Minute schlägt, während des Winterschlafs aber weniger als 10 mal?

… Fledermäuse im Sommer je nach Art in Baumhöhlen oder **auf Dachböden** nisten, am liebsten in Spalten unverputzten Mauerwerks?

… im Winter **kühle und feuchte** Schlafplätze bevorzugen, z.B. Felshöhlen, Bergwerksstollen und Burgverliese?

… schon so manche Fledermauskolonie versehentlich bei Bauarbeiten **eingemauert** wurde?

… Fledermäuse immer seltener geeignete **Nist- und Schlafplätze** finden?

… viele bei Dachsanierungen verwendete **Holzschutzmittel** für Fledermäuse unverträglich sind?

… deshalb alle in Deutschland heimischen Fledermausarten gefährdet und durch das **Bundesnaturschutzgesetz** geschützt sind?

… es schon vor über 50 Millionen Jahren Fledermäuse gab, während sich der **Homo Sapiens** erst vor 300.000 Jahren entwickelt hat? ◀

*Eine **Krypta** ist eine Grabanlage, die sich unter dem Altarraum vieler Kirchen befindet.*

Achtung! Keinesfalls dürft ihr mit der Taschenlampe die ausfliegenden Fledermäuse anleuchten. Im schlimmsten Fall vertreibt ihr die kleinen Nachtflieger für immer.

auch heute noch schwitzen hier Schüler über Vokabeln und Noten, denn in dem Abteigebäude sind ein Gymnasium und eine Schule für Kirchenmusik untergebracht. Auf einer Klosterführung gibt es den Kreuzgang, drei Kapellen und eine **Krypta** aus dem 8. Jahrhundert zu besichtigen, die zu den ältesten sakralen Baudenkmälern in Deutschland gehört. Aber nicht nur Kirchenkunstliebhabern, auch Tierfreunden kann das Kloster etwas Besonderes bieten: Auf seinem Dachboden hat die größte hessische Kolonie der Mausohrfledermaus ihr Sommerquartier. Das sind lichtscheue, nachtaktive Tiere, die sich nur selten zeigen. Wenn ihr aber den Klosterhof in der Abenddämmerung besucht, könnt ihr vielleicht sehen, wie die Fledermäuse auf Beuteflug gehen.

Nachtwächterführung durch Schlüchtern

Verkehrsbüro, ✆ 06661/85360. **Anfahrt:**
↗ Schlüchtern. **Zeiten:** auf Anfrage. **Preise:** 25 €.
▶ »Hört ihr Leut und lasst euch sagen, was die Uhr nun hat geschlagen!« Im Mittelalter sorgten Nachtwächter auf ihren Rundgängen dafür, dass Ruhe in die Städte einkehrte und alle Kerzen erloschen. Der Nachtwächter hat nicht nur die Uhrzeit ausgerufen, sondern auch Hinweise auf Feiertage. Er hat außerdem aufgepasst, dass überall Ruhe und Ordnung herrschte, und dass vor allem kein Feuer entsteht, was für alle Bürger gefährlich geworden wäre. Wer heute mit einem Nachtwächter im historischen Kostüm durch das abendliche Schlüchtern laufen möchte, muss danach nicht gleich ins Bett, sondern darf sich erst noch leckere Backofenkartoffeln in einem Gasthof schmecken lassen.

Holzgerätemuseum auf der Burg Brandenstein

Privatsammlung der Familie von Brandenstein-Zeppelin, Burg Brandenstein, 36381 Schlüchtern-Elm. ✆ 06661/5859, www.burg-brandenstein.de. info@burg-brandenstein.de. **Anfahrt:** Ab Bhf Schlüchtern Bus nach Elm, ab Haltestelle 20 Gehminuten zur Burg. **Auto:** Ab Schlüchtern Richtung Elm, Wegweiser folgen, Waldparkplatz nahe der Burg. **Zeiten:** nach Voranmeldung. **Preise:** 1,50 €; Kinder 3 – 16 Jahre 1 €; Gruppenermäßigung.

▶ Über 600 Holzgeräte für Handwerksberufe, Feld-, Wald- und Hausarbeit hat *Gräfin Isa von Brandenstein* seit 1967 zusammengetragen, außerdem eine kleine Sammlung von Kinderspielzeug, darunter ein hübsches Schaukelpferd und ein Puppenwagen.

Bei einer Führung durch das Holzgerätemuseum heißt es mitraten: Wisst ihr vielleicht, wie ein Latwergerührer funktioniert oder welche Schlagkraft der große Holzhammer hat?

Brüder-Grimm-Haus Steinau

Historisches Amtshaus, Brüder-Grimm-Straße 80, 36396 Steinau an der Straße. ✆ 06663/7605, www.steinau.de. brueder-grimm-haus@steinau.de. **Zeiten:** 30. Jan – 23. Dez täglich 14 – 17 Uhr; Führungen sind ganzjährig für 30 € über das Verkehrsbüro zu buchen, ✆ 06663/96310. **Preise:** 2 €; Kinder 5 – 16 Jahre 1,50 €, Familienkarte 5 €; Gruppenermäßigung.

▶ In diesem Haus wohnte von 1791 bis 1796 die Familie Grimm. Im Untergeschoss bekommt man einen guten Eindruck davon, wie das Leben der Kinder ausgesehen haben mag. Dort finden sich eine Nachbildung der Küche sowie Kinderbildnisse und Zeichnungen mit Alltagsszenen. Ein Teil der Ausstellung ist den Sprachforschungen Jacob und Wilhelm Grimms gewidmet. Durch ihre Interessen waren die Brüder wie unzertrennlich. Sie haben alles miteinander geteilt, sogar Geld und Besitz. Außerdem sind in dem hübschen Historischen Amtshaus Zeichnungen und Radierungen des Malerbruders Ludwig Emil Grimm zu sehen.

Märchenhaftes erwartet euch im Obergeschoss: Große Märchenfans finden dort wertvolle Erstausgaben der »Kinder- und Hausmärchen«, verschiedene Übersetzungen, aber auch Ausgaben der französischen Feenmärchen von **Charles Perrault** oder der neapolitanischen Märchen von »**Giambattista**« **Basile.** Für kleinere Märchenfans gibt es einen Raum mit

Computeranimationen und ganz Kleine können Schneewittchens Glassarg oder Dornröschens Rosenhecke bestaunen.

Giovanni Battista Basile lebte *1575 – 1632 in Italien. Seine Märchensammlung »Lo Cunto de li Cunti« wurde in der Ausgabe von 1674 als »Pentamerone« weltberühmt: Darin lässt er 10 Frauen 5 Tage lang 50 Märchen in neapolitanischem Dialekt erzählen.* **Charles Perrault** *lebte 1628 – 1708 in Paris. Seine Märchensammlung »Contes de ma mère l'Oye« erschien 1697 und gab den Anstoß für viele weitere Märchensammlungen.*

Märchenhafte Führungen durch Steinau

Städtisches Verkehrsamt, Brüder-Grimm-Straße 70, 36396 Steinau an der Straße. ✆ 06663/96310, www.steinau.de. verkehrsbuero.steinau@t-online.de.
Preise: Kinderführung auf Spuren der Brüder Grimm je 37 €, Märchenhafte Führung 42 €.

▶ Auf einer einstündigen Stadtführung speziell für Kinder werden euch die mittelalterliche Stadtanlage und das Schloss erklärt. Nebenbei gibt es viel zu spielen und zu erraten. Ebenfalls eine Stunde dauert die Führung auf Spuren der Brüder Grimm. Diese ist für Erwachsene und ältere Kinder empfehlenswert, denn u.a. wird gezeigt, wo Jacob und Wilhelm zur Schule gingen und erzählt, welchen Unfug sie mit ihrem Lehrer trieben. Vielleicht ist ja ein kleiner Tipp dabei? Eineinhalb Stunden dauern die »Märchenhaften Führungen«. Kein Wunder, dass die etwas länger sind, denn unterwegs werden diverse Märchen erzählt.

Biebergrund-Museum

Museum für Bergbau und Heimatkunde, Am Pflaster 5, 63599 Biebergemünd-Bieber. **Anfahrt:** ↗ Biebergemünd, Haltestelle Gasthof Grüner Baum/Rathaus. **Zeiten:** jeden 1. So im Monat 14 – 17 Uhr. Mai – Okt Di 18 Uhr Museumsführungen. **Preise:** freier Eintritt. **Infos:** Buchung von Führungen für Schulklassen unter ✆ 06050/3186 oder 2650.

▶ Schon die Museumsräume sind ein bisschen gruselig, wenn man weiß, dass sie sich in einem ehemaligen Gefängnis befinden. Auch die Arbeit der Bergmänner, die heute im Museum vorgestellt wird, war ganz schön hart und grausam. Mit Hammer und Schlegel gruben sie in dunklen, feuchten Stollen nach Eisen, Kupfer und sogar nach Silber. Und weil diese Stollen sehr flach und eng waren, mussten viele Jugendliche ran, so lange sie noch klein und schmal genug waren. Vom vielen Kriechen bekamen sie Verwachsungen und wurden deshalb Krummhälse genannt.

Im Museum steht das Modell einer Schmalspurbahn, die von einer Dampflok betrieben die Erze von Bieber nach Gelnhausen transportierte, von wo aus sie ins Ruhrgebiet verfrachtet wurden. Außer Bergleuten gab es im Biebergrund auch Müller, Schuster und Besenbinder, über deren Arbeit ihr euch ebenfalls informieren könnt.

Auf dem schönen Märchenbrunnen am Marktplatz von Steinau sind viele bekannte Märchenfiguren abgebildet. Aber welche? Mindestens drei solltet ihr schon nennen!

Spiel & Tanz, Buch & Medien

Holzschuhtanzgruppe Bauern-Power-Girls

Anna Zell, Hopfenmühle 12, 36391 Sinntal-Weichersbach. ✆ 06664/40120, Fax 40121.

▶ Wer glaubt, Holzschuhe seien altmodisch und unbequem, der wird von den Bauern-Power-Girls eines Besseren belehrt, denn die üben mit Begeisterung in Hölzern (Holzschuhen) und Förbes (Socken) alte Bauerntänze ein.

BÜHNE, LEINWAND UND AKTIONEN

 Fridolin Jackel in Biebergemünd-Kassel hat noch das Besenbinderhandwerk gelernt. Auf Anfrage fertigt er echte **Reisigbesen**, nicht nur für kleine Hexen, ℰ 06050/8481.

Das **Steinauer Marionetten-theater** kommt auch zu euch nach Hause oder in die Schule, wenn es dort einen geeigneten Raum mit Bühne oder Podest gibt! Weniger Platz, dafür etwas mehr Fantasie braucht ihr für die **Märchenerzählerinnen** *Elfriede Kleinhans*, ℰ 06663/7312, *Margot Dernesch*, ℰ 06663/5788, und *Brigitte Uffelmann* ℰ 06663/919907.

Steinauer Puppenspieltage

Steinau an der Straße. ℰ 06663/245. **Anfahrt:** ↗ Steinau. **Infos:** Spielplan über das Steinauer Marionettentheater Die Holzköppe, ℰ 06663/245, und die Tourist-Information, ℰ 96310.

▶ Anfang September gastieren Puppentheater aus ganz Deutschland in Steinau und spielen im Foyer des Alten Rathauses für Kinder und Erwachsene.

Die Holzköppe

Steinauer Marionettentheater im ehemaligen Marstall des Schlosses, Am Kumpen 2, 36396 Steinau an der Straße. ℰ 06663/245, info@die-holzkoeppe.de. **Anfahrt:** ↗ Steinau. **Zeiten:** Das Kinderprogramm beginnt in der Regel täglich um 15 Uhr; telefonische Reservierung ist immer ratsam und Di – Fr 9 – 18 Uhr, Sa und So 10 – 15 Uhr möglich. **Preise:** 6,50 €; Kinder bis 16 Jahre 5 €, Familienkarte 25 €; Ermäßigung für Gruppen ab 20 Personen, Geburtstagsgruppen, Behinderte, Schüler und Studenten. **Infos:** Spielplan anfordern.

▶ Puppenspiel hat in der Familie *Magersuppe* Tradition. Das Marionettentheater Die Holzköppe wurde von Karl Magersuppe 1924 gegründet. Seit 1955 ist das ehemalige Wandertheater in Steinau sesshaft und bis heute sind dort fast täglich Grimms Märchen auf der Bühne zu sehen. Aber nicht nur – die berühmte Marionette Pinocchio schummelt sich auch schon mal dazwischen. Den erwachsenen Zuschauern werden Märchenparodien geboten.

Spessarträuberüberfälle

Gaststätte Kutscherstuben, Hauptstraße 36, 63639 Flörsbachtal-Lohrhaupten. ℰ 06057/472. **Preise:** Überfall bis 25 Personen 80 €, über 25 Personen 100 €.

▶ Ihr wollt euch auf einer Wanderung durch die Spessart-Wälder von schwer bewaffneten Räubern überfallen lassen, aber dafür nicht mit eurem Leben bezahlen? Dann könnt ihr einen Räuberüberfall bei den recht friedliebenden Wirten im Flörsbachtal buchen – gegen Aufpreis auch mit Planwagenfahrt und Räuberschmaus.

Kur- und Stadtbibliothek & Museum Bad Orb

Haus des Gastes, Burgring, 63612 Bad Orb. ℗ 06052/8648. **Anfahrt:** ↗ Bad Orb. **Zeiten:** März – Okt Mo – Fr 9 – 11.45 und 15.15 – 18 Uhr, Sa 9 – 11, So 10 – 12 Uhr. Nov – Feb Mo und Do 9 – 11.45 und 15.15 – 18 Uhr; Führungen durch das Museum Mi um 16 Uhr, Sonderführungen für Schulklassen nach Vereinbarung. **Preise:** 1,50 €; Kinder bis 7 Jahre frei, bis 13 Jahre 0,50 €; Ermäßigung für Studenten, Zivil- und Wehrdienstleistende, Schwerbehinderte, Kurkarteninhaber und Gruppen.

▶ Im Haus des Gastes sind das Museum Bad Orb und die Kur- und Stadtbibliothek untergebracht. Leseratten finden hier immerhin 1600 Kinder- und Jugendbücher zum Schmökern und auch das Museum ist für Kinder empfehlenswert. Recht anschaulich wird die geschichtliche Entwicklung Orbs von der Salzsiederstadt zur Kurstadt dargestellt. Ein Teil der Ausstellung ist der Heilanstalt gewidmet, die 1884 für kranke und unterernährte Kinder eingerichtet wurde. Das Haus des Gastes ist in einem spannenden Gebäude untergebracht, nämlich in den Resten einer Burganlage aus dem 11. Jahrhundert, die mit der einstigen Zehntscheune der Stadt verbunden wurde.

Alljährlich im September findet in der Bibliothek eine Kinderliteraturwoche mit Lesungen statt.

FESTKALENDER

Februar: In verschiedenen Stadtteilen Steinaus: **Winteraustreibung** durch Hutzelfeuer.

April: Letztes Wochenende, Schlüchtern: **Helle Markt** mit Buden und Kinderspielstraße.

Mai: 2. Wochenende, Burg Brandenstein, Schlüchtern: **Apfelblütenfest**.

2. Wochenende, Steinau: **Maimarkt** und Märchenfest rund um das Brüder-Grimm-Haus.

Juni/Juli/August: Steinau: **Märchenfeste**.

Bad Orb: **Kurparkbeleuchtungen**.

Juni: Burg Brandenstein, Schlüchtern: **Handwerkermarkt**

2. Wochenende, Bad Orb: **Brunnenfest** in der Altstadt mit vielen Schlemmereien.

24. Juni, Bad Orb: **Johannisfeuer** auf dem Molkeberg

Juli: Orangerie Schloss Ramholz, Schlüchtern: **Mittsommerfest** mit Kinderprogramm.

2 Wochen vor hess. Ferien, Steinau: **Jockesmarkt**.

August: 1. Wochenende, Schlüchtern: traditionelles **Weitzelfest** zu Ehren des Bäckermeisters Weitzel mit Hefebrezeln für Kinder.

2. Wochenende, Bad Soden-Salmünster: **Brunnenfest** mit Feuerwerk über der Burgruine.

September: 1. Sa, Steinau: **Backhausfest** mit leckerem Kuchen.

Anfang Sep, Steinau: **Puppenspieltage**.

2. So: »**Kinzigtal total** – Vorfahrt fürs Fahrrad« – autofreier So mit vielen Aktionen rund ums Radfahren.

Mitte Sept, Bad Orb: **Kinderbuchwoche.**

Oktober: Anfang Okt, Bad Orb: **Gradierwerkfest** mit Schausalzsieden im Kurpark.

November: 1. Wochenende, Schlüchtern: **Kalter Markt** mit Buden und Kinderprogramm.

Wochenende nach Totensonntag, Steinau: **Katharinenmarkt**, großes Stadtfest zu Ehren der Schutzpatronin mit Lampionumzug.

Dezember: 3. Advent: **Weihnachtsbaumverkauf** mit Lagerfeuer und Apfelbratwurstessen auf Burg Brandenstein.

VORSPESSART & KAHLGRUND

HIER
BEGINNT
BAYERN:
DURCH DAS
GRÜNE TAL
DER KAHL

Bis in das vergangene Jahrhundert hinein hat man im Vorspessart am Main nach Braunkohle gegraben. Dann wurden die Gruben stillgelegt und später umgewandelt – entweder in Feuchtbiotope, die Lebensraum für seltene Fisch- und Vogelarten bieten, oder in große Badeseen, an denen sich im Sommer viele Sonnenhungrige tummeln. An den Hängen des Hahnenkamms wird seit Jahrhunderten Wein angebaut, auf seinen Höhen gibt es schöne Wanderwege und einen Aussichtsturm mit herrlicher Fernsicht. Den Vorspessart am Flüsschen Kahl entlang mit dem Fahrrad zu durchqueren, ist vor allem im Frühjahr eine gute Idee, weil dann im Kahlgrund die Apfelbäume blühen.

Der größte Sommerhit in **Großkrotzenburg** ist wohl das familienfreundliche Strandbad Spessartblick. In der Ortsmitte gibt es die Reste eines römischen Kastells aus dem 1. Jahrhundert, eine Synagoge und ein altes Schulgebäude, in dem ein spannendes Museum für Heimatgeschichte untergebracht ist.

In **Kahl am Main** seid ihr im Reich der *Sandhasen*. Dabei handelt es sich um die örtliche Bezeichnung für eine Larve, die die Dorfkinder früher gern auf den sandigen Äckern der Umgebung beim Insektenfang beobachteten, bis man sie schließlich selbst Sandhasen rief. Im Sommer bietet das Musikfestival »Sandhasenrock« viele Aktionen für Kinder. Aber auch das restliche Jahr über gibt es in Kahl einiges zu erleben: an den Badeseen, im Naturschutzgebiet Hornsee, durch das ein Kulturweg des Archäologischen Spessartprojekts führt, oder im Kahler Vogelpark.

Alzenau ist nicht nur die erste Solarstadt Bayerns, sondern auch eine besonders grüne Stadt, umgeben von einem Naturschutzgebiet, der *Alzenauer Sande*. Am Stadtrand gibt es ein schönes Waldbad und einen Badesee. Kinderwagentaugliche Spazierwege führen die Kahl entlang durch Schrebergärten und Grünanlagen. Von dort hat man einen schönen Blick

VORSPESSART & KAHLGRUND

Costa Verde in Alzenau:
Im Strandbad Meerhofsee
kann man's aushalten

auf das Schmuckstück der Stadt: die Burg Alzenau oberhalb des kleinen Stadtkerns.

Zwischen Alzenau und **Kleinostheim** kann man in den Weinhängen am Fuße des Hahnenkamms spazieren gehen. In Kleinostheim startet auch ein recht abenteuerlicher Wanderweg die Rückersbacher Schlucht hinauf. Außerdem gibt es dort einen Projektgarten des Landesbunds für Vogelschutz e.V. mit einem tollen Umweltprogramm für Kinder!

In **Mömbris** könnt ihr eine volkskundliche Sammlung besichtigen, außerdem zwei Museumsmühlen, eine alte Schmiede und eine Kelterei, in der bis heute aus den Äpfeln des Vorspessarts leckerer Apfelmost gekeltert wird. Den dürfen im Herbst, noch völlig ungoren, auch kleine Schleckermäuler genießen.

Natürlich könnt ihr den alten Ortskern von **Schöllkrippen** auf eigene Faust entdecken: die hübschen Fachwerkhäuser, das einstige Jagdschloss, die Lukaskapelle, die Pfarrkirche Sankt Katharina oder die ehemalige Zehntscheune mit dem Heimatmuseum. Aber viel spannender ist es, sich auf einer Ortsführung aus der Geschichte erzählen zu lassen, von Glasmachern und Glashütten, von kurfürstlichen Jagden und den Jagden Kaiser Friedrich Barbarossas, von iro-schottischen Missionaren, die hier im frühen Mittelalter wirkten, und von den *Kelten*, die von 300 bis 20 vor Christus auf dem Hausberg Schöllkrippens, dem *Reuschberg*, siedelten. Und nach so viel Geschichte ist in Schöllkrippen auch Baden angesagt – im schön gestalteten Naturerlebnisbad!

Die Kelten waren ein indogermanisches Volk, das ab dem 5. Jahrhundert vor Christus in Mitteleuropa sesshaft war. Sie lebten von Ackerbau und Viehzucht und verehrten Pferde. Die Mehrheit der Kelten wurde von den Römern unterworfen.

Matschepampe: Spielbach im Naturerlebnisbad Schöllkrippen

Frei- und Hallenbäder

Waldschwimmbad Alzenau

Burgstraße, Alzenau. ℅ 06023/2234. **Anfahrt:** Ab Marktplatz Alzenau Mo – Sa Bus 32 bis Waldschwimmbad. **Auto:** Von der A45, Ausfahrt 44 Alzenau, Richtung Mömbris, 2. Abfahrt rechts Richtung Stadtmitte, Wegweiser folgen. **Zeiten:** 5. Mai – 15. Sep Mo – Fr 10 – 20, Sa und So 9 – 20. **Preise:** Tageskarte 2 €, Mo – Fr nach 17 Uhr 1 €, 10er-Karte 15, Jahreskarte 28 €; Kinder 6 – 14 Jahre 1 €, 10er-Karte 4, Jahreskarte 7 €, Familienkarten 50 €; Schüler, Zivil- bzw. Wehrdienstleistende, Schwerbehinderte Tageskarte 1, 10er-Karte 4, Jahreskarten 7 €. **Infos:** Verkehrsamt, Hanauer Straße 1, ℅ 06023/502112.

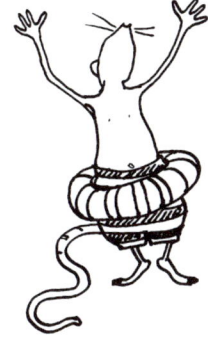

▶ Das Waldschwimmbad liegt in einer kleinen, sehr gepflegten Anlage mit vielen Schatten spendenden Bäumen. Vor allem an die Allerkleinsten wurde hier gedacht, denn neben einem 25-m-Becken mit abgetrenntem Nichtschwimmerbereich und Großrutsche gibt es ein tolles Plantschbecken mit lustigem Wasserpilz und zwei Rutschen. Gleich daneben liegt ein Sandkasten mit Sonnensegel. Auf die etwas größeren Besucher warten außerdem ein Basketballkorb und ein Kickerspiel. Zum Umkleiden finden sich reichlich Kabinen, Kleider und Wertsachen kann man in Spinde einschließen. Ein Kiosk bietet heiße Würstchen, belegte Brötchen, Eis und Getränke zur Stärkung.

Hallenbad Hösbach

Jahnstraße 5 – 7, 63768 Hösbach. ℅ 06021/5003-883, www.hoesbach.de/baeder. **Anfahrt:** Ab Bhf Aschaffenburg Bus 20, 23, 43, 44, 45 bis Kirche. **Auto:** A45, Ausfahrt 61 Hösbach. **Zeiten:** Mitte Mai – Sep nur bei schlechter Witterung, Okt – April Di und Do 7 – 8 und 13.30 – 21 Uhr, Mi und Fr 13.30 – 21 Uhr, Sa 8 – 18, So und Fei 8 – 13 Uhr. Während der bayerischen Schulferien geänderte Öffnungszeiten, in den Sommerferien

Freier Eintritt für arbeitslose Haushaltsvorstände und deren Familien, Asylbewerber, Schüler aus Partnerstädten, jedes 3. und weitere Kind einer Familie, Schulklassen der Alzenauer Grund- und Hauptschulen unter Aufsicht eines Lehrers.

Verschiedene Kursangebote, Schwimmen mit Flossen und Tauchermaske, Pool-Power mit Disco-Musik.

grundsätzlich geschlossen. **Preise:** Tageskarte 2,50 €, 10er-Karte 20, Jahreskarte 90 €; Kinder und Jugendliche 7 – 15 Jahre Tageskarte 1,50 €, 10er-Karte 10, Jahreskarte 60 €; Familienjahreskarte 130 €. **Infos:** Mit Familienjahreskarte auch Eintritt ins Waldschwimmbad Rottenberg möglich.

▶ Zum Hallenbad gehören ein Plantschbecken mit Elefantenrutsche, außerdem ein Nichtschwimmerbecken mit Sprudeldüsen und ein 25-m-Schwimmerbecken mit 4 Startblöcken.

Waldschwimmbad Rottenberg

Freibad, Eichenberger Straße, 63768 Hösbach-Rottenberg. ℘ 06024/4291, www.hoesbach.de. **Anfahrt:** Ab Bhf Aschaffenburg Bus 23. **Auto:** Ab A45, Ausfahrt 61 Hösbach, Richtung Sailauf – Rottenberg. **Zeiten:** Mitte Mai – Aug täglich 9 – 20, Sep 11 – 18 Uhr. **Preise:** Tageskarte 2 €, 10er-Karte 16,50, Saisonkarte 30, Jahreskarte 90 €; 6 – 15 Jahre Tageskarte 1,30 €, 10er-Karte 10, Saisonkarte 17, Jahreskarte 60 €; Familienjahreskarte 130 €. **Infos:** Mit Familienjahreskarte auch Eintritt ins Hallenbad Hösbach möglich.

Bei schlechter Witterung ist während der Freibadesaison das Hallenbad Hösbach geöffnet!

▶ Törööö! Hier können schon die Kleinsten unter euch auf einer Elefantenrutsche ins Plantschbecken hineinsausen, die Größeren finden auf der Breitbahnwasserrutsche am Nichtschwimmerbecken Platz. Da passen sogar bis zu fünf Kinder nebeneinander drauf! Am Schwimmerbecken gibt es außerdem ein 1-m-Brett. Zum Toben steht ein Spielplatz bereit und für knurrende Mägen eine Cafeteria.

Naturerlebnisbad Schöllkrippen

Freibad, 63825 Schöllkrippen. ℘ 06024/9212, Fax 6735-99. www.schoellkrippen.de. **Anfahrt:** Ab Hbf Hanau mit der Kahlgrundbahn. **Auto:** A45 Abfahrt 44 Alzenau über Mömbris oder A66 Abfahrt 40 Langenselbold über Freigericht oder A3 Abfahrt 61 Hösbach. **Rad:** Verlängerte Holzgasse, Wegweisern folgen. **Zeiten:** außer bei schlechter Witterung täglich 9 – 20 Uhr. **Preise:** 3 €,

10er-Karte 25, Saisonkarte 45 €; Kinder und Jugendliche 6 – 18 Jahre 2 €, 10er-Karte 13, Saisonkarte 25 €; Eintritt nach 18.30 Uhr generell 1,50 €. Schüler, Auszubildende, Studenten, Zivil- bzw. Wehrdienstleistende, Schwerbehinderte zahlen ermäßigt 2,50 €, 10er-Karte 16, Saisonkarte 35 €. Ab dem dritten Kind Eintritt für die Jüngeren frei. **Infos:** Saisonkarten sind nur im Rathaus erhältlich. Dort gibt es auch Informationen zur aktuellen Wasserqualität, ✆ 06024/67350.

▶ Im 2003 eröffneten Naturerlebnisbad Schöllkrippen hat man gar nicht den Eindruck in einem Freibad zu sein. Man kommt sich eher so vor, als wäre man in einer natürlichen Seenlandschaft. Der Badebereich umfasst immerhin eine Wasserfläche von 2350 qm, gesäumt von Sprungfelsen aus Naturstein, einer Wassergrotte, einer Hängebrücke und Holzstegen. Das Beste daran ist: Ihr könnt hier in herrlich klarem Wasser baden, das über zwei biologische Regenerationsbecken mit Hilfe von Wasserpflanzen wie Seerosen und Schilf gereinigt wird! Das Wasser ist garantiert chlorfrei und gut hautverträglich. Für kleine Kinder wurde ein Spielbach angelegt und ältere können Beachvolleyball spielen. Wer Hunger hat, bekommt Snacks in der Cafeteria.

Spiel und Spaß im Badesee

Badesee de luxe: Strandbad Spessartblick

See Freigericht West, Großkrotzenburg. ✆ 06186/2250. **Anfahrt:** Der Bhf Großkrotzenburg liegt an der RB-Strecke Frankfurt – Hanau – Aschaffenburg. **Auto:** Im Zentrum Richtung Alzenau/Strandbad ausgeschildert. **Rad:** Ab Bhf 1 km nach Südosten an der Bahn entlang. **Zeiten:** ganzjährig zugänglich, Vorsaison Mitte Mai – Mitte Juni täglich 9 – 20 Uhr; Hauptsaison Mitte Juni – Mitte Aug Mo – Fr 9 – 21, Sa, So 8 – 21 Uhr; Nachsaison Mitte Aug – Mitte Sep 9 – 20 Uhr; letzter Einlass je-

Weitere Aus-
künfte, zum Bei-
spiel über die aktuelle
Wasserqualität, bei der
Gemeinde Großkrotzen-
burg, ☏ 06186/2009.
www.grosskrotzen-
burg.de.

*Beim Baden
könnt ihr von ei-
nem Bundesland ins an-
dere schwimmen, denn
der See liegt auf der hes-
sisch-bayerischen Lan-
desgrenze!*

Tauch- und
Schwimmtrai-
ning für Kinder bietet
der Wassersportverein
1926 e.V.

weils 1 Stunde vor Schluss. **Preise:** 4 €, nach 17 Uhr
3 €, 10er-Karte 30, Saisonkarte 55 €; Kinder und Jugendliche 6 – 18 Jahre 1,50 €, 10er-Karte 10, Saisonkarte 25 €; Familientageskarte 8,50, Familiensaisonkarte 100 €, Schüler, Auszubildende, Studenten, Zivil-
bzw. Wehrdienstleistende, Schwerbehinderte 3 €, 10er-
Karte 20, Saisonkarte 40 €.

▶ Das Strandbad am Nordufer des Großkrotzenburger Sees ist ein toller Freizeitflecken für Familien mit
Kindern. Am Ufer erstreckt sich ein langer Sandstreifen, dahinter liegt eine riesige Wiese mit lockerem
Baumbestand. Es geht sehr flach in den See, so
konnte ein recht großer Bereich für Nichtschwimmer
abgegrenzt werden, der vor allem Kindern zugute
kommt. Wer schon gut schwimmen kann, kann sich
herrlich weit in den 18 m tiefen See hineinwagen,
vielleicht bis zu den beiden Badeinseln.
Am Nordrand der Wiese befindet sich ein großer
Spielbereich mit einer Hangelseilbahn und einem
Wasserspielfeld. Von dort führt ein künstlicher Bachlauf zum Kinderspielplatz am Ostrand des Sand-
strands hinüber – eine gute Gelegenheit, ein Schiff-
chen auf die Reise zu schicken. Ferner gibt es eine
große Ballspielwiese mit Bolzplätzen, Beachvolley-
ball-, Basketball- und Badmintonanlagen, einen Minigolfplatz und einen Grillplatz.
Hungrige können sich am Kiosk bewirten lassen, es
gibt saubere Sanitäranlagen, Warmduschen und Umkleidekabinen.

Strandbad und Freizeitanlage Meerhofsee

Anfahrt: Ab Marktplatz Alzenau Mo – Sa Bus 32 bis
Strandbad/Meerhofsee. Mit der Kahlgrundbahn bis Alzenau Nord, Fußweg 5 Minuten. **Auto:** A45, Ausfahrt 44
Alzenau Richtung Mömbris, erste Abfahrt rechts, Richtung Gewerbegebiet, Wegweiser folgen. **Rad:** Am Hör-
steiner Weg in Kahl die Bahn unterqueren und circa
2 km der Prischoßstraße folgen. 300 m nach Überque-

rung der B45 links Wegweiser. **Zeiten:** 1. Mai – 15. Sep Mo – Fr 10 – 20, Sa und So 9 – 20, Kassenschluss 19 Uhr. **Preise:** Tageskarte 2 €, Mo – Fr nach 17 Uhr 1 €, 10er-Karte 15, Jahreskarte 28 €; Kinder 6 – 14 Jahre Tageskarte 1 €, 10er-Karte 4, Jahreskarte 7 €; Schüler, Zivil- bzw. Wehrdienstleistende, Schwerbehinderte Tageskarte 1 €, 10er-Karte 4, Jahreskarten 7 €. Familienkarten 50 €. **Infos:** Jahres- und Familienkarten mit Lichtbild im Verkehrsamt des Rathauses erhältlich, Hanauer Straße 1, ✆ 06023/502112. Grillplatzreservierung für größere Gruppen unter ✆ 06023/502114, Benutzung ist im Eintrittspreis inbegriffen.

Meerhofseebad: Brausen unterm Riesenfliegenpilz

▶ Der Meerhofsee ist ein ehemaliger Baggersee, dessen Ufer schon nach wenigen Schritten bis zu einer Wassertiefe von 10 m abfällt. Ins Wasser darf deshalb nur, wer schwimmen kann. Aber auch für Kleinkinder ist hier Spiel- und Wasserspaß angesagt, etwa unter dem Wasserpilz, im Wasserrutschkanal, auf der Autoreifenschaukel, am Klettergerüst oder im Sandkasten. Nur leider liegt der Spielbereich in der prallen Sonne. Unter den Birken finden nur wenige Familien Platz. Für ältere Kinder und Jugendliche gibt es einen Sportbereich mit Beachvolleyball, Basketballkorb, Bolzplatz, Tor und Torwand. Beim Parkplatz der Anlage ist sogar ein kleiner Skaterplatz mit Mini-Pipe und Funbox aufgebaut.

Kioske bieten Würstchen und Pommes sowie Pasta, Pizza und Salate an. Außerdem kann man in einer Grillhütte mit Holztischgarnituren auf vier Rosten grillen. Die Benutzung ist im Eintrittspreis enthalten.

Baden und Campen im Kiefernwald: Campingsee Großwelzheim

Königsberger Straße, 63791 Karlstein-Großwelzheim. ✆ 06188/5094 (Campingplatz), 7466 (DLRG), Fax 991605. **Anfahrt:** Ab Bhf Dettingen auf der Strecke

Gesundheitstipps für Sonnenanbeter

• *Bewegt euch generell viel an der frischen Luft.*

• *Geht erst ins Freibad, wenn ihr schon etwas Farbe bekommen habt.*

• *Tragt beim Schnorcheln oder Luftmatratzentoben ein T-Shirt, weil das Wasser die Sonnenstrahlen reflektiert. Sonst bekommt ihr ganz schnell einen Sonnenbrand!*

• *Wieder zu Hause, solltet ihr euch gründlich mit einer Fettcreme einschmieren, denn die Sonnenstrahlen wirken noch zwei bis drei Stunden auf eurer Haut nach!*

Verwendet kein Sonnenöl, es belastet die Gewässer erheblich. Schonender ist wasserfeste Sonnencreme.

Frankfurt – Hanau – Kahl – Aschaffenburg 1 km auf der B8 Richtung Hanau. Ab Bhf Aschaffenburg Bus 5909. **Auto:** A45 Ausfahrt 45 Karlstein, von Dettingen auf der B8 Richtung Kahl – Hanau, Wegweiser folgen. Kostenlose Parkplätze für Badegäste. **Rad:** Ab Dettingen Mainufer-Radweg neben der B8. **Preise:** 2 €, 10er-Karte 12, Saisonkarte 20 €; Kinder 6 – 16 Jahre 1 €, Dauerkarte 10 €; Schüler, Studenten, Schwerbehinderte zahlen ermäßigt wie Kinder. **Infos:** Die Angestellten des Campingplatzes geben gern Auskunft über die aktuelle Wasserqualität des Sees.

▶ Der Campingsee in Großwelzheim ist kleiner und beschaulicher als der im benachbarten Kahl. Schatten spenden am Strand zwei große Bäume und ein Kiefernwäldchen am Rande des Campingplatzes. Aber der Kleinkinderspielplatz liegt bei schönem Wetter in der prallen Sonne. Zum Plantschen wurde am Ufer ein Nichtschwimmerbereich mit einer maximalen Wassertiefe von 130 cm eingezäunt. Für die Größeren gibt es Tischtennisplatten, einen Basketballkorb sowie ein Volleyballnetz und gegen Gebühr können ein Tennisplatz und eine Minigolfanlage bespielt werden. Sanitäre Anlagen sind vorhanden. Wer Hunger hat, kann neben kühlen Getränken auch Eis, Würstchen und Pommes kaufen. Gelegentlich verirren sich ein paar Schwäne oder Gänse zwischen die Badegäste, die an einem schilfbewachsenen Seitenarm ihre Brutplätze haben. Diese Vögel bitte nicht füttern!

Campingsee Kahl

Königsberger Straße, 63796 Kahl am Main. ☎ 06188/94467, Fax 81268. **Anfahrt:** Bhf Kahl mit RE, RB Frankfurt – Hanau – Aschaffenburg. **Auto:** An der Straße nach Alzenau im Industriegebiet links über die Gleise. **Zeiten:** Mai – Sep 7 – 22 Uhr; Verwaltung auch Okt – April 8 – 12, 14 – 16 Uhr. **Preise:** 2 €, 10er-Karte 15, Saison 23 €; Kinder 6 – 17 Jahre 1 €, 10er-Karte 7,50, Saison 8 €.

Minigolfanlage am Campingsee, ☎ 06188/81210, Mai – Sep 11 – 22 Uhr.

▶ Der Badesee gehört zu einer sehr großen Campinganlage, in der sich zahlreiche Dauercamper häuslich eingerichtet haben. Der 1,5 km lange Sandstrand ist gegen Eintritt jedermann zugänglich. An normalen Tagen findet ihr hier reichlich Platz und könnt die sanitären Einrichtungen ohne Wartezeiten nutzen. An ausgesprochen schönen Wochenenden kann es dagegen sehr eng zugehen und dann sind auch die Schattenplätze am Sandstrand knapp. Der gut eingerichtete Spielplatz direkt an einer kleinen, flachen Badebucht liegt zum Glück im Halbschatten. Hier dürft ihr euch auf Seilbahn, Karussell, Tischtennisplatte und Basketballkorb freuen.

Sicheres Naturbad: Der Campingsee in Kahl hat alles, was das Familienherz begehrt

Hunger & Durst

Am Strand des Campingsees Kahl ist Grillen erlaubt. Snacks gibt es am Kiosk, größere Gerichte, Pasta und Pizza im **Restaurant Seeterrasse.**

Wasser, Wiese und Wald: Waldseebad

Am Sportfeld, Hanauer Landstraße, 63796 Kahl am Main. ✆ 06188/94468, Fax 81268. www.campingplatz-kahl.de. **Anfahrt:** RE, RB Frankfurt – Hanau – Aschaffenburg, Bhf Kahl. **Auto:** Direkt an der B8. **Rad:** 500 westlich vom Bhf Kahl. **Zeiten:** Mitte Mai – Mitte Sep täglich 9 – 20 Uhr. **Preise:** Tageskarte 2 €, 10er-Karte 15, Saison 23 €; Kinder 6 – 17 Jahre Tageskarte 1 €,

In den Sommermonaten bietet der *Tauch-Club 1996 Kahl* im Waldseebad **Tauchkurse** an. Kinder können ab 8 Jahren teilnehmen, ✆ 06188/ 901685.

10er-Karte 7,50, Saison 8 €. **Infos:** Grillplatz etwas abseits vom Badebetrieb, Wasseranschluss und sanitäre Anlagen vorhanden. Die Benutzung ist im Eintrittspreis des Strandbads enthalten.

▸ Das Waldseebad trägt seinen Namen zu Recht: Wer etwas sonnenempfindlich ist, findet in der gesamten Anlage viele Schatten spendende Bäume. Es gibt keinen Sandstrand, sondern recht steile Böschungen. Schwimmer gelangen über Stege ins Wasser der ehemaligen Braunkohletagebaugrube. Oberhalb des Sees findet ihr eine Liegewiese, einen Kinderspiel- und Plantschbereich mit Wasserrutschkanal, Wasserpilz, Sandkasten, Karussell und Rutsche, eine Ballspielwiese, eine Tischtennisplatte, eine Bocciabahn und Freiluftschach. Zum Bad gehören gepflegte Sanitäranlagen, Duschen und Umkleidekabinen. Es gibt einen **Grillplatz** und an einem **Kiosk** außer Pommes und Würstchen auch Döner und türkische Pizza zu kaufen.

RAUS IN DIE NATUR

Radeln und Skaten

Radeln am Main
Länge: 35 km, eben, wegen der Länge für fahrradtrainierte, größere Kinder.

▸ Wer im Vorspessart den Main entlang radelt, kommt auf der Strecke zwischen Hanau und Karlstein an zwei Kraftwerken vorbei, deren Schlote keinen schönen Anblick bieten. Eine nette Rundtour könnt ihr dagegen von Karlstein aus in Richtung Aschaffenburg starten. Unterwegs kommt ihr in Mainaschaff an einem großen Badesee vorbei. In Aschaffenburg geht es über die Willigisbrücke auf die andere Mainseite und von dort zurück bis nach Seligenstadt, einer mittelalterlichen Fachwerkstadt mit Stadtmauerresten und Klosteranlage. Von dort könnt ihr mit der Fähre über den Main setzen und kommt so wieder nach Karlstein.

Radeln im Kahlgrund

Länge: Von Schöllkrippen geht's erst 6 km flussaufwärts zur Quelle, von dort 25 km talabwärts. Einfach,
schon für Grundschulkinder. **Anfahrt:** Ab Hanau Züge
der KVG über Alzenau nach Schöllkrippen. **Auto:** A45
Ausfahrt 44 Alzenau, L2305 nach Schöllkrippen.

▶ Eine Teilstrecke des Kahltal-Spessart-Radwander-
weges führt euch von der Kahlquelle bis zu ihrer
Mündung in den Main. Sie ist gut ausgebaut und
flussabwärts bequem zu radeln. Vor allem im Frühjahr, wenn im Kahlgrund die Apfelbäume blühen, ist
dies eine schöne Tour.

Tipp: In den meisten
Zügen der KVG, die von
Hanau bis nach Schöll-
krippen fahren, ist eine
Fahrradmitnahme mög-
lich! Diese sollte aber
angemeldet werden
unter ✆ 06024/6650.

Auf den Höhen des Hahnenkamms

Länge: Rundtour ab Gasthof 5 km, fast eben, jedoch
für Kinderwagen ungeeignet. **Anfahrt:** KVG-Bahn Hanau
– Schöllkrippen bis Niedersteinbach, ab dort Bus 26
bis Hemsbach. **Auto:** Kurz vor Mömbris rechts nach
Hemsbach und Parkplatz 177 oberhalb davon anfahren.

▶ Rund 1 km müsst ihr auf dem gut ausgebauten
Forstweg zurücklegen, bevor ihr auf dem Gipfel des
Hahnenkamms steht. Wenn ihr dort oben den Aussichtsturm besteigt, solltet ihr ein Fernglas dabeihaben. Bei schönem Wetter kann man bis nach Frankfurt sehen! Unterhalb des Turmes lädt der **Berggasthof Hahnenkamm** zu einer herzhaften Vesper ein. Am
Gasthof findet ihr auch eine Tafel mit empfohlenen
Wanderwegen. Eine besonders schöne Tour könnt ihr
laufen, wenn ihr dem Wanderzeichen Pilz folgt. Dann
bleibt ihr auf den Höhen des Hahnenkamms, kommt
an bizarren Gesteinen, verwachsenen Lärchen, einer
mächtigen Eiche und an einem Hochsitz vorbei. Am
Wegrand wachsen Brombeersträucher und Heidelbeeren.

Am Hexenhäuschen in der Rückersbacher Schlucht

Länge: 6 km gesamt, mit Steigungen, begrenzt kinderwagentauglich. **Anfahrt:** ⤢ Kleinostheim, Haltestelle

Hunger & Durst

**Berggasthof Hahnen-
kamm,** 63776 Mömbris-
Hemsbach. ✆ 06029/
8456, www.berggasthof-
hahnenkamm.de. Di –
So ab 10 Uhr, Nov ge-
schlossen. Der Berg-
gasthof ist ein beliebtes
Ausflugsziel und des-
halb häufig voll.

Hunger & Durst

Winzerstübchen, Jürgen
Simon, Schlossberg-
straße 2, am Fuße des
Hahnenkamms, mit klei-
nem Gartenlokal, herz-
haften Fleischgerichten,
Bratwürstchen und
gutem Käse, zum Bei-
spiel Camembert mit
Sauerrahm mariniert!
✆ 06023/7493, Fr ab
17, Sa und So ab 15
Uhr.

VORSPESSART & KAHLGRUND

Rückersbacher Schlucht. **Auto:** A45, Ausfahrt 45 Karlstein, Richtung Hörstein, am Ortseingang links an der Räuschberghalle vorbei Richtung Rückersbacher Schlucht.

▶ Eine abenteuerliche Wanderung könnt ihr vom **Ausflugslokal Schluchthof** hinein in die Rückersbacher Schlucht wagen. Der Weg führt euch erst nur mäßig ansteigend durch einen Mischwald den Bach entlang. Dabei kommt ihr an einem Weiher vorbei und an einer Weichselkirsche, die im Frühjahr wunderschön blüht. Dort angekommen, seht ihr am Wegrand schon ein Hexenhäuschen stehen. An dem müsst ihr vorbei, wenn ihr die Schlucht hinauf bis nach Rückersbach wollt. Aber keine Bange, die Hexe ist bisher noch niemals angetroffen worden. Kurz nach dem kleinen Waldhaus kommt ihr an einen stillgelegten Steinbruch und von da geht es recht steil bergan. Der Weg wird schmal, führt an mächtigen Felsen vorbei und manchmal müsst ihr einen schmalen Steg überqueren. Nach knapp 2 km lichtet sich der Wald. Über einen Feldweg kommt ihr in den kleinen Ort. In Rückersbach ist das alte Schulhaus sehenswert und in der Ortsmitte gibt es einen Gasthof. Aber vielleicht wartet ihr mit der Vesper, bis ihr wieder unten seid? Im Schluchthof gibt es deftige, preiswerte Gerichte, für die Erwachsenen regionale Weine. Im Sommer kann man draußen sitzen oder auf dem Spielplatz toben.

Wandern am Gasthof Brückner
Länge: 5 km, fast eben, kinderwagentauglich. **Anfahrt:** Ab Bhf Aschaffenburg Bus 44 und RB. **Auto:** A3, Ausfahrt Hösbach, weiter Richtung Laufach, in der Ortsmitte abbiegen, Wegweiser folgen.

▶ Der **Gasthof Brückner** ist eine fröhlich laute Bauernhofgaststätte mit vielen hausgeschlachteten Schwereien und Sauerteigbrot, frisch aus dem Holzofen, zu dem der selbst gemachte Quarkkäse hervorragend schmeckt. Es gibt selbst gekelterten

Hunger & Durst
Schluchthof, Familie Kolb, 63801 Kleinostheim. ✆ 06027/8136, Fax 464530. Mo – Fr 12 – 22 Uhr, Sa und So 11 – 22 Uhr.

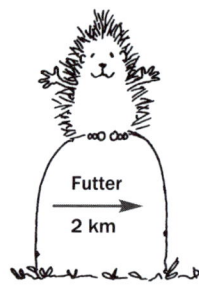

Hunger & Durst
Gasthof Brückner, Hans Werner, Sachsenhäuser Straße 11, 63846 Laufach. ✆ 06023/475, Mi – Sa ab 10 Uhr.

Apfelwein, für Kinder natürlich Limo, Saft und im Herbst den noch unvergorenen Süßmost aus frisch gekelterten Äpfeln, hmmm!

Bevor ihr euch das alles schmecken lasst, könnt ihr zunächst durch den Kreuzgrund wandern. Dafür müsst ihr direkt hinter dem Gasthof die Bahnunterführung passieren und dann links den Hang hinauf einen Wanderparkplatz ansteuern. Dort startet ein bequemer, fast ebener Rundwanderweg durch den Kreuzgrund.

Radeln, Wandern und Spazieren am Waldmichelbacher Hof

Länge: diverse gut ausgebaute Rundwege, auch für Kinderwagen. **Anfahrt:** Ab Bhf Aschaffenburg Bus 41 oder 42 bis Abzweigung Waldmichelbach, von dort 2 km zu Fuß. **Auto:** A3, Ausfahrt 62 Bessenbach, dann L2307 Richtung Straßbessenbach, in der Ortsmitte Abzweigung links nach Waldmichelbach.

▶ Der **Waldmichelbacher Hof** ist ein familienfreundlicher und ökologisch ausgerichteter Gasthof mit eigener Landwirtschaft und einem Haflingergestüt. Er liegt in einem schönen Wiesengrund, umgeben von Kuhweiden und Pferdekoppeln. Je nach Lust und Laune könnt ihr auf gut ausgebauten Rundwegen spazieren gehen, längere Strecken wandern oder auch radeln. Eine schöne, kinderwagenfreundliche Rundtour von knapp einer Stunde legt ihr zurück, wenn ihr vom Parkplatz zunächst geradeaus durch einen recht imposanten Hohlweg lauft bis ihr zu einer Weggabelung kommt. Auf beiden Wegen führt euch das Wanderzeichen M 14 den Michelbach entlang zu einem Weiher. Dort verlasst ihr das Wanderzeichen, umrundet den Weiher und lauft auf der anderen Seite zurück zum Waldmichelbacher Hof. Da könnt ihr auf dem Spielplatz toben und auf der Terrasse vespern. In Hofladen gibt es außerdem viele Leckereien, darunter hausgebackenes Bauernbrot, zu kaufen.

Einen kleinen, aber recht schönen **Spielplatz** findet ihr zwischen Hain und Laufach nach knapp 2 km oberhalb eines Sportheims, wenn ihr auf dem Feldweg die Bahnschienen entlang nach Osten lauft.

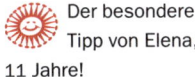
Der besondere Tipp von Elena, 11 Jahre!

Hunger & Durst
Landgasthof Waldmichelbacher Hof, Familie Schultes und Herold, Bessenbach-Waldmichelbach. ✆ 06095/674, 8334, Fax 2603. www.waldmichelbacher-hof.de. info@waldmichelbacherhof.de. Di (Schlachttag) 14 – 24 Uhr, Mi – So 11 – 24 Uhr. So durchgehend warme Küche bis 21 Uhr.

Natur und Umwelt erforschen

Auf Klettertour

ANL – geprüfter Natur- und Landschaftsführer, Franz Bilz, Am Felsberg 11, 63856 Bessenbach. ✆ 06095/ 995442, www.landschaftsfuehrer.net. franzbilz@ t-online.de.

▶ Franz Bilz ist nicht nur Natur- und Landschaftsführer, sondern auch Bergwachtausbilder. Bei den von ihm angebotenen Kletterübungen in einem Steinbruch bei Bessenbach seid ihr also in guten Händen. Da könnt ihr euch, natürlich sicher angegurtet, im Raufkraxeln und Abseilen versuchen! Für weniger Schwindelfreie gibt es Naturerlebnisführungen, bei denen man auf dem Boden bleiben kann, sowie Waldspiele und Basteln mit Naturmaterialien.

Geschichtswanderung »Leben am Fluss«

Europäischer Kulturweg des Archäologischen Spessartprojekts, Kahl am Main. **Länge:** 5 km, kinderwagentauglich. Vom Wasserturm in der Ortsmitte dem Wanderzeichen Gelbes EU-Schiff auf blauem Grund folgen. **Anfahrt:** ↗ Kahl, Haltestelle Rathaus. **Infos:** Das Archäologische Spessartprojekt gibt zu dem Kulturweg ein Faltblatt heraus und organisiert Führungen, auch für Kindergruppen ✆ 06021/3867415.

▶ Auf dem Kulturweg könnt ihr viel darüber erfahren, wie das Leben in einer Flusslandschaft in den vergangenen Jahrhunderten ausgesehen hat. Zunächst führt euch das Gelbe EU-Schiff in den Ortskern hinein, vorbei an einem alten Backhaus über den Kirchplatz zur Kahlaue. Dann weiter über die Hauptstraße hinweg, an Schrebergärten vorbei zum Hornsee. Dieser war einst eine Braunkohlegrube, die aber so oft durch das Mainhochwasser überschwemmt wurde, dass sie 1915 geschlossen werden musste. Heute ist der See ein Feuchtbiotop mit seltenen Fisch- und Vogelarten wie zum Beispiel der Rohrammer. An der Landstraße nach Großkrotzen-

*In den vergangenen Jahrhunderten haben die Menschen sich die Wasserkraft der Flüsse zu Nutze gemacht und **Mühlen** an ihren Ufern gebaut. Ein Teil des Wassers wurde in einen Mühlbach umgeleitet und von dort über ein Mühlrad geführt. Das setzte im Inneren der Mühle einen Mahlstein in Bewegung. Allein am Flüsschen Kahl haben bis zu 73 Mühlen gestanden, die Getreide, Senf und Öl gemahlen haben. Aber nicht immer wurde in einer Mühle gemahlen. Im Spessart hat es auch Schleifmühlen, Sägewerke und Hammerschmieden gegeben.*

▶ Flüsse entstehen, wenn der Regen, der als Grundwasser in den Boden sickert, auf eine wasserundurchlässige Erdschicht, wie zum Beispiel Ton, stößt. Dann sucht sich das Wasser einen Weg nach draußen und findet ihn meist dort, wo der Boden angeschrägt ist, etwa am Fuße eines Berges. Von dieser Quelle nimmt der Fluss seinen Lauf bis er in den nächstgrößeren Fluss mündet und zusammen geht es dann weiter bis ans Meer. Flüsse können ganz schön mächtig und gewaltig werden und sogar ihre Richtung ändern. Mit ihrer Wasserkraft brechen sie ganze Teile vom Uferrand ab und lagern sie an der anderen Uferseite an. So winden sie sich wie eine Schlange durch die Landschaft und bahnen sich dabei den bequemsten Weg. Diese Schlangenlinien heißen Mäander.

Im Frühjahr, wenn der Schnee schmilzt und viel Regen fällt, treten Flüsse über ihre Ufer. Sie nehmen dann ein viel breiteres Flussbett ein. Dieses breite Flussbett wird Aue genannt. In einer Aue sind Pflanzen zu Hause, die auf das Hochwasser angewiesen sind, wie Pappeln und Weiden, die ihre Samen durch das Wasser verbreiten. Auch viele Amphibien, wie Frösche und Kröten, Tiere, die zum Überleben Land und Wasser gleichermaßen brauchen, leben in der Aue – und natürlich Vögel, die sich von den Amphibien ernähren, wie zum Beispiel der Storch.

Der Boden einer Aue ist sehr fruchtbar. Deshalb wollte man ihn häufig als Ackerland oder als Weideland für Kühe und Schafe nutzen. Man hat Wehre errichtet, um den Boden vor den Überschwemmungen im Frühjahr zu schützen. Den Flüssen ist man dabei kräftig zu Leibe gerückt. Man hat sie begradigt, in Steindämme oder sogar in Beton gezwängt. Den Pflanzen und Tieren in der Aue ist das gar nicht gut bekommen. Sie haben ihren Lebensraum verloren und viele sind für immer verdrängt und vom Aussterben bedroht. Erst langsam besinnt man sich und gibt einigen Flüssen ihren natürlich Lauf zurück und damit den bedrohten Tier- und Pflanzenarten eine Überlebenschance. ◀

Zur Zeit des Dreißigjährigen Krieges (1618 – 1648) wurden an der Hexeneiche über 90 Männer und Frauen verbrannt, die der Hexerei beschuldigt waren. Die alte Eiche, die an diesem schaurigen Richtplatz stand, hat 1970 ein Blitz gefällt.

LBV steht für Landesbund für Vogelschutz in Bayern e.V. In den Regionalgruppen des Vereins sind viele Kinder aktiv: Sie bauen zum Beispiel Nistkästen und engagieren sich so im Vogelschutz. Wenn ihr wissen wollt, ob es eine Kindergruppe in eurer Nähe gibt, könnt ihr euch an die LBV Geschäftsstelle Unterfranken wenden: Grünewaldstraße, 63739 Aschaffenburg, ℘ 06021/ 299112, Fax 299114, lbv.ufr@online.de.

burg kommt ihr zum Gedenkstein **Hexeneiche**. Weiter geht es zum Main und dort nach einigen hundert Metern an die Kahlmündung. Die Kahl folgt nicht mehr ihrem natürlichen Flusslauf, sondern wurde 1927 kanalisiert und umgebettet. Dadurch sind viele Mühlen verschwunden, die einst die Wasserkraft des Flusses nutzten, um Öl, Senf und Getreide zu mahlen.

Abenteuer Natur

LBV-Projektgarten Kleinostheim, Dreizehnmorgenweg 8, 63801 Kleinostheim. ℘ 06021/299112, 0177/ 6778131. www.unterfranken.de. unterfranken@lbv.de. In der Nähe des Erholungszentrums Dreizehn Morgen. **Anfahrt:** ↗ Kleinostheim; von der Haltestelle Rückersbacher Schlucht den Wegweisern folgend knapp 15 Min Fußweg. **Rad:** Am Radweg Dettingen-Kleinostheim. **Preise:** Klassen vormittags 2,50 € pro Kind, nachmittags 2 €, auch Kindergeburtstage, Projekte an Schulen.
▸ Wollt ihr im Gartenteich dem Wasserskorpion auf die Spur kommen oder euch einmal wie eine Ameise fühlen, die in einer Blumenwiese ihre Abenteuer erlebt? Oder wollt ihr mitten im Grünen Apfelsaft pressen, kochen und backen? Ein Lehmbackofen und eine Solarküche machen das im Projektgarten Kleinostheim möglich. Diese und weitere jahreszeitliche Aktionen, Exkursionen und Naturerfahrungsspiele bietet der LBV für Gruppen bis zu 25 Kindern an, wahlweise im Projektgarten oder im Umkreis von 20 km von Aschaffenburg auch vor Ort in Schulen, Kindergärten bzw. den umliegenden Wäldern und Wiesen.

Den Wald mit allen Sinnen erleben

ANL – geprüfte Natur- und Landschaftsführerin, Gerhild Wehl, Odenwaldstraße 5, 63825 Schöllkrippen. ℘ 06024/9546, www.landschaftsfuehrer.net. **Zeiten:** Gruppenführungen ab 10 Pers, Termine nach Absprache. **Infos:** ↗ Waldkindergarten.

▶ Die Natur- und Landschaftsführerin erklärt euch das Ökosystem Wald, zeigt euch die Reste eines mittelalterlichen Ringwalls oder berichtet über die Glashütten, die einst in den Wäldern bei Schöllkrippen standen. Und wer genau schaut, kann bis heute die Bodenplatten dieser Glashütten entdecken!

Ein schöne Wanderung rund um Schöllkrippen findet ihr im Winterkapitel!

Waldkindergarten

Waldkinder Bessenbach e.V., c/o Anna Lange, Wiesenstraße 31, 63856 Bessenbach. ☎ 06095/994552, Fax 994216.

▶ In Waldkindergärten spielen Kinder bei fast jeder Witterung im Freien mit dem, was ihnen die Natur bietet. Das kann ganz schön aufregend sein und ist gesund zudem!

Jährlich am 3. Oktober sind alle zum **Waldfest** eingeladen. Dann könnt ihr euch über den Waldkindergarten informieren, aber auch Süßes und Deftiges für den Magen und Kunsthandwerk aus Naturmaterialien kaufen!

Pferde und andere Tiere

Reiten, Kutsch- und Planwagenfahrten

Fuhrhalterei Flunkerhof, Familie Fleckenstein, 63768 Hösbach. ☎ 06021/55504, Fax 550931. Handy 0160/96020510. info@flunkerhof.de. Zwischen Hösbach und Wenighösbach gelegen.

▶ Kutsch- und Planwagenfahrten, Stunden- und Halbtagestouren, auf Wunsch mit Lagerfeuer, Lakefleischessen oder Brotzeit. Kleine Kutsche für 4, offene Kutsche für 10 und Planwagen für 13 Personen.

Kahler Vogelpark

Vogel- und Aquarienfreunde e.V., Forststaße 11, 63796 Kahl am Main. ☎ 06188/445-344, Fax 445-438. www.kahl-main.de. **Anfahrt:** Ab Bhf Kahl nur wenige Meter zu Fuß. **Auto:** ↗ Kahl. **Zeiten:** ganzjährig von 10 Uhr bis Einbruch der Dunkelheit. Größere Gruppen telefonisch anmelden. **Preise:** freier Eintritt, Spende erbeten.

▶ Ganz schön irre Vögel gibt es hier, zumindest dem Namen nach: Molukkenkakadu, Humboldtpinguin, Sattelstorch, Flamingo, Gelbwangen-Amazone und

**Hab meinen Wagen
voll geladen** …

 Besonders nett
ist es, einmal
bei der Fütterung der
kleinen Pinguine zuzu-
schauen. Täglich ab 16
Uhr warten diese schon
ganz ungeduldig auf ihre
Fischportionen.

Der Tierpark
grenzt an das
**Naherholungsgebiet
Haibacher Schweiztal,**
mit Waldspielplatz,
30-m-Seilbahn, Holzhüt-
ten und Grillstelle, die
bei der Gemeinde Hai-
bach gebucht werden
kann, ✆ 06021/64832.

Mohrenkopfpapagei, um nur ein paar zu nennen.
Rund 100 Vogelarten zwitschern, krähen, quaken und
schreien im Park um die Wette. Schwäne, Enten und
Gänsen bevölkern einen Teich im Zentrum der Anlage. In naher Zukunft soll der Park auch einen Streichelzoo mit Schafen, kleinen Lamas, Ziegen und
Zwergschweinen bekommen.

Tierpark Haibach: Wald- und Haustiere besuchen

Am Waldfriedhof, Haibach. ✆ 06021/648-0, Fax 648-50.
Anfahrt: Ab Bhf Aschaffenburg mit Bus 40 oder 41a bis
Sportplatz. **Auto:** Über die B8 nach Haibach, Wegweiser folgen. **Zeiten:** April – Okt 13 – 18 Uhr, Nov – März
13 – 16 Uhr. **Preise:** freier Eintritt, Automat mit Tierfut-
terpäckchen für 1 € am Eingang.

▶ Im Tierpark Haibach gibt es eine bunte Mischung
aus Wild-, Hof- und Haustieren zu sehen: Hirsche, Rehe und Wildschweine, aber auch Esel, Ziegen und eine Menge Federvieh. Einige davon lassen sich gerne
füttern oder streicheln, wie zum Beispiel die Katzen,
die um eure Beine streichen. Auch Kaninchen hop-
peln euch schon mal über den Weg. Besonders nett
sind die wilden Soay-Schafe, die eigentlich gar nicht
wild aussehen, sondern ganz friedlich grasen. Sie
kommen aus Schottland und sind mit den Schafen
der Steinzeit verwandt.

Betriebsbesichtigungen

Wo Saft und Wein gemacht werden

Kelterei Stenger, Hauptstraße 7, 63773 Goldbach. ℡ 06021/51756, Fax 57832. www.kelterei-stenger.de. info@kelterei-stenger.de. **Anfahrt:** Ab Bhf Aschaffenburg Bus 21. **Zeiten:** nach Anmeldung. **Infos:** ↗ Kelterei Kunkel.

Kelterei Grünewald, Friedhofstraße 12, 63776 Mömbris. ℡ 06029/4090, Fax 4559. www.kelterei-gruenwald.de. info@kelterei-gruenewald.de. **Anfahrt:** ↗ Mömbris. **Rad:** Direkt am Kahl-Rad-Weg gelegen. **Zeiten:** nach Anmeldung. **Infos:** ↗ Kelterei Kunkel.

Kelterei Kunkel, Hauptstraße 22, 63825 Blankenbach. ℡ 06024/671-40, Fax 6714-20. www.kelterei-kunkel.de. kunkel.kelterei@t-online.de. **Anfahrt:** Haltestelle der KVG-Züge auf der Strecke Hanau – Schöllkrippen in Blankenbach. Ab Bhf Aschaffenburg Bus 20 nach Blankenbach. **Zeiten:** nach Anmeldung.

▶ Wie wird eigentlich aus Äpfeln Saft gepresst? Und was passiert bei der alkoholischen Gärung, die frischen Süßmost nach einigen Wochen zu saurem Apfelwein werden lässt? Das und vieles mehr könnt ihr bei einer Besichtigung fragen, die einige Keltereien im Herbst anbieten. Für Schleckermäuler gibt es dann den frisch gepressten Saft zu kosten.

So ein Käse!

Familie Schmelz/Schudt, Im Langenborn 8, 63825 Schöllkrippen. ℡ 06024/9233, Fax 633737. www.der-berghof.de. info@derberghof.de. **Anfahrt:** ↗ Schöllkrippen. **Zeiten:** Hofladen Mi, Do, Fr 9 – 18 Uhr, Sa 8.30 – 13 Uhr, Führungen und Kindergeburtstage nach Anmeldung.

▶ Määääh! Kaum zu überhören ist das Gemecker und Geläut der vielen Ziegen, die auf dem **Berghof** in Schöllkrippen leben. Dabei scheint es den Tieren

HANDWERK UND GESCHICHTE

🍎 In den Keltereien kann man das ganze Jahr über Apfelwein, -saft und andere Fruchtsäfte kaufen.

Hunger & Durst

Landgasthof Behl, Krombacher Straße 2, Blankenbach, ℡ 06024/4766. Di – Sa 12.30 – 14, 17 – 22 Uhr, So und Fei 11.30 – 14, 17 – 21.30 Uhr. Gehobene Küche zu angemessenen Preisen, Kinderkarte zum Ausmalen.

🍎 Der Betrieb wurde 2005 auf ökologische Wirtschaftsweise umgestellt. Im **Hofladen** gibt es außer den hofeigenen Milchprodukten, Rind, Kalb- und Ziegenfleisch auch eine gute Auswahl von Bioprodukten anderer Höfe.

Jeden 3. So im September findet das große **Hoffest** statt!

dort richtig gut zu gehen, werden sie doch in einem lichtdurchfluteten großen Stall gehalten und haben bei gutem Wetter Auslauf auf die Weide. Ihren Ziegenbauern danken sie das mit ihrer Milch, aus der auf dem Hof etliche Sorten Käse und leckeres Bauernhofeis (!) produziert werden. Wie das funktioniert, könnt ihr bei einer Besichtigung des Hofes erfahren. Natürlich dürft ihr auch mal naschen! Außerdem gibt es eine Spielwiese zum Toben und die Möglichkeit, mit der Ziegenkutsche zu fahren!

Burgen und Museen

Burg Alzenau
Anfahrt: ↗ Alzenau, KVG-Züge halten unterhalb der Burg. **Zeiten:** Führungen für Gruppen nach Anmeldung im Verkehrsamt unter ✆ 06023/502112, für Einzelpersonen April – Sep jeden 2. So im Monat ab 14 Uhr. **Infos:**.

▶ Die Burg Alzenau ließen die Mainzer Kurfürsten im 14. Jahrhundert errichten. Heute ist darin das Amtsgericht untergebracht. Im Schlosshof und im Rittersaal finden rund ums Jahr kulturelle Veranstaltungen, darunter im Juni die Burgfestspiele, statt. Der Rittersaal mit Kapellenerker und Kamin kann im Rahmen einer Führung besichtigt werden.

Hunger & Durst
Central-Café-Konditorei, Burgstraße 91/2, Alzenau, ✆ 06023/2065. Di – Fr 8 – 19, Sa und So 13 – 19 Uhr. Leckere, hausgemachte Schokoküsse, auch im Straßenverkauf, auf Bestellung lustige Kindergeburtstagstorten.

Synagoge Großkrotzenburg
Gedenk- und Begegnungsstätte Ehemalige Synagoge, Steingasse, Großkrotzenburg. **Anfahrt:** ↗ Großkrotzenburg. **Zeiten:** nach Vereinbarung. **Infos:** Arbeitskreis Ehemalige Synagoge, Pfarrer Daume, ✆ 06186/900607.

▶ Die Synagoge diente 150 Mitgliedern der jüdischen Gemeinde Großkrotzenburgs als Gotteshaus, bis ihre Innenräume in der **Pogromnacht** 1938 zerstört wurden. Heute ist darin eine Gedenk- und Begegnungsstätte untergebracht. Das Kulturprogramm versucht eine Brücke zwischen Vergangenheit und Gegenwart, Juden und Nichtjuden, Alt und Jung zu schlagen. Eine Dauerausstellung zeigt rituelle Kunstgegenstände und historische Dokumente der ehemaligen jüdischen Gemeinde.

Von den Römern bis zu den Urgroßeltern

Museum Großkrotzenburg, Breitestraße 16, 63538 Großkrotzenburg. ✆ 06186/8922, Museumsführungen auch unter ✆ 446 oder 7157, www.museum-grosskrotzenburg.de. info@museum-grosskrotzenburg.de.
Anfahrt: ➚ Großkrotzenburg. **Zeiten:** am 2. So im Monat, 10 – 12 und 14 – 16 Uhr. **Preise:** freier Eintritt.
Infos: Nach Anmeldung Führungen mit verschiedenen Themenschwerpunkten: Steinzeit, Römer, Leben zu Uromas Zeiten, Hexenverfolgung, Dorfschule vor 100 Jahren, alte Handwerksberufe; gerne für Schulklassen.

▶ Das Museum Großkrotzenburg ist in einem Schulhaus aus dem 19. Jahrhundert untergebracht und liegt mitten in einer altrömischen Kastellanlage! Bis heute sind ein paar Mauerreste und ein Eckturm erhalten geblieben, und auch in der Ausstellung dreht sich vieles um das Leben der römischen Legionäre. Wie schwer die es hatten, dürft ihr am eigenen Leib erfahren: So ein Kettenhemd wiegt ein paar Kilo, und mal schauen, wie gut euch ein Römerhelm steht. Bei einer Museumsführung könnt ihr eine Menge ausprobieren, auch in den übrigen Abteilungen. Besonders sehenswert sind dort die Handwerksstuben, ein Kaufladen und ein altes Klassenzimmer aus der Kinderzeit eurer Urgroßeltern.

Museumsmühlen und Werkstätten

Anfahrt: ➚ Mömbris. **Preise:** Eintritt frei. **Infos:** Führungen über die Gemeindeverwaltung, ✆ 06029/70512.
▶ Zwei alte Mühlen wurden in Mömbris restauriert und können nach Vereinbarung von innen besichtigt werden. Eine Getreidemühle im Gemeindeteil Strötzbach und eine Ölmühle in der Ortsmitte von Möm-

Pogrom kommt aus dem Russischen und heißt Verwüstung oder Verfolgung. In der Nacht des 9. auf den 10. November 1938 plünderten Nazihorden in ganz Deutschland Geschäfte und Wohnhäuser jüdischer Mitbürger und zündeten ihre Synagogen an. Das war der Beginn der Vernichtung der Juden in Mitteleuropa, der »Schoah«.

Hunger & Durst

Zur Linde, Lindenstraße 3, Großkrotzenburg, ✆ 06186/7812. Mo – Sa 17.30 – 1 Uhr, So und Fei 11 – 15, 17.30 – 22 Uhr.Fisch und Meeresfrüchte, Paella und andere spanische Gerichte.

bris. In Letzterer gibt es außerdem eine komplett eingerichtete Schmiedewerkstatt.

Steuern säckeweise

Sackhaus, Am Sackhaus 1, 63825 Schöllkrippen. ☎ 06024/9546, Fax 673599. www.vg-schoellkrippen.de. **Anfahrt:** ↗ Schöllkrippen. **Zeiten:** ganzjährig am 1. So im Monat 14 – 16 Uhr; Führungen auch für Schulklassen. **Preise:** freier Eintritt, Spenden erwünscht.

▶ Sackhaus wurde in Schöllkrippen die Zehntscheune genannt, vielleicht weil dort die Kurfürsten das Getreide ihrer Untertanen im wahrsten Sinne des Wortes eingesackt haben? **Zehntscheunen** stellten in vergangenen Jahrhunderten eine Art Finanzamt dar. Die bäuerlichen Vasallen der Königs- und Fürstenstaaten mussten dort allerdings kein Geld einzahlen, sondern den zehnten Teil ihrer Ernte abgeben. Heute gibt es dort einen Museumsraum mit wechselnden heimatkundlichen Ausstellungen.

Pinsel, Saiten und mehr Seiten

Alzenauer Burgfestspiele

Städtisches Verkehrsamt, ☎ 06023/502-112, Fax -188. www.kultburg.de. **Infos:** Das genaue Programm gibt's im Internet und kann im Verkehrsamt erfragt werden.

▶ Seit einigen Jahren veranstaltet die Stadt Alzenau in Zusammenarbeit mit dem Verein kultBurg e.V. die Alzenauer Burgfestspiele. Los geht es in der Regel am zweiten Juniwochenende. Drei Wochen dauern die Theatertage, in deren Verlauf seit 2005 auch Theaterstücke für Kinder gezeigt werden, entweder im Schlosshof oder im Rittersaal.

Kinderkurse A – Z

VHS Alzenau, Kahl und Karlstein, Hochstraße 20, 63755 Alzenau. ☎ 06023/504-856, Fax 504-855. www.vhs-alzenau.de. helga.anspach@t-online.de.

Damals mussten die Bauern den **zehnten Teil,** *also 10 % ihrer Ernte abgeben. Wisst ihr, wie viel eure Eltern heute an Steuern zahlen und was der Staat damit macht?*

BÜHNE, LEINWAND UND AKTIONEN

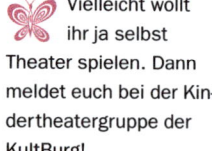

Vielleicht wollt ihr ja selbst Theater spielen. Dann meldet euch bei der Kindertheatergruppe der KultBurg!

Kinder- und Eltern-Kind-Kurse in verschiedenen Bereichen wie Basteln, Filzen, Sprachen, Sport, Entspannung, EDV.

Musikschule Kahl

Hauptstraße 19, 63796 Kahl am Main. ✆ 06188/4457-33, Fax -34. musikschule@kahl-main.de.

▶ Musikalische Früherziehung für Kinder ab 4 Jahre, Schnupperunterricht, Gruppen- und Einzelunterricht in allen Instrumentengruppen, Musiktherapie, Ensemble und Schulband.

Instrumente erlernen

Städtische Musikschule Alzenau, Brentanostraße 3, 63755 Alzenau. ✆ 06023/502800.

▶ Mitglied im Verband deutscher Musikschulen, Musikunterricht in Alzenau, Michelbach und Wasserlos. Frühförderung und Orientierung für Kinder 4 – 7 Jahre, Einzel- und Gruppenunterricht in allen Instrumentengruppen, Ensemblearbeit für Kammerkonzerte bis Rock und Pop, Teilnahme bei Jugend musiziert, Projekte für behinderte Kinder und Jugendliche.

Gemeindebücherei Großkrotzenburg

Theodor-Pförtner-Haus, Breitestraße 14, 63538 Großkrotzenburg. ✆ 06186/8021, gemeindebuecherei.grosskrotzenburg@gmx.de. **Zeiten:** Mo, Mi und Fr 15 – 19 Uhr.

▶ Unter den 11.000 Medien der Gemeindebücherei findet ihr viele Kinder- und Jugendbücher, Hörspiel- und Musikkassetten, CD-ROMs und Spiele. Die Bücherei veranstaltet regelmäßig Erzähltheater für Kinder, Autorenlesungen, Bastel- und Vorlesestunden, Bilderbuchkino, Vorlesewettbewerbe sowie Bücherflohmärkte.

Stadtbibliothek Alzenau

Am Marktplatz, 63755 Alzenau. ✆ 06023/965-20, Fax 965-216. www.alzenau.de. stadtbiblio-

 Ortsbesichtigungen von Schöllkrippen mit einer Führerin im historischen Kostüm von 1470 für Schulklassen und andere Kindergruppen sind über die Marktgemeinde oder über den Heimat- und Geschichtsverein Oberer Kahlgrund zu buchen, ✆ 06024/9546.

thek.alzenau@t-online.de. **Zeiten:** Mo und Fr 10 – 17 Uhr, Di und Do 10 – 12.30, 14 – 19 Uhr, Sa 10 – 13 Uhr.

▶ Großes Angebot an Kinder- und Jugendbüchern, auch CDs, Musik- und Hörspielkassetten, Videos und DVDs mit Spielfilmen für Kinder, Spiele, Lernspielprogramme auf CD-ROM sowie Musiknoten.

Gemeindebibliothek Kahl

Pfarrer-Lippert-Platz, Hauptstraße 20, 63796 Kahl.
✆ 06188/94458. **Zeiten:** Mi 8 – 11 und 14.30 – 19 Uhr, Mo und Do 14.30 – 18 Uhr, Fr 9 – 11 und 15 – 18 Uhr.

▶ Circa 18.000 Medien, darunter viele Kinder- und Jugendbücher, auch Hörbücher, Videos, DVDs, Audio-CDs und CD-ROMs. Rund 30 Veranstaltungen im Jahr, wie Lesewettbewerbe und Büchernächte.

Kath. öffentliche Bücherei Kleinostheim

Aschaffenburger Straße 5, 63801 Kleinostheim.
✆ 06027/99884, www.kleinostheim.de. **Zeiten:** Mo 15 – 16 Uhr, Di 10 – 11.30 und 19.30 – 21 Uhr, Mi 19 – 20, Do 15 – 16, Sa 14 – 15.30 Uhr.

▶ Circa 9000 Medien, darunter Kinder- und Jugendbücher, Hörspiel- und Musikkassetten, Audio-CDs und CD-ROMs, monatliche Veranstaltungen für Kinder und Jugendliche, Vorlesestunden, Spieleabende.

FESTKALENDER

Mai: 1. Mai, Mömbris: **Mühlenfest.**

Juni: Mitte Juni, Kahl: **Kahler Sandhasenrock,** Rockmusikfestival im Waldseebad mit Nachwuchsbands, Jugendtanzgruppen, Bootsrennen, Familien-Mitmachprogramm, Kinderaktionspark.

Ende Juni, Alzenau: **Burgfestspiele.**

September: Jeden 3. So, Schöllkrippen: großes **Ziegenfest** auf dem Berghof mit Ziegenkutschfahrten, Ziegenrennen, Strohburg, Musik und vielen Leckereien.

Oktober: 3. Okt, Bessenbach: Fest im **Waldkindergarten.**

ASCHAFFENBURG – KLINGENBERG

Heute hat der Spessart zwar keine eigene Hauptstadt mehr, aber zu Zeiten Kaiser Karls des Großen war das anders: Er ließ seinen Besitz im Spessart von Aschaffenburg aus verwalten. Auch die folgenden Kaiser hielten das so und später, nach einer Schenkung im Jahr 982, auch die Kurfürsten zu Mainz. Bis ins frühe 19. Jahrhundert hinein blieben die Stadt und der Spessart in deren Besitz. Erst 1814 fiel die Region dem Königreich Bayern zu. Aschaffenburg wurde zur beliebten Sommerresidenz König Ludwig I. – vielleicht wegen des Renaissanceschlosses Johannisburg und den vielen blühenden Landschaftsgärten, die ihm die Kurfürsten hinterließen. Wie damals könnt ihr in Aschaffenburg durchs Grüne wandern und seid doch mitten in einer Stadt, die zudem einige spannende Museen und Theater für Kinder zu bieten hat.

Weinbau und Schiffsbau sind traditionelle Berufe in **Erlenbach am Main**. Und noch heute kommt ihr auf einem Spaziergang am Main an einer Werft vorbei und an einem tollen Spielplatz mit einem riesigen Sandkastenholzboot für kleine Seemänner und Piratinnen. Wer in Erlenbach den Main überquert, kommt nach Wörth und kann das dortige Schifffahrtsmuseum besuchen. Außerdem könnt ihr in Erlenbach zu einer Weinbergwanderung nach Klingenberg starten und unterwegs dem Bergschwimmbad einen Besuch abstatten.

In **Klingenberg am Main** bekommen Erwachsene leckeren Rotwein, Kinder aber noch viel mehr geboten: Auf einer Rallye könnt ihr die hübsche Altstadt erkunden. Oder vielleicht wollt ihr lieber durch eine spannende Schlucht und an einem Erdtonstollen vorbei zur romantischen Burgruine hinaufwandern? Vielleicht schafft ihr es noch höher hinauf bis zum Aussichtsturm? Abkühlung findet ihr anschließend auf der Riesenrutsche im Trennfurter Freibad. Oder ihr kommt einfach mal zum Feiern vorbei, zu den Burgfestspielen – oder zum Teddybären-Picknick; die plüschigen Tiere könnt ihr auch in ihrem Museum besuchen.

Wer seine Ausflüge in den Odenwald auf der anderen Mainseite ausdehnen will, dem sei »Odenwald mit Kindern« von Alice Selinger empfohlen, ebenfalls im Peter Meyer Verlag erschienen.

ASCHAFFENBURG – KLINGENBERG

Kommt beim Puppenschiff Mainaschaff groß raus: Aschenputtel im Ballkleid

TIPPS FÜR WASSER-RATTEN

Schwimmkurse, Babyschwimmen und jeden Freitag Spielenachmittag »Abenteuer Wasser«.

Sonne, Wasser, Sand und ein Gummiboot – Herz, was begehrst du mehr?

Bäder und Badeseen

Frei- und Hallenbad Aschaffenburg

Stadtbadstraße, 63741 Aschaffenburg. ℐ 06021/7946-29 (Freibad), 7946-12 (Hallenbad). www.aschaffenburg.de. Im Mainbogen auf der linken Seite. **Anfahrt:** Bus 4 bis Stadtbad. **Auto:** B26 zwischen Ebert- und Willigisbrücke. **Zeiten: Freibad** Mai – Mitte Sep täglich 8 – 20 Uhr. **Hallenbad** Di 7 – 8.30 und 13 – 21.30 Uhr, Mi – Fr 7 – 8.30 und 13 – 20 Uhr, Sa 9 – 20, So 9 – 18 Uhr. **Preise:** Einzelkarte 2,20 €; 6 – 15 Jahre 1,10 €; Schüler, Studenten zahlen ermäßigt wie Kinder. Es gibt Geldwertkarten für 25, 50 oder 100 €, die einem Gegenwert von 28, 58 oder 120 € entsprechen und jederzeit an der Kasse aufgeladen werden können. **Infos:** Die Sauna hat andere Öffnungszeiten und Preise, weitere Infos unter ℐ 06021/7946-12.

▶ Hallen- und Freibad liegen am Main direkt nebeneinander. Zum **Freibad** gehören Sport-, Sprung-, Nichtschwimmer- und Plantschbecken, eine große Liegewiese, ein Kinderspielplatz, eine Ballspielwiese für Basket- und Volleyball und Tischtennisplatten. Hungrige haben die Wahl zwischen Restaurant und Kiosk.

Im **Hallenbad** gibt's ein 25-m-Becken mit Nichtschwimmerbereich und Sprungturm, außerdem ein Lehrschwimmbecken und eine Sauna, die jedoch eher etwas für die Großen ist.

Mainparksee

Freizeitsee und Campingplatz, Verwaltung Kleinostheim, 63814 Mainaschaff. ℐ & Fax 06027/5945. www.mainaschaff.de. gde@mainaschaff.de. **Anfahrt:** Von

Aschaffenburg RB nach Mainaschaff, vom Bhf 20 Minuten zu Fuß zum See oder Bus 1 bis Mainparksee. **Auto:** A3 Ausfahrt 58 Aschaffenburg West/Mainaschaff, dann B8 in Richtung Mainaschaff, Wegweiser folgen. **Rad:** Direkt am Mainradweg gelegen, rund 4 km von der Aschaffenburger Innenstadt. **Zeiten:** Okt – März 9 – 17, April – Sep 8 – 20 Uhr. **Preise:** 2 €; Kinder 6 – 15 Jahre 1 €; Ermäßigung für Schüler, Studenten, Rentner. Familiensaisonkarte 60 €.

▶ Der Mainparksee ist ein großer Badesee, dem ein Campingplatz mit vielen Dauercampern angeschlossen ist. Im Sommer kann es hier recht voll werden, zumal kein anderer Badesee so nah bei Aschaffenburg liegt und so gut mit dem Fahrrad zu erreichen ist. Trotzdem lohnt es sich, dorthin zu radeln, denn der Mainparksee hat nicht nur zwei Sandstrände zu bieten: Es warten eine Freizeitanlage mit Boccia, Tischtennis und Freiluftschach, ein Badmintonplatz, ein Beachvolleyballfeld, eine Ballspielwiese und ein Spielplatz.

Schwimmen am Weinberg

Bergschwimmbad, Mechenharder Straße, 63906 Erlenbach am Main. ✆ 09372/944256. **Anfahrt:** ↗ Erlenbach. **Zeiten:** Mitte Mai – Mitte Sep 9 – 21 Uhr, Fr und Sa 9 – 22 Uhr. **Preise:** Tageskarte 3 €, Saisonkarte 35 €; Kinder bis 6 Jahre frei, bis 15 Jahre 1,60 €, Saisonkarte 16, für Familien 70 €, Ermäßigung für Schüler, Studenten, Azubis, Zivil- und Wehrdienstleistende.

▶ Hier könnt ihr nicht nur schwimmen, sondern auch auf einer Doppelrutschbahn ins Wasser sausen oder im Kinderbecken plantschen. Rund um die Becken gibt es eine kleine gepflegte Anlage mit vielen Schatten spendenden Bäumen.

Riesenrutsche und Riesenbecken

Städtisches Freischwimmbad, Schwimmbadstraße 3, 63911 Klingenberg-Trennfurt. ✆ 09372/20310. **Anfahrt:** ↗ Klingenberg; das Schwimmbad liegt circa

Hunger & Durst
Wer vom Baden und Toben hungrig wird, bekommt Snacks, Getränke und Eis am Kiosk des Campingplatzes.

 Direkt am Erlenbacher Freibad beginnt ein sehr schöner **Weinbergwanderweg**, der knapp 3 km weit nach Klingenberg führt, wo es eine spannende Burgruine zu entdecken gibt.

 Minigolfanlage Erlenbach, Schlesienstraße 2, ✆ 09372/949920, März – April 11 – 21 Uhr.

250 m vom Bhf Trennfurt entfernt. **Rad:** Am Maintal-Radweg gelegen. **Zeiten:** Mitte Mai – Mitte Sep 8 – 20 Uhr. **Preise:** 3 €, Saisonkarte 30 €; Kinder bis 6 Jahre frei, bis 15 Jahre Einzelkarte 1,30 €, Saisonkarte 10 €; Familiensaisonkarte 60 €.

▶ Die Hauptattraktion des städtischen Freibads ist die 92 m lange Riesenrutsche, auf der ihr direkt in die Fluten sausen könnt. Es gibt aber auch ein großes Sportbecken mit 50-m-Bahnen, ein Nichtschwimmerbecken und ein schönes Plantschbecken, das umweltfreundlich über eine Absorberanlage beheizt wird. Sportlich werden könnt ihr an den Tischtennisplatten oder auf dem Beachvolleyballfeld, faul in der Sonne liegen auf der 19.000 qm großen Wiese. Wer Schatten sucht, findet ihn unter alten Lindenbäumen. Für Hungrige gibt es einen Kiosk.

Dampferfahrten auf dem Main

APS Schifffahrten
Friedrich Raab, Ruhelandstraße 5, 63741 Aschaffenburg. ✆ 06021/87288, Fax 89099. www.aschaffenburger-personenschifffahrt.de. Anlegestelle am Floßhafen zwischen Willigisbrücke und Adenauerbrücke. **Anfahrt:** Bus 6, 53, 54, 55, 60, Haltestelle Löherstraße. **Zeiten:** April – Anfang Okt, Di – Fr 14.15 – 15.30 Mainschleifenfahrten, So Rundfahrten mainaufwärts 14.30 – 15.45, Rundfahrten mainabwärts 16 – 17.15 Uhr. **Preise:** Mainschleifenfahrt 6 €, Rundfahrt 6, Kombikarte für zwei Rundfahrten (auf- und abwärts) 8 €; Kinder bis 4 Jahre in Begleitung Erwachsener frei, bis 14 Jahre Mainschleifenfahrt und Rundfahrt 4 €, Kombikarte für zwei Rundfahrten 5 €.

▶ Der Schiffsverkehr auf dem Main hat sich seit Beginn des 19. Jahrhunderts verhundertfacht. Schiffe sind ein wichtiges Transportmittel für so genannte nasse Güter wie Öle und Benzin geworden, denn sie können riesige Mengen davon transportieren: Würde

Rätsel: Wisst ihr, wie rechts und links in der Schifffahrtssprache heißen?

man die Gütermenge eines 2500 Tonnen fassenden Transportschiffes auf die Straße holen, hätte das eine Lkw-Kolonne von fast 3 km Länge zur Folge! So ist die Schifffahrt im Vergleich zum Straßenverkehr in dieser Hinsicht umweltfreundlicher.

Reederei Henneberger

Aschaffenburg. ✆ 09371/3330, Fax 1406. www.reederei-henneberger.de. Anlegestelle am Floßhafen zwischen Willigisbrücke und Adenauerbrücke. **Anfahrt:** Bus 6, 53, 54, 55, 60 bis Löherstraße. **Zeiten:** Anfang Mai – Mitte Okt jeden Mi Abfahrt Aschaffenburg 9 Uhr, Zwischenstopp Obernburg 11.10, Ankunft in Miltenberg 13.30 Uhr. Abfahrt Miltenberg 15.30 Uhr, Obernburg 17.15, Ankunft Aschaffenburg 19.15 Uhr. **Preise:** Aschaffenburg bis Miltenberg und zurück 16 €, Obernburg bis Miltenberg und zurück 13 €; Kinder Aschaffenburg – Miltenberg 9 €, Obernburg – Miltenberg 8 €. Fahrrad 2 €.

▶ Diese Schiffstour könnt ihr gut mit einer Radtour kombinieren, zum Beispiel indem ihr ab Obernburg auf dem Maintal-Radweg weiterradelt. Eine prima Erfrischungspause während der rund 20 km langen Strecke bietet der Vespergarten Parkhof bei Kleinheubach.

Radeln und Skaten

▶ Besonders am Main kann Radeln zum Erlebnis werden: Da gibt es Schwäne zu beobachten und natürlich Schiffe, an heißen Tagen weht eine kühle Brise und ihr habt meist einen tollen Blick vom Maintal auf die Spessartberge. Auf dem Maintal-Radweg, der von Kahl bis nach Gemünden führt, sind jedoch nicht alle Teilstrecken gleich schön: Zwischen Aschaffenburg und Klingenberg rauscht die B496 oft dicht am Radweg vorbei und die Schlote der Glanzstoffwerke bei Elsenfeld sind auch kein hübscher Anblick.

Feudalpracht: Das Aschaffemburger Schloss vom Main aus

RAUS IN DIE NATUR

ADFC Regionalkarte Spessart/Main/Odenwald – Rund ums Mainviereck, ISBN 3-87073-333-0, 6,80 €.

Skaterplatz

Aschaffenburg. An der Darmstädter Landstraße, Ecke Ringstraße, in der Nähe der Willigisbrücke. **Anfahrt:** Bus 4 bis Stadtbad.

▶ Skaterplatz mit Mini-Ramp, Quarter-Pipe, Funbox, Steps, Curb und Wall.

Kleine Radtour zum Park Schönbusch

Länge: 7 km insgesamt, eben, für Fahrradanfänger.
Anfahrt: ↗ Aschaffenburg. Bus 4, 6, 53, 54, 55, 56 bis Stadthalle.

▶ Startpunkt für diese Tour kann das Schloss Johannisburg sein. Von dort geht es am Main entlang flussaufwärts zur Willigisbrücke. Die müsst ihr überqueren und auf der anderen Seite die Darmstädter Landstraße unterqueren. Dann landet ihr auf der Kleinen Schönbuschallee, die euch nach rund 2 km zum Park bringt. Wer nicht auf der gleichen Strecke zurückradeln möchte, hält sich auf dem Rückweg bei der Baumschule rechts und fährt die Bahngleise entlang, bei der Unterführung dann kurz nach links und gleich wieder rechts in die Nilkheimer Bahnhofstraße. An Kleingärten vorbei geht es an den Main. Von dort führt ein Radweg zurück zur Willigisbrücke.

Radtour durchs Elsavatal

Länge: rund 28 km einfach, Gesamtstrecke nur als Tagestour für ältere Grundschulkinder geeignet. Radweg verläuft parallel zur Elsava über weite Strecken auf einer ehemaligen Bahntrasse, gut ausgebaut und verkehrssicher. **Anfahrt:** Bhf Elsenfeld auf der DB-Strecke Aschaffenburg – Miltenberg. **Auto:** B496 Ausfahrt Obernburg, Elsenfeld.

▶ Von Elsenfeld aus könnt ihr prima zu einer Radtour ins Elsavatal starten. Los geht es natürlich dort, wo die Elsava in den Main mündet und von da auf dem Elsava-Radweg bis zu ihrer Quelle Am Springbrunnen bei Hessenthal. Dort finden sich herrliche **Picknickplätze** und man kann im eiskalten Quellwas-

Tipp: Fahrradverleihe und Grillplätze, die auf dieser Strecke liegen, findet ihr unter ↗ Info- & Ferienadressen!

ser plantschen. Bis dahin müsst ihr allerdings ein ordentliches Stück strampeln! Nur gut, dass ihr schon unterwegs viele Entdeckungen machen könnt und sich auch Teilstrecken als spannende Radtour gestalten lassen. Ihr erreicht nach 6 km das Kloster Himmelthal mit Grill- und Bolzplatz, nach km 12 versteckt in einem kleinen Seitental das Schloss Oberaulenbach, nach km 19 das tolle Fahrradmuseum in Heimbuchenthal und schließlich nach 22 km das berühmte *Mespelbrunner Wasserschloss!*

Radtour Wörth – Erlenbach – Klingenberg

Länge: 7 km ebene Rundtour für Fahrradanfänger.
Anfahrt: Wörth und Erlenbach sind RB-Stationen auf der DB-Strecke Aschaffenburg – Miltenberg. **Auto:** Von der A3 Ausfahrt 57 Stockstadt, B469 nach Wörth.
▶ Auf dieser Rundtour am rechten und linken Mainufer entlang gibt es tolle Entdeckungen rund um die Schifffahrt zu machen: Ihr kommt an einer stillgelegten Werft, an einem Holzspielplatz mit Piratenschiff und an einem tollen Schifffahrtsmuseum vorbei. In ihrem Streckenverlauf folgt die Route weit gehend der bei Erlenbach beschriebenen ↗ Weinbergwanderung. Nur geht es nicht auf dem Weinbergweg von Erlenbach nach Klingenberg, sondern auf dem Radweg, der am Fuße der Weinberge verläuft.

Wandern und Spazieren

Wanderung zur Teufelskanzel und Kippenburg

Länge: ab Parkplatz 1 km stetig bergauf, aber kinderwagentauglich, ab Park Schöntal 3,5 km. **Anfahrt:** ↗ Aschaffenburg, Mo – Fr Bus 16 bis Kippenburg. **Auto:** Auf der Ludwigsallee den Godelsberg hinauf in Richtung Haibach, dabei Wegweiser zum Klinikum folgen, Parkplatz am Krämersgrund anfahren.

Der Godelsberg ist der Hausberg Aschaffenburgs am östlichen Stadtrand. Auf seinem grünen Gipfel findet ihr die **Ruine Kippenburg** und einen tollen Aussichtspunkt, die *Teufelskanzel.*

Wie die zu ihrem Namen kommt, ist nicht schwer zu erraten. Sie sieht tatsächlich so aus, als ob der Teufel hier einen Sack voll Felsen ausgeleert und aufeinander getürmt hätte, um einen guten Blick über Aschaffenburg zu erhalten. Vom Parkplatz bzw. von der Bushaltestelle aus führt ein Forstweg in einer guten Viertelstunde hinauf.

Wer will, kann schon von der Innenstadt aus zu einer **Wanderung** auf den Godelsberg starten. Quer durch die Stadt und doch mitten im Grünen gelangt ihr über den Park Schöntal zur Großmutterwiese und dann weiter über die Fasanerie den Godelsberg hinauf. Diese Strecke wird eine gute Stunde dauern, zurück etwas kürzer. Unterwegs gibt es aber viele Rastmöglichkeiten, und wer für den Rückweg zu müde ist, kann werktags mit dem Bus zurückfahren.

Durch die Seltenbachschlucht zur Clingenburg

Länge: 4 km gesamt, Steigungen, nicht kinderwagentauglich. **Anfahrt:** ↗ Klingenberg.

Diese Rundtour startet in Klingenberg am Winzerfestplatz, direkt am Main. Dort gibt es einen großen, uralten Lindenbaum. Das Wanderzeichen Blauer Frosch führt zunächst durch die Altstadt und dann am Seltenbach entlang, an mächtigen Sandsteinfelsen vorbei und über kleine Holzbrücken die Schlucht hinauf. Der Weg ist gut gesichert und auch von kleineren Kindern zu bewältigen. Oberhalb der Schlucht kommt man an ein Erdtonbergwerk und von dort zur Ruine ↗ Clingenburg. Zurück nach Klingenberg geht es treppab. Wer will, kann noch einen Abstecher hinauf zum **Aussichtsturm** machen, der im Wald oberhalb der Burgruine liegt. Dorthin folgt man eine Viertelstunde dem Wanderzeichen Schmetterling.

Weinbergtour — auch für Ritter und Burgfräuleins

Länge: 8 km gesamt, Treppen und mäßige Steigungen.
Anfahrt: ↗ Klingenberg.

▶ Diese Rundwanderung startet am Winzerfestplatz von Klingenberg. Als Wanderzeichen dient euch für diese Tour ein Schmetterling. Er führt euch treppauf zur Burgruine, weiter auf dem Sonnenweg, den Weinberg entlang zum Stadtteil Röllfeld. Über die Paradiesmühle geht es auf einem Waldweg zurück nach Klingenberg. Auf dem Rückweg kommt ihr am Aussichtsturm oberhalb der Ruine Clingenburg vorbei. Außerdem findet ihr dort ein Wanderheim mit Biergarten und kleinem Spielplatz.

Hunger & Durst
Wanderheim am Aussichtsturm,
℡ 09372/20698 oder 3164. Mi, Sa, So und Fei ab 10 Uhr. Kleine Gerichte und Kuchen.

Weinbergtour — auch für Kapitäne und Piratinnen

Länge: 7 km gesamt, Treppen, sonst fast eben.
Anfahrt: Wörth und Erlenbach auf der DB-Strecke Aschaffenburg – Miltenberg, zahlreiche Verbindungen.
Auto: B496, Ausfahrt Wörth oder Klingenberg, dann Richtung Erlenbach, Wanderparkplatz am Bergschwimmbad.

▶ Diese Rundtour führt euch durch Erlenbach, Klingenberg und Wörth. Eine Einstiegsmöglichkeit ist der Parkplatz am Bergschwimmbad Erlenbach. Wer mit dem Zug anreist, kann bequem vom Bahnhof Wörth aus starten. Dort könnt ihr euch zunächst im *Wiener Café* stärken oder gleich zum Main hinunterlaufen. Flussabwärts ist bald die Eisenbahnbrücke erreicht, über die ihr auf die andere Mainseite gelangt, natürlich auf dem Fußweg, nicht auf den Gleisen! Am Erlenbacher Mainufer geht es flussaufwärts an einem Spielplatz mit einem tollen Holzboot vorbei, weiter zur Werft und von dort zum Schwimmbad, das eine gute Gelegenheit für eine Verschnaufpause bietet, bevor es die Treppen hinauf in die Weinberge geht. Auf dem Weg nach Klingenberg überblickt man ganz herrlich das Maintal und die Ausläufer des Oden-

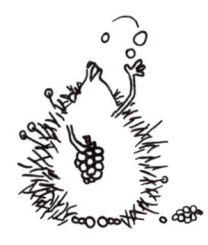

Hunger & Durst
Wiener Café, Konditorei Gasser GmbH, Landstraße 8, 63939 Wörth. Di – Sa 7 – 18, So und Fei 10 – 18.30 Uhr. Hausgemachte Eis- und Tortenspezialitäten, Kinder- und Familienfrühstück, am Sonntag Frühstücksbuffet.

walds. In Klingenberg geht es dann durch die Altstadt hinunter zum Main. Da gibt es noch einen Spielplatz auszuprobieren, bevor ihr über die Brücke wieder zum anderen Ufer gelangt. Unterhalb des Bahnhofs führt euch ein Fußweg am Main entlang zurück nach Wörth, wo zum guten Schluss noch das ↗ Museum für Schifffahrt und Schiffsbau auf euch wartet.

Natur und Umwelt erforschen

Fun & Action in der Natur
Diplombiologin und Umweltpädagogin Dr. Johanna Leisner, Margarethenstraße 42b, 63834 Sulzbach. ✆ 06028/7016, Fax 0180/506034526653. Handy 0175/1465896. www.naturpark-spessart.de. spessart-spass@t-online.de. Buchungen für Gruppen im Spessart zwischen Alzenau und Klingenberg, Main und Weibersbrunn. **Zeiten:** feste Termine und offenes Programm ↗ www.naturpark-spessart.de. **Preise:** Gruppe bis 25 Personen 50 € pro Std einschließlich Spiel- und Bastelmaterial.

▶ Spaß und Spiel in der Natur für Groß und Klein, mal aufregend, mal ruhig und besinnlich hat euch die Diplombiologin und Umweltpädagogin Johanna Leisner zu bieten. Ob im Wald, am Bach, auf der Wiese oder in der Hecke: Ihr lernt natürliche Zusammenhänge spielerisch kennen, verstehen und schätzen. Für alle Altersgruppen von Vorschule bis Senioren, auch für geistig und körperlich Behinderte möglich.

Geschichtswanderung vom Templerhaus zum Alten Schloss
Europäischer Kulturweg des Archäologischen Spessartprojekts, 63839 Kleinwallstadt. **Länge:** Teilstrecke 9 km, kinderwagentauglich. Vom Templerhaus dem Wanderzeichen Gelbes EU-Schiff auf blauem Grund folgen. **Anfahrt:** Bhf Kleinwallstadt auf der DB-Strecke Aschaffenburg – Miltenberg. **Auto:** B496, Ausfahrt

Obernburg/Erlenbach, bis Kleinwallstadt. **Infos:** Das Archäologische Spessartprojekt gibt zu dem Kulturweg eine Informationsschrift heraus und organisiert Führungen, auch speziell für Kinder, ✆ 06021/3867415.

▶ Dieser Kulturweg ist 27 km lang! Puh! Nur gut, dass er in drei Abschnitte unterteilt ist und man schon auf den ersten 9 km viel erleben kann. An einem alten Templerhaus vorbei, das einst zu einer ganzen Klosteranlage gehörte, führt euch der Weg hinauf zum Plattenberg, wo verschiedene vom Aussterben bedrohte Pflanzen heimisch sind. Von dort geht es weiter zum Burgstall, der Ruine eines Schlosses, das im 12. Jahrhundert die Mainzer Kurfürsten errichten ließen, und anschließend durch Streuobstwiesen zurück zum Startpunkt. Zwischen alten Apfelbäumen leben hier sehr selten gewordene Steinkäuze. Lauft den Weg doch mal in der Dämmerung, vielleicht hört ihr sie dann rufen!

Knabenkraut, Golddistel und Seidelbast? Wenn ihr mehr über die Pflanzen wissen wollt, die so schöne Namen tragen, lauft doch mal über den Naturlehrpfad, den der NABU Kleinwallstadt am **Plattenberg** angelegt hat!

Pferde, Tiere und Blumen

Reiten, Kutsch- und Planwagenfahrten

Reiterverein Schellenmühle, Schmerlenbacher Straße 50, 63739 Aschaffenburg. ✆ 06021/91819.
▶ Reiten Erwachsene 16 €, Kinder 12 € pro Std, auch Ponyreiten.

Siegfried Schmitt, Volkersbrunner Straße 66, 63849 Leidersbach. ✆ 06092/1888.
▶ Reiten nur für sattelfeste Reiter, 10 € je Stunde.

Marzio Campana, Unterlandstraße 43, 63911 Klingenberg. ✆ 09372/20983. **Zeiten:** nach Vereinbarung.
▶ Kurze Spazierfahrten, Halbtages- und Ganztagestouren mit Planwagen oder Kutsche durch Miltenberg oder Klingenberg, über die Clingenburg zum Aussichtsturm oder weitere Strecken hinein in die Spessartwälder.

Park Schöntal und die Großmutterwiese

Aschaffenburg. Im Stadtzentrum. **Anfahrt:** Bus 5, 6, 7, 40 oder 42 bis Platanenallee.

▶ Den schon zu Zeiten der Mainzer Kurfürsten angelegten Park Schöntal zu besuchen, lohnt sich vor allem im April, wenn die Magnolien blühen. Wenn die Bäume noch fast kahl sind, entfalten sich schon ihre porzellanhaften weißen Blüten. Es gibt dort einen See mit einer kleinen Insel, auf der eine Kirchenruine steht. Zwischen Magnolienhain und See wurde ein kleiner Spielplatz angelegt. Einen größeren findet ihr auf der Großmutterwiese, die sich im Osten direkt an den Park anschließt. Besonders begehrt sind dort das große Klettergerüst und die vielen Schaukeln aus Autoreifen. Von dort führen kinderwagenfreundliche Spazierwege zur Fasanerie und zur Ruine Kippenburg am Godelsberg.

Hunger & Durst
Über 190 (!) Biergärten gibt es in und um Aschaffenburg und einen der schönsten inmitten der Fasanerie. Biergarten, **Restaurant Fasanerie**, Bismarckallee 1, 06021/371522. Restaurant Sa ab 15 Uhr, sonst ab 11.30 Uhr, Mo Ruhetag. Biergarten Di – Sa 11.30 – 24, So 11 – 24 Uhr.

Fasanerie

Bismarckallee, 63739 Aschaffenburg. **Anfahrt:** Bus 42 bis Fasanerie. **Auto:** ↗ Schmerlenbach.

▶ Wer heute in der Aschaffenburger Fasanerie nach Fasanen sucht, wird keine mehr finden. Er braucht deshalb aber nicht enttäuscht zu sein, denn in dem parkähnlichen Gelände, in dem einst die Kurfürsten diese Vögel für ihre Jagd aufziehen ließen, gibt es heute eine Wiese mit vielen Sport- und Spielgeräten, wie zum Beispiel eine Holzschlange, auf der es sich prima schaukeln lässt. Durch eine Birkenallee kann man zu einem See laufen. Zum Picknicken stehen Holztische und -bänke bereit, und wer sich nichts mitgebracht hat, wird bestimmt im Biergarten satt.

Landschaftsgarten Schönbusch

Aschaffenburg. Westlich der Stadt. **Anfahrt:** Bus 4 bis Schönbusch oder Waldfriedhof, Bus 53, 54, 55, 60 bis Nilkheimer Hof. **Auto:** Darmstädter Landstraße B26 Richtung Babenhausen zum Eingang Schönbusch, oder über Nilkheim auf der Großostheimer Straße zum Eingang Nilkheimer Park. **Rad:** Über die Kleine Schönbuschallee.

Für sanfte Gemüter: Bötchen fahren und Enten gucken im Park Schönbusch

▶ Der Park Schönbusch, den Kurfürst von Erthal 1775 anlegen ließ, gehört zu den ältesten **englischen Landschaftsgärten** in Deutschland. Er ist sehr weitläufig und es gibt viel auszuprobieren, sodass ihr dort einen ganzen Nachmittag verbringen könnt. Im Garten verstreut findet ihr eine Gärtnerei, Hirtenhäuser, einen See mit Wasserfontäne und Ruderbooten, eine Teufelsbrücke, künstlich aufgeschichtete Berge, einen Aussichtsturm, einen Freundschaftstempel, ein klassizistisches Gartenschloss und einen verrückten Irrgarten!

🦉 *Im Gegensatz zu den Parks nach französischem Vorbild mit schnurgeraden Wegen und zu geometrischen Formen geschnittenen Pflanzen, wie z.B. pyramidenförmige Buchsbäume, findet ihr in* **englischen Landschaftsgärten** *eher gewundene Wege, und die Pflanzen werden nicht so stark beschnitten, sodass der Eindruck einer ganz natürlichen Landschaft entsteht.*

 Bootsverleih Kittel: Zeiten: April – Sep bei schönem Wetter ab 11 Uhr. Preise: Ruderboote 4 € für 30 Minuten.

Bahn fahren

Mit Volldampf nach Miltenberg

Museumseisenbahn e.V., Bahnhofstraße 2, 61138 Niederdorfelden. ✆ 06187/479245, www.museumseisenbahn-hanau.de. info@museumseisenbahn-hanau.de.

▶ Der Verein Museumseisenbahn e.V. veranstaltet mehrmals im Jahr Dampfzugsonderfahrten, darunter

Herr Mau ist begeistert: 89906 macht Dampf für den Start zur Nikolausfahrt

auch Fahrten von Aschaffenburg nach Miltenberg. Dann könnt ihr mit einer historischen Eisenbahn den Main entlangdampfen. Besonders spannend ist es, während der Fahrt von Wagon zu Wagon über die offenen Plattformen zu laufen. Der Zug verfügt über einen Buffetwagen, in dem es Kaffee, Früchtetee und kalte Getränke, Kuchen und kleine Speisen gibt. Er hält auf verschiedenen Stationen, sodass sich eine Zugfahrt prima mit einer Wanderung oder Radtour verbinden lässt.

An verschiedenen Terminen gibt es ein extra Kinderprogramm, wie z.B. die **Nikolausfahrt** im Dezember!

Burgen und Schlösser

Schloss und Museum Johannisburg

Schlossmuseum, Schlossplatz 4, 63739 Aschaffenburg. ℂ 06021/38674-0, Fax 38674-30. Im Stadtzentrum, 15 Min Fußweg vom Hbf. **Anfahrt:** Bus 1, 4, 6, 8 bis Stadthalle. **Zeiten:** April – Sep Di – So 9 – 18 Uhr, Okt – März Di – So 10 – 16 Uhr, Oster- und Pfingst-Mo geöffnet. **Preise:** 2,50 €; Schüler bis 18 Jahre frei; Senioren und Gruppen über 20 Personen 2 €. **Infos:** Museumspädagogisches Programm auch in Zusammenarbeit mit der VHS.

▶ Das Schloss Johannisburg wurde von 1605 bis 1614 unter Kurfürst Schweickhardt von Kronberg erbaut. Im Schlossmuseum könnt ihr euch ein Bild von den fürstlichen Wohnräumen machen. Ansonsten wird eine Sammlung niederländischer Malerei mit Werken *Lucas Cranachs des Älteren,* eine Ausstellung zur Stadtgeschichte und eine ganz außergewöhnliche Sammlung von Korkmodellbauten aus dem 18. Jahrhundert gezeigt: Solche **Korkmodelle**, *Felloplastiken* genannt, haben ihren Ursprung in Italien. Sie waren damals ein beliebtes Souvenir. Auch die Felloplastiken im Schloss Johannisburg stellen römische Baudenkmäler, wie das Kolosseum, das Pantheon und verschiedene Tempelruinen dar. Ursprünglich waren sie als Dekoration für die fürstliche Tafel gedacht und

Sammelt doch einmal Korken und baut damit euer eigenes **Modellhaus**! Damit sich die einzelnen Korken zusammenstecken lassen, könnt ihr sie mit einem Büchsendorn anbohren und dann Streichhölzer oder Zahnstocher reinstecken.

standen zwischen Schokolade, Kuchen und Eiscreme. Gefertigt wurden sie von *Carl May* (1747 – 1822) und dessen Sohn *Georg Heinrich* (1790 – 1853). Hauptberuflich war Carl May Hofkonditor im Dienst des Kurfürsten Dalberg. Offensichtlich besaß er aber nicht nur beim Tortenverzieren viel Fingerfertigkeit!

Römische Herrlichkeit: Das Pompejanum

Das antike Pompeji war eine blühende Stadt mit etwa 10.000 Bewohnern, großzügigen Palästen, breiten Straßen, schönen Tempeln und Badehäusern, bevor es im Jahr 79 n.Chr. bei einem Ausbruch des Vulkans Vesuv komplett verschüttet wurde.

Pompeji auf Schloss Johannisburg

Pompejanum, Schlossgarten, 63739 Aschaffenburg. **Anfahrt:** Bus 1, 4, 6, 8 bis Stadthalle. **Zeiten:** April – Sep Di – So 9 – 18 Uhr. **Preise:** 2,50 €; Schüler bis 18 Jahre frei; Senioren und Gruppen über 20 Personen 2 €. **Infos:** ✆ 06021/386570.

▶ Rund um das Schloss findet ihr einen schönen mediterranen Garten, der am Main entlang in einen Weinberg übergeht. Dort steht der Nachbau einer antiken Villa. *Ludwig I. von Bayern* ließ sie 1843 errichten, angeregt durch Ausgrabungen, die seinerzeit im italienischen **Pompeji** stattfanden. Er wollte das Pompejanum nicht bewohnen – es war schon damals als Museum gedacht, das einen Einblick in die altrömische Bau- und Lebensweise geben sollte. Im Zweiten Weltkrieg stark beschädigt, wurde es inzwischen restauriert und erweitert. Neben Nachbildungen sind nun auch original römische Kunstwerke zu sehen, darunter zwei Götterthrone aus Marmor. Im Schlossgarten könnt ihr mit Blick auf den Main lustwandeln, z.T. auch mit Kinderwagen.

Ruine Clingenburg

Länge: Treppe ab Museum 15, Schotterstraße 20 Minuten, längere Wanderung durch die Seltenbachschlucht. **Anfahrt:** ↗ Klingenberg.

▶ Die Clingenburg stammt aus dem 12. Jahrhundert, wurde im Dreißigjährigen Krieg aber so sehr beschädigt, dass man sie nicht wieder aufgebaut hat. In ihrer Ruine befindet sich heute ein Ausflugslokal. Viele Wege führen zur Ruine Clingenburg, nicht nur, wenn dort im Sommer die Burgfestspiele stattfinden. Sie ist zum Beispiel über einen Treppenaufgang zu erreichen, der neben dem Weinbau- und Heimatmuseum an der Klingenberger Hauptstraße startet. Spannender ist allerdings der Weg durch die Seltenbachschlucht, kinderwagentauglich nur die Schotterstraße. Die Reste der Burganlage aus dem 12. Jahrhundert sind schnell besichtigt, sofern man nicht noch im Burg-Café verweilt. Einen Turm zu besteigen, gibt es hier nicht, ihr findet aber oberhalb der Ruine, mitten im Wald, einen **Aussichtsturm**, einen kleinen Spielplatz und ein bewirtschaftetes Wanderheim. Das Wanderzeichen Schmetterling weist euch den Weg dorthin.

Museen und Stadtführungen

Stadt- und Museumsführungen für Familien

Führungsnetz der VHS, Luitpoldstraße 2, 63739 Aschaffenburg. ℂ 06021/3868866, Fax 3868820. www.vhs-aschaffenburg.de. fuehrungsnetz@vhs-aschaffenburg.de. **Preise:** 3,50 €/Person, bei Museumsbesichtigung zuzüglich Eintrittspreis; Kinder ebenso; Familien 10 €.

▶ Ihr wollt wissen, warum Fred »Feuerstein« heißt oder was Schlossgespenst Thekla über das Schloss Johannisburg zu erzählen weiß? Dann seid ihr bei einer der Führungen durch die Stadt, das Pompejanum, das Schloss oder das Stiftsmuseum, die das Führungsnetz der vhs Aschaffenburg für Familien mit Kindern im Grundschulalter anbietet, genau richtig.

Zur Geschichte der Juden

Jüdisches Dokumentationszentrum am Wolfsthalplatz, Treibgasse 20, 63739 Aschaffenburg. ℂ 06021/29087, stadtarchiv@aschaffenburg.de. **Anfahrt:** Bus 1, 4, 6, 8 bis Stadthalle. **Zeiten:** Mi 10 – 12 Uhr, Do 16 – 18 Uhr,

Hunger & Durst
Wirtshaus Zum Fegerer, Schlossgasse 14, Aschaffenburg, ℂ 06021/15646. Hübscher Gewölbekeller und Altstadt-Innenhof. Sonntags ab 17 Uhr Vergünstigungen für Familien, Kinderkarte.

Schlappeseppel, Schlossgasse 28, Aschaffenburg, ✆ 06021/25531, lautfröhliche Brauereigaststätte mit fränkisch-bayerischer Küche und Kinderkarte.

Zum Gedenken an die Toten werden auf jüdischen Friedhöfen keine Blumen niedergelegt, sondern Steinchen auf die Grabsteine. In Aschaffenburg liegen ein jüdischer und ein christlicher Friedhof direkt beieinander und laden zu einem stillen Spaziergang ein.

An der Kasse gibt es einen Museumsführer für Kinder mit lustigen Krabbelkäfern, herausgegeben vom Landesbund für Vogelschutz in Bayern e.V./LBV.

1. So im Monat 10 – 12 Uhr, außerdem nach Vereinbarung. **Preise:** Eintritt frei. **Infos:** Themenbezogene Führungen und Vorträge, auch für Jugendliche.

▶ Das Dokumentationszentrum zur Geschichte der Aschaffenburger Juden zeigt neben einigen wenigen erhaltenen Kultgegenständen auf Schautafeln die 700 Jahre während Tradition der jüdischen Gemeinde Aschaffenburgs sowie ihre Verfolgung und Vernichtung unter dem nationalsozialistischen Terror. Das Zentrum liegt direkt am Wolfsthalplatz, benannt nach dem jüdischen Bankier *Otto Wolfsthal*, der sich vor seiner Deportation in das Lager Theresienstadt 1942 das Leben nahm. Am Wolfsthalplatz stand seit 1893 eine maurisch aussehende Synagoge. Maurisch nennt sich ein orientalisch inspirierter Stil, den einst die Mauren aus Nordafrika nach Spanien mitgebracht hatten. Die Synagoge wurde von Brandstiftern in der Pogromnacht 1938 zerstört. Ihren ehemaligen Standort kennzeichnet heute ein Platanenhain. Gedenksteine und eine Brunnenskulptur mahnen an die Verbrechen des Nationalsozialismus.

Spechte und Wanzen

Naturkundliches Museum, Schönborner Hof, Wermbacher Straße 15, 63739 Aschaffenburg. ✆ 06021/45610523, Fax 3867430. **Anfahrt:** Bus 1, 4, 6, 8 bis Freihofsplatz. **Zeiten:** Do – Di 9 – 12 und 13 – 16 Uhr. **Preise:** 1 €; Schulklassen und Kinder unter 6 Jahre frei. Ab 6 Jahre 0,50 €. **Infos:** Museumspädagogische Führungen auf Anfrage.

▶ Jede Menge ausgestopfter Tiere gibt es im Naturkundlichen Museum zu sehen. Allen voran der Vogel, dem der Spessart, ehemals Spechtshardt, seinen Namen verdankt. Aber nicht nur Spechte, Eichelhäher und Eulen werdet ihr dort sehen, sondern auch Schmetterlinge, Käfer und die größte Wanzensammlung Europas. Da fängt's einen gleich zu jucken an. Abgerundet wird die Ausstellung von einer Sammlung von Gesteinen, die es im Spessart gibt.

SPECHTE

Habt ihr gewusst, dass ...

... der Name Spessart sich von Spechtshardt/ **Spechtswald** ableitet?

... **im Spessart** Grauspechte, Schwarzspechte, Grünspechte, Buntspechte, Kleinspechte und Mittelspechte heimisch sind?

... Spechte eine Unterfamilie der Spechtvögel sind?

... es Spechtvögel schon in der **Kreidezeit** gab?

... Spechtvögel heute mit **380 Arten** fast weltweit verbreitet sind?

... sie sich von Insekten, Früchten, Samen, aber auch von **Bienenwachs** ernähren?

... sie kräftige **Greiffüße** und einen meißelartigen Schnabel haben?

... sie Baumstämme **emporklettern** können und sie sich dabei mit ihren steifen Schwanzfedern abstützen?

... sie mit dem Schnabel Bruthöhlen in die Baumstämme **zimmern**?

... ihre Jungen **blind** und fast nackt in den Bruthöhlen schlüpfen? ◀

2500 Jahre Geschichte

Stiftsmuseum und Stiftskirche, Stiftsplatz 1a, 63739 Aschaffenburg. ✆ 06021/444795-0, Fax 444795-90. Auf dem Stiftsberg gelegen. **Anfahrt:** Bus 1, 4, 6, 8 bis Stadthalle oder Freihofsplatz. **Zeiten:** täglich außer Mo 11 – 17 Uhr. **Preise:** 2,50 €; Schulklassen und Kinder unter 6 Jahre frei, bis 16 Jahre 1,50 €; Familienkarte 5 €. **Infos:** Museumspädagogische Führungen für Kindergärten und Schulklassen nach Anmeldung.

▶ Ganz schön alt ist Aschaffenburg schon, denn die Stadt geht auf eine Alamannensiedlung von 500 vor (!) Christus zurück. Über den Raum Aschaffenburg in vor- und frühgeschichtlicher Zeit könnt ihr euch im Stiftsmuseum schlau machen. Auch über Aschaffenburg im Mittelalter gibt es hier viel zu erfahren, vor allem über das Stift Peter und Alexander, das Angehörige des ottonischen Kaiserhauses von 947 bis 957 errichten ließen und das über Jahrhunderte hin bedeutend für die Stadtentwicklung war.

Zu sehen gibt es zum Beispiel einen kleinen Bronzehund aus einem keltischen Kindergrab, römische Weihesteine, riesige Ziffernblätter von Kirchturmuhren – und Folterinstrumente.

Das Museum ist im ehemaligen **Stiftskapitel** untergebracht, dem ältesten Gebäude der Stadt. Direkt daneben liegt die Stiftskirche, ein romanisch-frühgotischer Bau, in dem ein berühmtes Gemälde hängt, die »Beweinung Christi« von *Matthias Grünewald*.

✐ Stiftsmuseumsführer für Kinder von Kindern für 0,30 €.

Mit der Rikscha durch Aschaffenburg

Velo-Taxi Aschaffenburg, Jörn Büttner, Am Floßhafen 39, 63739 Aschaffenburg. ✆ 06021/3743055, Veloruf 0179/4213765. **Zeiten:** 15. Aug – 15. Okt, 12.30 – 20 Uhr. **Preise:** Bei Zielfahrten Berechnung nach Strecke, erster Km 2,50 €/Person, jeder weitere 1 €; bei Rundfahrten Berechnung nach Zeit, je 30 Min 7,50 €/Person; Kinder 2 – 12 Jahre die Hälfte.

▶ Rikschas werden Fahrradkutschen ja eigentlich nur in Asien genannt. In Aschaffenburg laufen sie unter der Bezeichnung Velo-Taxi, aber das Prinzip ist dasselbe: Die Fahrgäste sitzen ganz gemütlich hinten in der Kutsche, und der Fahrer vorne muss kräftig in die Pedale treten. Damit das nicht zu anstregend wird, fährt das Velotaxi mit leichter Motorunterstützung. Trotzdem ist es viel umweltfreundlicher als ein Auto und zudem viel wendiger. Es darf auch überall dort fahren, wo es Autos nicht dürfen: auf Fahrradwegen, auf Busspuren und in Parks auf Promenaden. So kann man auf einer Rundfahrt im Velo-Taxi Aschaffenburg auf nette Art entdecken oder sich ganz bequem von A nach B kutschieren lassen. Allerdings: In einem Velo-Taxi haben maximal zwei Erwachsene und zwei kleine Kinder Platz!

Hunger & Durst

Schlossweinstuben, Peter Schweickard, Schloss Johannisburg, Aschaffenburg, ✆ 06021/12440. Di – Sa 11 – 24 Uhr, So und Fei ab 10 Uhr. Terrasse mit Blick über Schlossgarten und Main, Kinderkarte und Kindereisbecher! Hinter Glas ist das erste gedruckte Kochbuch aus dem Jahr 1581 zu sehen. Darin gibt es Gerichte, die heute recht sonderbar scheinen – aus Bären, Schwänen, Igeln und Eichhörnchen!

Bei Paddington und Pu

Teddymuseum, Wolfgang und Renate König, In der Altstadt 7, 63911 Klingenberg. ✆ 09372/921-167, Fax 921-199. www.teddymuseum-klingenberg.de. teddymuseum@aol.com. **Anfahrt:** ↗ Klingenberg. **Zeiten:** Di – So 14 – 18 Uhr. **Preise:** 2 €; Kinder bis 6 Jahre in Begleitung Erwachsener frei, bis 16 Jahre 1 €; Rentner 1 €, Führungen 10 €.

▶ Im Teddybärmuseum könnt ihr viele alte Jungs aus Plüsch bestaunen. Die meisten haben schon etliche Jahre auf ihrem Bärenbuckel. Manche tragen berühmte Markennamen wie Steiff, Hermann oder Schuco, andere sind erst als Werbefilmstars berühmt geworden, und solche wie Paddington und Pu natürlich durch ihre Hauptrollen in der Kinderliteratur.

Leben Anno dazumal

Weinbau- und Heimatmusem, Wilhelmstraße 13a, 63911 Klingenberg. ✆ 09372/20305, Auskünfte zu Führungen Tourist-Info, ✆ 921259, Fax 12354. www.klingenberg-main.de. museum@klingenberg-main.de. **Anfahrt:** ↗ Klingenberg. **Zeiten:** Mo – Fr 9 – 11 sowie nach Vereinbarung. **Preise:** 2 €; Kinder 2 – 14 Jahre 0,50 €.

▶ Nicht nur das Berufsleben der Erwachsenen sah zu Zeiten eurer Urgroßeltern ganz anders aus als heute, sondern auch der Schulalltag. Davon könnt ihr euch im Weinbau- und Heimatmuseum ein Bild machen, denn da gibt es nicht nur alte Werkstätten und Werkzeuge zu sehen, sondern auch ein komplett eingerichtetes Schulzimmer von 1920 mit Schiefertafel und Landkarte, außerdem alte Bilderbücher, ein Puppenbett und einen Spielzeugkaufladen.

Schifffahrts- und Schiffsbaumuseum Wörth am Main

Sankt-Wolfgangs-Kirche, Rathausstraße 46, 63939 Wörth am Main. ✆ 09372/72970. **Anfahrt:** Wörth ist Bahnstation auf der Strecke Aschaffenburg – Miltenberg. Zahlreiche Verbindungen. **Auto:** A3 Ausfahrt 57 Stockstadt, über B469. **Zeiten:** Sa und So 14 – 17 Uhr; Führungen nach telefonischer Vereinbarung. **Preise:** 1,50 €; Kinder und Jugendliche 6 – 16 Jahre 0,80 €;

 Im **Museumsshop** gibt es Material zum Anfertigen von Bären, außerdem Postkarten, Teddybär-Literatur und wertvolle Künstlerbären zu kaufen.

 Alan A. Milne: **Pu, der Bär**, SZ-Bibliothek, 135 S. 4,90 €.

 Stadtrallyes und Führungen durch die Klingenberger Altstadt für Schulklassen und andere Kinder- und Jugendgruppen können im Teddymuseum angefragt werden.

Hunger & Durst

Gasthof Zum Bären, Hofstraße 1, Klingenberg, ✆ 09372/948342. Im Sommer täglich 11 – 23 Uhr, im Winter Mo – Fr 11 – 14, 17 – 23 Uhr. Pizza und Pasta!

▶ Werkzeuge, Fotos, Schiffsmodelle und -teile lassen die Geschichte der Mainschifffahrt und des Schiffbaus in Wörth lebendig werden. Kleine Kapitäne können mal an der Schiffsglocke ziehen oder am

Welche Kuh gibt keine Milch? Die Mainkuh!

VON TREIDEL-PFERDEN UND MAINKÜHEN

▶ Ganz früher waren die Schiffe aus Holz und hatten noch keinen Motor. Stromabwärts ließen sie sich mit der Strömung treiben, bei günstigem Wind setzten sie Segel. Stromaufwärts mussten sie gezogen werden. Auf Treidelpfaden am Ufer wurden in der Regel 6 Pferde an Treidelleinen angeschirrt, die dann einen Schiffszug, der aus einem Mainschiff und ein bis zwei Beibooten bestand, ziehen mussten.

Die Treidelschifffahrt endete auf dem Main mit dem Aufkommen der Kettenschleppschifffahrt 1886. Dazu wurde eine große Eisenkette in den Main gelegt. Daran haben sich die Kettenschlepper mittels einer Dampfmaschine den Main entlanggezogen: Vorne an der Auflage wurde die Kette aufgenommen, lief über das Schleppschiff durch die Antriebsmaschine und wurde hinten wieder in den Main abgelegt. Der Schlepper zog so an seinen Trossen mehrere Kähne flussaufwärts. So ein Kettenschleppzug verursachte ein tolles Gerassel, und auch die Schiffspfeife war bereits in größerer Entfernung zu hören. Wegen ihres lauten, dumpfen Tones, der an das Muhen einer Kuh erinnerte, wurden die Kettenschlepper auch *Mainkühe* genannt. 1937 trat die letzte Mainkuh ihre Fahrt an, 1938 wurde die Kette aus dem Main genommen. Schiffe mit eigenem Motor gibt es also erst seit den 30er Jahren des letzten Jahrhunderts.

Für seine Schiffbarmachung musste der Main sich ganz schön was gefallen lassen: Im 19. Jahrhundert wurden Schleusen und Staustufen errichtet. Durch Steindämme wurde er auf eine Regelbreite eingeengt, Felsschwellen wurden weggesprengt und Inselchen weggebaggert. Alles, um eine größere und gleichmäßigere Tiefe zu erreichen. Damit verloren jedoch viele Pflanzen und Tiere im Wasser und an Land ihren Lebensraum. ◀

Steuerrad drehen. Ganz ungewöhnlich ist der Museumsort: Die Ausstellung ist nämlich wirklich in einem Schiff untergebracht, allerdings in einem Kirchenschiff, und zwar dem der ehemaligen Pfarrkirche Sankt Wolfgang!

Von der Museumskirche führt ein Fußweg hinunter zum Main. Dort habt ihr einen guten Blick auf die Erlenbacher Werft am gegenüberliegenden Flussufer, wo meist ein paar Schiffe zur Reparatur liegen.

Spielen und lesen

Musikschule Aschaffenburg

Städtische Musikschule Aschaffenburg, Kochstraße 8, 63739 Aschaffenburg. ✆ 06021/93411, Fax 970192. musikschule@aschaffenburg.de.

▶ Musikalische Früherziehung, Instrumentalunterricht und im Ensemble.

Kinderkurse der VHS Aschaffenburg

Luitpoldstraße 2, 63739 Aschaffenburg. ✆ 06021/386-880, Fax -8820. www.vhs-aschaffenburg.de. mail@vhs-aschaffenburg.de.

▶ Eltern-Kind-Kurse und Kinderkurse in verschiedenen Bereichen wie EDV, Englisch, Kochen, Backen, Malen, Töpfern, Bewegungsspiele, Psychomotorik, Asthmaschulung, Musik für Kleinkinder, Krabbel-Spielgruppe. Veranstaltungsorte sind die VHS Aschaffenburg oder die Volkshochschulen des Landkreises.

Musikschule Erlenbach

Hauptstraße 49, 63906 Erlenbach am Main.
✆ 09372/941398, Fax 943441. **Anfahrt:** ↗ Erlenbach.

▶ Musikalische Früherziehung, Unterricht in Zupf-, Streich- und Blasinstrumenten, Ensemble, Musiktherapie.

BÜHNE, LEINWAND UND AKTIONEN

 Fischer, wie wehen die Fahnen? Ein Kind ist der Fischer und steht den anderen Kindern 10 – 12 m entfernt gegenüber. Die Kinder rufen »Fischer, wie wehen die Fahnen?«, woraufhin dieser eine Farbe nennt. Jetzt flitzen alle hinüber auf die Seite des Fischers. Die Kinder, die die genannte Farbe an ihren Kleidungsstücken haben, können ganz unbehelligt die Seite wechseln. Die anderen aber versucht der Fischer zu fangen. Wer ihm ins Netz geht, ist der nächste Fischer.

Kurse für Kinder und Eltern

VHS Erlenbach, Geschäftsstelle im Rathaus, Bahnstraße 26, 63906 Erlenbach am Main. ✆ 09372/704-32, Fax 704-20. vhs@stadt-erlenbach.de. **Anfahrt:** ↗ Erlenbach.

▶ Die VHS im nördlichen Landkreis Miltenberg bietet Eltern-Kind-Kurse und Kinderkurse in verschiedenen Bereichen wie EDV, Braingym, Autogenes Training, Töpfern und Schnitzen.

Kinder- und Jugendtheater

Stadttheater, Schlossgasse 8, 63739 Aschaffenburg. ✆ 06021/27078, Theater-Vorverkaufskasse im Rathaus, Dalbergstraße 15, Seiteneingang. **Anfahrt:** Bus 1, 4, 6, 8 bis Stadthalle oder Freihofsplatz.

Der gestiefelte Kater vorm Puppenschiff-König

▶ Theater- und Konzertveranstaltungen für Kinder verschiedener Altersgruppen.

Das Puppenschiff

Theater in der Krone e.V., Schulstraße 3, 63814 Mainaschaff. ✆ 06021/ 76766, www.puppenschiff.de. info@puppenschiff.de. **Anfahrt:** Ab Bhf Aschaffenburg Bus 1 oder 51, kein Bus mehr nach Samstagsvorstellung. **Auto:** A3, Ausfahrt 58 Aschaffenburg West/Mainaschaff, dann B8 in Richtung Mainaschaff. Wegweiser folgen. **Zeiten:** Erwachsenenprogramm Sa 20 Uhr, Kinderprogramm So 16 Uhr. Sommerpause Mitte Mai – Mitte Sep. **Preise:** Erwachsenenprogramm 10 €, Wehr- und Zivildienstleistende 8 €; Kinderprogramm Erwachsene 6,50 €, Kinder 6 – 12 Jahre 4,50 €, Wehrpflichtige und Zivildienstleistende, Schüler und Studenten 4,50 €. **Infos:** Kartenreservierung telefonisch oder via Internet empfehlenswert.

▶ Das Puppenschiff bietet Marionettenspiel für Kinder ab 5 Jahre und für Erwachsene, darunter Märchen wie Der gestiefelte Kater und Kalif Storch.

Clingenburger Festspiele

Clingenburger Festspiele e.V., Kultur- und Verkehrsbüro, Hauptstraße 26a, 63911 Klingenberg. ✆ 09372/3040, Fax 12354. www.klingenberg-main.de. info@clingenburg-festspiele.de. **Infos:** Das Programm findet ihr im Internet und kann beim Kultur- und Verkehrsbüro angefordert werden.

▶ Jeden Sommer von Mitte Juni bis Ende Juli finden in Klingenberg die Clingenburger Festspiele statt. Dann wird die Ruine zu einer eindrucksvollen Kulisse für Schauspiel, Oper, Chansonabende und Kindertheater.

Stadtbibliothek Aschaffenburg

Schlossplatz 2, 63739 Aschaffenburg. ✆ 06021/3394-0, Fax 3394-3. www.stadtbibliothek-aschaffenburg.de. stadtbibliothek@stadtbibliothek-aschaffenburg.de. **Zeiten:** Di und Do 10 – 19, Mi und Fr 10 – 17, Sa 10 – 13 Uhr.

▶ Insgesamt 82.000 Medien, darunter nicht nur Bücher für Kinder und Jugendliche, sondern auch Spiele, Kassetten, CDs, CD-ROMs und Videos. Regelmäßig Lesungen und andere Veranstaltungen für Kinder.

Stadtbibliothek Erlenbach

Bahnhofstraße 6, 63906 Erlenbach. ✆ 09372/944-804, Fax 944-085. stadtbibliothek.erlenbach@t-online.de. **Anfahrt:** ⬈ Erlenbach. **Zeiten:** Di und Do 10 – 12 und 14.30 – 19 Uhr, Mi und Fr 14.30 – 18 Uhr.

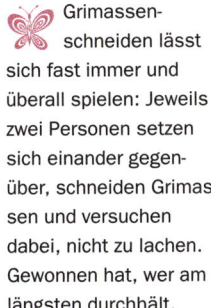 Grimassenschneiden lässt sich fast immer und überall spielen: Jeweils zwei Personen setzen sich einander gegenüber, schneiden Grimassen und versuchen dabei, nicht zu lachen. Gewonnen hat, wer am längsten durchhält.

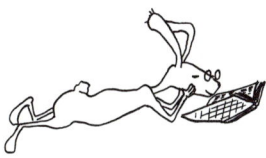

Nicht nur Kinder- und Jugendbücher gibt es hier in großer Auswahl, sondern auch Kassetten und CDs, außerdem Lernspielprogramme für den PC. Ein Spielecomputer und ein zum Surfen im Internet stehen in der Bibliothek bereit. Für Kinder finden regelmäßig Lesungen, Puppentheater, Clownerien und Mitmachprogramme statt.

FESTKALENDER

Mai: Anfang Mai, Obernburg: **Apfelblütenfest** auf dem Festzeltplatz am Main, großer Rummel.

Anfang Mai, Klingenberg: **Historisches Weinfest** auf der Klingenburg mit Rittern, Gauklern und Puppenspielern.

Juni: Anfang Juni, Aschaffenburg: **Sommerfest** im JUKUZ mit Theater, Tanz, Kletterturm, Hüpfburg.

Mitte Juni, Aschaffenburg: **Kinder- und Jugendfest** am Floßhafen.

Mitte – Ende Juni, Aschaffenburg: **Volksfest**, großer Rummel mit Feuerwerk.

Ende Juni, 10 Tage lang, Aschaffenburg: **Kulturtage** mit Konzerten, Ausstellungen, Kinderprogramm, Kinderkulturtag im Nilkheimer Park.

Mitte Juni – Mitte Juli, Klingenberg: **Clingenburger Festspiele** mit Theater und Musik.

Juli: Mitte Juli, Aschaffenburg: **Kippenburgfest**, Grillfeier mit Musik.

Mitte Juli, Aschaffenburg: Fest **Brüderschaft der Völker** im JUKUZ.

August: 2. Wochenende, Aschaffenburg: **Kunsthandwerkermarkt** im Schlosshof.

Letztes Wochenende, Aschaffenburg: **Stadtfest**.

Ende August, Klingenberg: **Teddybärenfrühstück**, Buden mit Künstlerbären, Bastelzubehör, Schlemmereien, Stadtrallye.

September: Ende Sep, Aschaffenburg: **Oktoberfest** auf dem Volksfestplatz.

HOCHSPESSART

Auf einer Wanderung durch den Hochspessart könnt ihr ganz schön das Gruseln lernen, schließlich bewegt ihr euch auf den Spuren der legendären Spessarträuber. So manches Wirtshaus war in früheren Jahrhunderten als Gaunerschenke verschrien. Der Ort Mespelbrunn mit seinem romantischen Wasserschloss hat sogar Räuber-Filmgeschichte geschrieben. Unweit davon, am Ortseingang Hessenthals, findet ihr ein Gasthaus, in dem einst der Dichter Wilhelm Hauff übernachtet hat und dabei vermutlich zu seinem Räubermärchen »Das Wirtshaus im Spessart« angeregt wurde.

Ganz im Norden des bayerischen Spessarts liegt die kleine Gemeinde **Wiesen** mit einer schönen barocken Pfarrkirche und einem Jagdschloss, das die Mainzer Kurfürsten im 16. Jahrhundert errichten ließen. Auf der Grenze zwischen dem bayerischen und dem hessischen Spessart liegt das Naturschutzgebiet Wiesbütte mit dem Wiesbüttmoor.

Frammersbach war bis ins 19. Jahrhundert ein Fuhrmannsdorf. Darüber informiert euch heute ein spannender Kulturrundweg. Aber nicht nur Geschichtliches hat der Erholungsort zu bieten: Ein nettes Terrassenfreibad und schöne Fahrradwege erwarten euch im Sommer. In schneereichen Wintern locken eine Skating-Loipe, ein Skiwanderweg, ein Lift und eine bewirtschaftete Skihütte die Ausflügler an. Im Ortsteil **Habichsthal** könnt ihr an Anglerseen spazierengehen oder hinein in die Geschichte der Glasmacher wandern, die im 14. Jahrhundert im Birklesgrund siedelten.

Heigenbrücken mit seinem Ortsteil **Jakobsthal** gehört gar zu den Hochburgen des Wintersports. Im Sommer ist es im kleinen Luftkurort recht ruhig. Spazier- und Wanderwege führen durch einen Kurpark, zu Spielplätzen und Kneippanlagen. Am östlichen Ortsrand liegt der Bächlesgrund mit Anglerseen und einem Wildgehege, einem Wald- und einem Wasserlehrpfad.

Wohl eines der bekanntesten Motive im Spessart: Das romantische Wasserschloss Mespelbrunn

In guter Erinnerung: Gedenkkreuz für den »Erzwilddieb« Hasenstab

An der Quelle der **Hafenlohr** ließen die Mainzer Kurfürsten 1318 das Jagdschloss **Rothenbuch** errichten und siedelten Menschen an, die als Leibeigene Jagdfrondienste verrichten mussten. Selbst jagen durften sie nicht, sondern nur ein wenig Ackerland bestellen, Feuerholz schlagen und Schweine zum Mästen in den Wald treiben. Wer trotzdem heimlich jagte, wurde als Wilderer verfolgt. So auch der 1716 geborene *Johann Adam Hasenstab,* der als Erzwilddieb des Spessarts für die Einheimischen zu einer Art Robin Hood wurde. Die wildreichen Wälder locken zu Wanderungen oder zu einer Radtour durch das Hafenlohrtal.

Ein schönes Spessarttal ist auch das **Tal der Elsava**, die nordöstlich von Hessenthal entspringt und in Elsenfeld in den Main mündet. In den Orten Mespelbrunn, Heimbuchenthal und Eschau sind die Spuren der Spessarträuber auf Speisekarten, Werbeprospekten und an Hauswänden allgegenwärtig. Aber auch jenseits der Räuberromantik hat das Tal einiges zu bieten: drunten Wasserschlösser, eine Wallfahrtskapelle und ein Fahrradmuseum und am Hang Einsiedlerhöfe sowie Weiler mit familienfreundlichen Ausflugslokalen.

Recht idyllisch zwischen den Weinhängen des Maintals und der Spessartberge liegt der Luftkurort **Mönchberg**. Ein Kloster mit Mönchen sucht ihr hier allerdings vergeblich. Der Name leitet sich vielmehr von der Mengeburg ab, einer früheren Burganlage, von der jedoch nichts erhalten blieb. Stattdessen prägen eine barocke Pfarrkirche und hübsche Fachwerkhäuser das Ortsbild. In Mönchberg könnt ihr das Heimatmuseum besichtigen, eine alte Drechslerwerkstatt und ein tolles Freibad besuchen!

Kropfbach- und Haseltal gehören zu den schönsten Tälern des bayerischen Spessarts. Früher waren sie ein bevorzugtes Jagdrevier des Wilderers Hasenstab. Da, wo er beim Wildern gestellt und erschossen wurde, wurde ihm ein Gedenkkreuz errichtet. Heute sind die beiden Täler mit ihren Wiesengründen vor allem bei Wanderern beliebt. Weil es nur Mühlen und ein altes Klostergemäuer gibt, reicht die befahrbare Straße im Kropfbachtal lediglich bis zur **Kartause Grünau**, im Haseltal bis zur Zwieselsmühle. Der Forstweg, der durch das Seitental entlang dem Schleifbach weiter nach Bischbrunn führt, darf nur von Anliegern befahren werden. Das Haseltal wird auf manchen Wanderkarten auch als Haslochgrund bezeichnet und im Volksmund Mühlental genannt.

Im südlichen Hochspessart liegt der Ort **Altenbuch**, umringt von Buchenwäldern, die ihm seinen Namen gaben. Hübsch anzuschauen sind die barocke Kirche von 1770, mit Werken aus der Bildhauerschule Tilmann Riemenschneiders, und das Forstamt. Von Altenbuch aus kann man zu einer gruseligen Wanderungen in die Spesssartwälder starten.

*Eine **Kartause** nennt sich ein Kloster des Kartäuserordens.*

Frei- und Hallenbäder

Hallenbad Mespotherm

Haus des Gastes, Hauptstraße, 63875 Mespelbrunn. ☏ 06092/7363. **Anfahrt:** ↗ Mespelbrunn. **Zeiten:** Di, Mi und Fr 15 – 21 Uhr, Do 15 – 18 Uhr, Sa 9 – 12 Uhr, So und Fei 9 – 11.30 Uhr. In den bayerischen Sommerferien auch vormittags. **Preise:** 2,50 €, 10er-Karte 23 €; Kinder bis 6 Jahre frei, bis 18 Jahre 2 €, 10er-Karte 18 €; Behinderte 2 €.

▶ Zum Hallenbad gehören ein 25-m-Becken mit Nichtschwimmerbereich, ein Plantschbecken und eine Sonnenterrasse. Im Haus des Gastes befinden sich außerdem eine Massagepraxis mit Sauna, ein Restaurant und die Touristinformation.

Baden und mehr in Mönchberg

Spessart-Freibad, Schwimmbadstraße, 63933 Mönchberg. ☏ 09374/303. **Anfahrt:** ↗ Mönchberg. **Zeiten:** 15. Mai – 15. Sep täglich 8 – 20 Uhr. **Preise:** Tageskar-

TIPPS FÜR WASSER-RATTEN

Hunger & Durst

Lust auf Brathähnchen, Burger oder hausgemachte Pizza? All das gibt es in der **Gaststätte Zum Minigolf**, Am Schwimmbad, ☏ 09374/1301, Do Ruhetag.

Lecker speisen könnt ihr im **Landgasthof Zum Hirschen**, Mönchberg in der Ortsmitte, Hauptstraße 20, ☏ 09374/690. Di – Do, Sa, So, Fei 9 – 20 Uhr. Spielplatz.

Landgasthof Kessler, Obere Straße 23, Frammersbach, ☏ 09355/1236. ↗ Info & Ferienadressen.

te 3 €, Saisonkarte 40 €, für Mönchberger 31 €; Kinder 4 – 15 Jahre Tageskarte 1,50 €, Saisonkarte 20 €, für Mönchberger 15 €; Ermäßigung für Schüler, Studenten, Schwerbehinderte, Zivil- und Wehrdienstleistende.

▶ Das Spessart-Freibad liegt an einem großen Wiesenhang mit schönen, alten Bäumen. Zum Schwimmbad gehören ein Sportbecken, ein Springbecken mit 1-, 3- und 5-m-Turm, ein Nichtschwimmerbecken mit Massagedüsen, Bodenpuller, Rutsche und ein solarbeheiztes Babybecken mit Wasserpilz. Für Hungrige gibt es eine Cafeteria. In unmittelbarer Nachbarschaft findet ihr auch einen Minigolfplatz mit Gartenlokal sowie eine Kneippanlage.

Badespaß in Stufen

Terrassenbad Frammersbach, 97833 Frammersbach. ☏ 09355/612, Restaurant 1365, am östlichen Ortsrand. In der Ortsmitte von der Lohrer Straße in die Bergstraße, Wegweiser folgen. **Anfahrt:** ↗ Frammersbach. **Zeiten:** 15. Mai – 15. Sep Mo – Fr 2 – 19.30 Uhr, Sa, So 9 – 19.30 Uhr. **Preise:** 2 €, für Feriengäste 6er-Karten zu 10 €; Kinder 6 – 16 Jahre 1,30 €, bis 18 Jahre 1,50 €, für Ferienkinder 6er-Karte 6 €; Ermäßigung für Schüler, Studenten, Wehr- und Zivildienstleistende, Behinderte.

▶ Eine Menge Badespaß bietet euch das Frammersbacher Terrassenbad: Auf unterschiedlichen Ebenen angelegt, findet ihr hier ein 50-m-Sportbecken, ein Sprungbecken mit Sprungturm und ein Nichtschwimmerbecken mit Riesenrutsche, Sprudelliegen, Wasserstrahler und Massagedüsen. Für die ganz Kleinen unter euch gibt es zwei Plantschbecken und einen lustigen Wasserigel. Die große Liegewiese ist nicht nur zum Faulenzen da. Ihr könnt auch Tischtennis, Beachvolleyball, Schach oder Fußball spielen. Direkt neben dem Schwimmbad startet ein Trimm-dich-Pfad.

An Quellbächen und Waldseen

▶ Im Hochspessart sucht ihr vergebens nach Badeseen. Trotzdem lohnt es sich, an einem heißen Sommertag diese Region zu besuchen. Kühlung findet ihr dann in lauschigen Tälern, an Waldseen und Quellbächen. In ihren oft eiskalten Fluten könnt ihr zumindest eure Füße baden und inmitten blühender Wiesen picknicken, spielen und toben.

Wiesbüttmoor

Anfahrt: Ab Bhf Aschaffenburg Bus 45 nach Sailauf, von dort Bus 46 nach Wiesen. **Auto:** A3 Ausfahrt 61 Hösbach, über Sailauf. A66 Bad Orb, dann B276 über Bieber nach Wiesen zum Wanderparkplatz am Wiesbütt-Teich auf der Strecke nach Flörsbachtal.

▶ Auf der Grenze zwischen dem bayerischen und dem hessischen Spessart liegt das **Naturschutzgebiet Wiesbütte** mit dem Wiesbüttmoor. Das ist etwa 2500 Jahre alt. Schon damals haben hier Menschen gelebt und den Wald so gerodet, dass sich ein Moor daraus entwickeln konnte. Den daraus gewonnenen Torf hat man verfeuert oder fürs Vieh genutzt. Zu dem Naturschutzgebiet gehört auch ein Teich, der im 18. Jahrhundert als Staubecken für wasserbetriebene Maschinen angelegt wurde, die im Bergbau in Bieber zum Einsatz kamen.

Im Sommer kann es hier recht trubelig werden, denn direkt am See liegt ein Campingplatz. In kalten Wintern wird der Teich zum Eislaufen freigegeben. Etwas unheimlich ist es in der Wiesbütte an nebeligen Herbsttagen, vor allem auf dem circa einstündigen Rundweg, der um das

Versucht doch mal, aus kleinen Holzstöcken und Brettchen ein Mühlrad zu bauen und es am Bach zum Laufen zu bringen! Nützlich ist ein Taschenmesser, damit ihr die Holzstücke passend schnitzen könnt.

Ganz schön glitschig: Holzsteg übers Wiesbüttmoor

Tipp! Einen Europäischen Kulturrundweg, der am Bergbaumuseum in Bieber startet und zur Wiesbütte hinaufführt, findet ihr unter Märchenstraße und Hessischer Spessart!

Hunger & Durst

Für Gruppen ab 30 Personen richtet das Kur- und Verkehrsamt **Köhlermahlzeiten** mit Kartoffelfeuer und deftigen Grillfleischportionen im Bächlesgrund aus. Nach Rücksprache mit dem Fremdenverkehrsamt dürft ihr hier auch selbst grillen, einen Holzkohlegrill müsst ihr allerdings mitbringen, ✆ 06020/1381.

Hunger & Durst

Restaurant Fischerhütte, Familie Noll, Am Ausee, ✆ 06020/978727, 97833 Frammersbach-Habichsthal. Fisch- und Wildspezialitäten.

Moorgebiet herumführt. Aber keine Bange, der Weg ist nirgends morastig und auch mit dem Kinderwagen gut befahrbar. Er startet direkt am Parkplatz und ist mit dem Wanderzeichen Blaue Libelle gekennzeichnet. Auf halber Strecke kommt ihr zu einem Holzsteg, der ein Stück ins Moor hineinführt.

Wasser und Wild im Bächlesgrund

Anfahrt: ↗ Heigenbrücken. **Auto:** In der Ortsmitte rechts in Hüttenwiesenweg. Von dort lässt sich der gesamte Bächlesgrund zu Fuß auf kinderwagenfreundlichen Wegen erschließen.

▶ Vielleicht wollt ihr im Quellbach mal eure Füße baden? Aber brrr, das Wasser ist selbst im Sommer noch ziemlich kalt! Ihr findet im Bächlesgrund auch einen Ententeich und Anglerseen, außerdem eine Kneippanlage und für die Jüngsten unter euch eine Matsch- und Plantschzone. Durch die Auenlandschaft führt ein Wasserlehrpfad, und am nördlichen Ende des Bächlesgrunds startet ein Waldlehrpfad. Dort gibt es Wildgehege, in denen Rehe, Damhirsche und Wildschweine leben sowie einen Streichelzoo mit Ziegen, Schafen und allerhand Federvieh; des Weiteren eine Festhütte und einen Spielplatz.

Auseen bei Habichsthal

Anfahrt: Bus 8045 Frammersbach – Habichsthal bis Dorfplatz Habichsthal, unregelmäßige Verkehrstage. **Auto:** Von Frammersbach Richtung Wiesen, nach 1 km Abzweigung nach Habichsthal. Nach 500 m in Richtung Wiesthal Parkplatz.

▶ Die Auseen östlich von Habichsthal sind stille Anglerseen. In den Monaten Mai und Juni stehen sie voll blühender Wasserlilien. Hier findet ihr kinderwagenfreundliche Spazierwege und am **Restaurant Fischerhütte** ein kleines Damwildgehege.

Forellen und Wild

Lindenfurter Hof, 97840 Hafenlohr. **Länge:** Spaziergang hin und zurück 4 km, auch mit Kinderwagen machbar. **Anfahrt:** Bus 8050 von Lohr bzw. Marktheidenfeld ins 3 km entfernte Windheim. **Auto:** A3 Ausfahrt 63 Weibersbrunn, Richtung Hafenlohr, P am Lindenfurter Hof.

▶ Zwischen Hafenlohr-Windheim und dem Weiler Einsiedel liegt im Hafenlohrtal der **Lindenfurter Hof.** Hier könnt ihr zu einem Spaziergang durch die herrliche Auenlandschaft der Hafenlohr starten. An einem Ziegengehege, Kuhweiden und teils verwilderten Forellenteichen lauft ihr auf einem kinderwagentauglichen Forstweg knapp 2 km bis zum Weiler Einsiedel, der aus einer Mühle, einer Kapelle, einem Forsthaus und einem Wildgehege besteht. Unterwegs entdeckt ihr bestimmt tolle Picknickplätze.

Mühlen im Haseltal

Anfahrt: Das 5 km entfernte Hasloch ist RB-Bhf auf der Strecke Wertheim – Miltenberg. Von Marktheidenfeld Bus 8071, von Wertheim Bus 8072 bis Eisenkammer. **Auto:** A3 Ausfahrt 64 Rohrbrunn, über Schollbrunn Richtung Hasloch, an Kapellenruine erst links Richtung Michelrieth und dann sofort wieder links abbiegen. Das Haseltal darf bis zur Zwieselsmühle befahren werden, dort gibt es nur einen hauseigenen Parkplatz. Kurz nach der Nickelsmühle findet sich linker Hand ein Wanderparkplatz.

▶ Das Haseltal ist ein hübsches Wiesental, in dem Schlüsselblumen, Margeriten und Maiglöckchen blühen. Rechts und links des Haselbachs verlaufen gut ausgebaute Forstwege. Über kleine Holzbrücken gelangt ihr auf die jeweils andere Seite. Überall könnt ihr faul in der Sonne liegen, im Wasser plantschen und natürlich wandern. Vom Wanderparkplatz bis zur Quelle sind es knapp 5 km.

Im Haupttal wie auch in einem Seitental am Springbach findet ihr lauschige Picknickplätze und insgesamt vier alte Mühlen, die allesamt preiswerte, kin-

Bernd Trum, Pius Lotter: Wildkräuterkochbuch, ISBN 3-88881-032-9, Dannheimer Verlag, 15 €.

Hunger & Durst

Nickelsmühle,
℡ 09394/477 oder 8422. Mo und Di Ruhetag,

Zwieselsmühle,
℡ 09394/2242. Mi und Do Ruhetag,

Schreckenmühle, nur So und Fei geöffnet,

Schleifmühle,
℡ 09394/2218. Do, Sa, So 12 – 20 Uhr, Fr 14 – 20 Uhr.

Marion Clausen, Katharina Tebbenhoff, Renate Seelig: Honiggras und Löwenzahn, ein Sach- und Mitmachbuch rund um die Wiese, Patmos Verlag.

derfreundliche Ausflugslokale sind. Direkt am Haselbach liegen die *Nickelsmühle*, die *Schreckenmühle*, die als einzige noch mahlt, und die *Zwieselsmühle*. Zur Letzteren gehört ein Spielplatz und ein kleiner Streichelzoo. Die *Schleifmühle* versteckt sich im Springbachtal.

▶ Viele Wiesen laden euch im Sommer zum Picknick ein. Faul in der Sonne liegen, umringt von Löwenzahn und kleinen Gänseblümchen, lecker essen, Eistee trinken und anschließend im Quellbach toben …

EINE BLUMEN-WIESE BITTET ZU TISCH

Dass das Spaß macht, habt ihr schon lange gewusst? Aber wisst ihr auch, dass man mit vielen Wiesenblumen sein Picknick verfeinern kann? Vieles von dem, was auf der Wiese blüht, kann man essen, ist gesund und schmeckt obendrein noch ganz schön lecker:

Knoblauchrauke

Die Knoblauchrauke ist eine unscheinbare Pflanze. Sie hat einen kantigen, im unteren Bereich behaarten Stängel, der bis zu 100 cm hoch werden kann. Ihre Blätter sind am unteren Stängel herzförmig mit kerbig gesägtem Rand, im oberen sind sie dagegen dreieckig und unregelmäßig gezahnt. Sie blüht von Mai bis Juli. Dann bildet sich eine kleine Blütentraube aus 6 mm langen weißen Blüten.
Wie die Knoblauchrauke zu ihrem Namen kommt, ist unschwer zu erraten: Ihr erkennt sie am Knoblauchduft, wenn ihr eines ihrer Blätter zwischen euren Fingern reibt. Die Blätter könnt ihr klein schneiden und unter Kräuterquark rühren, der bekommt dann ein feines Knoblaucharoma.

Gänseblümchen

Habt ihr gewusst, dass ein einziges Gänseblümchen ganz viele Blüten hat? Schaut einmal genau hin, dann seht ihr, dass ihre gelben Körbchen aus klitzekleinen Röhrenblüten bestehen. Um die Körb-

Radtour durch das Hafenlohrtal

Länge: 25 km, eben bis mäßig steigend, teils auf wenig befahrener, vom ADFC empfohlener Straße, teils auf Forstwegen. Grundschulkinder. **Anfahrt:** ↗ Rothenbuch.

▶ Für ausgewachsene Mountainbiker ist der Hochspessart ein Paradies, für Kinder, die sich noch im

chen herum wachsen weiße bis zartrosa farbene Zungenblüten. Gänseblümchen erscheinen, kaum, dass der Winter vorbei ist, und sind fast das ganze Jahr über zu finden. Sie sind jedoch sehr lichthungrig. Ihr findet sie vor allem auf Weiden, die regelmäßig von Schafen abgefressen werden. Auf dicht bewachsenen Sommerwiesen bekommt das 3 bis 20 cm kleine Gänseblümchen oft nicht genug Sonne.

Mit Gänseblümchen könnt ihr einen leckeren Frühlingssalat zubereiten. Dafür nehmt ihr einen Kopfsalat und junge Spinatblätter und mengt sie zusammen unter ein Dressing eurer Wahl, z.B. aus Kürbiskernöl und Balsamicoessig. Obendrauf streut ihr Gänseblumenköpfchen und Sonnenblumenkerne. Das sieht dann sehr fröhlich aus. Die Gänseblümchen geben dem Salat außerdem einen leicht nussigen Geschmack.

Löwenzahn

Der Löwenzahn fehlt fast auf keiner Wiese. Er blüht von April bis in den November hinein. Wie das Gänseblümchen ist er ein Korbblütler. Seine leuchtend gelben Köpfchen bestehen nicht aus einer einzigen, sondern aus ganz vielen Blüten. Wenn sich aus diesen Samen gebildet haben, findet ihr ihn als Pusteblume. Dann könnt ihr pusten und schauen, wie die Samen wie kleine Fallschirme über die Wiese segeln.

Schmecken lassen könnt ihr euch nur die Blätter des ganz jungen Löwenzahns. Diese sollten noch klein und hellgrün sein, sonst sind sie ziemlich bitter. Auch die jungen Blätter haben einen etwas strengen Geschmack. Ihr könnt sie als Salat zubereiten oder als Kraut anderen Salaten wie zum Beispiel dem Frühlingssalat beigeben. ◀

HOCHSPESSART

Hunger & Durst

Gasthaus im Hoch-spessart, Familie Geis, Lichtenau, ✆ 09352/ 1228. ↗ Info & Ferien-adressen.

Kurt Tucholsky (1890 – 1935) schrieb u.a. Schloss Gripsholm. Er war ein scharfer Kritiker seiner Zeit und beging aus Verzweiflung über den Nationalsozialismus Selbstmord.

Hunger & Durst

Gasthof Hoher Knuck, Familie Muth, Lichtenau, ✆ 09352/1320. ↗ Info & Ferienadressen.

Eine schöne Radtour durch das Elsavatal im Hochspessart findet ihr unter ↗ Aschaffenburg – Klingenberg!

Lenken und Bremsen üben müssen, keineswegs. Ganz schöne Höhenunterschiede gibt es da zu bewältigen – es sei denn, ihr radelt einmal durch das Hafenlohrtal.

Ihr startet in **Rothenbuch** am Jagdschloss über der Hafenlohrquelle. Im Ort gibt es einen *Fahrradverleih.* Auf der Straße geht es am Fluss entlang bis zur Lichtenau. Dort lädt das **Gasthaus im Hochspessart** zur Rast. Dieses traditonsreiche Haus war schon zu Beginn des letzten Jahrhunderts ein beliebtes Ausflugslokal, in dem auch der Schriftsteller und Zeitkritiker Kurt Tucholsky (1890 – 1935) zechte. Im Jahrhundert zuvor war es eine Eisenhammerschmiede und zu Zeiten der Mainzer Kurfürsten ein Pferdegestüt. Auch heute gibt es hier Pferde, darüber hinaus allerhand Federvieh und außerdem einen kleinen Spielplatz. Für den Rückweg überquert ihr kurz vor der Lichtenau die Hafenlohr. Am anderen Ufer steht der **Gasthof Hoher Knuck.** Auch dort lässt es sich gut rasten. Er bietet mehrere gemütliche Wirtsstuben, eine schöne Gartenlaube und eine große Spielwiese. Hinter dem Gasthof verläuft ein Forstweg. Auf dem radelt ihr flussaufwärts bis zur Kläranlage und von dort auf der Straße zurück nach Rothenbuch.

Biken wie die Profis im Frammersbacher Bike-Wald

Route 1**,** grün markiert, insgesamt 25 km, eben bis mäßig steigend, für Grundschulkinder. **Route** 2**,** blau markiert, insgesamt 19 km, mäßige Steigungen, ebenfalls für Grundschulkinder. **Anfahrt:** ↗ Frammersbach. **Infos:** www.bikewald.de.

▶ Rund um Frammersbach sind echte Biker-Profis unterwegs, denn hier findet jeden Sommer der Internationale Spessart-Bike-Marathon statt. Aber auch das restliche Jahr über wird hier fleißig in die Pedale getreten: Unter der Bezeichnung »Bikewald« finden sich hier nämlich 7 ausgewiesene und gut markierte Radstrecken mit einer Gesamtlänge von 185 km! Auf den rot und schwarz gekennzeichneten Wegen hat man etliche Höhenmeter zurückzulegen, es gibt aber auch eine Tour, die fast eben verläuft. Sie wurde extra für Familien konzipiert. Man erkennt sie an der grünen Markierung. Sie ist insgesamt 25 km lang, führt auf geteerten Wegen vom Frammersbacher Marktplatz den Lohrbach entlang nach Lohrhaupten, über Kempfenbrunn nach Flörsbach und von dort wieder zurück nach Frammersbach. Unterwegs kommt man an vielen Einkehrmöglichkeiten und Spielplätzen vorbei. Für ältere Grundschulkinder ist auch die blau markierte Strecke empfehlenswert, die auf überwiegend geteerten Wegen einmal rund um Frammersbach führt, allerdings müssen da schon einige Steigungen bewältigt werden.

»Bikewald«-Broschüre und Radkarten in der Tourist-Information, ✆ 09355/4800, und beim Fremdenverkehrsverband Flörsbachtal, ✆ 06057/900110, erhältlich.

@ Infos zum Internationalen Spessart-Bike-Marathon unter www.spessart-bike.de.

Wandern und Spazieren

Wanderung zur Waldgaststätte Hohe Wart

Länge: 6 km gesamt, fast eben, auf dem Rückweg 1 km vor dem Parkplatz steil und holprig, mit dem Kinderwagen am besten so zurücklaufen, wie man gekommen ist. **Anfahrt:** Ab Bhf Aschaffenburg Bus 62 nach Volkersbrunn. **Auto:** Von der A3 Ausfahrt 63 Weibersbrunn über Mespelbrunn Richtung Volkersbrunn, Wanderparkplatz Am Bild anfahren. Von Aschaffenburg kommend über Leidersbach nach Volkersbrunn.

▶ Das **Hohe-Wart-Haus** ist ein Ausflugslokal mitten im Wald. Der große Biergarten ist im Winter überdacht und wird beheizt. Dazu gehört ein schöner Holzspielplatz mit einer Holzschlangenschaukel und einer Naturkegelbahn. Der Wirt organisiert auf Anfrage Spessarträuberüberfälle. Im Winter gibt es manchmal Glühwein- und Heiße-Limo-Stände an den Wanderwegen, und dann findet hier oben auch ein traditionelles Gansessen statt. Wer dabei sein will, sollte aber reservieren.

Hunger & Durst
Waldgaststätte Hohe Wart, Herbert Tobias, 63849 Leidersbach-Volkersbrunn. Handy 0172/6995995. Außerhalb der Öffnungszeiten ✆ 06021/33980. Mai – Sep täglich 10.30 – 18.30 Uhr, Okt – April nur Sa und So, bei schlechtem Wetter geschlossen.

Auf dem Wanderparkplatz startet ein Rundwanderweg von 8 km, der euch zum *Heimathenhof* führt. Dort bekommt ihr ein Damwildgehege, einen Spielplatz und gutes Essen geboten. Das Wanderzeichen Grünes Eichblatt weist euch den Weg. **Heimathenhof**, Heimbuchenthal, ✆ 06092/97150. Täglich ab 11.30 Uhr.

Zur Hohen Wart führen viele **Wanderwege**. Ein fast ebener, kinderwagenfreundlicher startet am Parkplatz Am Bild bei Volkersbrunn. Dem Ortsrundwanderweg V 4 folgend, gelangt ihr nach knapp 3 km ans Ziel. Der Weg führt euch zunächst über Felder an Bildstöcken und Futterkrippen vorbei in den Wald hinein. Auf dem Rückweg seht ihr einige Hochsitze, auf die ihr kraxeln könnt.

Wanderung von der Geißhöhe zum Hundsrückhof

Länge: 8 km gesamt, leichte Steigungen. **Anfahrt:** Ab Bhf Aschaffenburg zur Geißhöhe Bus 40 bis Dammbach und einstündiger Fußmarsch bergauf. Nach Hundsrück ab Elsenfeld Bus 64 Richtung Wildensee und eine halbe Stunde zum Hundsrückhof, teils auf der Landstraße.

Gasthof und Pension Geißhöhe, Familie Hubert, 63874 Dammbach-Oberwintersbach. ✆ 06092/457, hubert-dammbach@herz-im-spessart.de. ✈ Info & Ferienadressen.

Ja, ja, ich steh zwar auf der Geißhöhe, aber ich bin trotzdem eine Kuh, oder?

Auto: Von der A3 Ausfahrt Weibersbrunn zur Geißhöhe über Mespelbrunn oder ab Ausfahrt 64 Rohrbrunn nach Dammbach, Wegweiser folgen. Zum Hundsrückhof B469 bis Obernburg, dann über Elsenfeld und Wildensee Richtung Altenbuch, nach 500 m links.

▶ Von der Geißhöhe führt euch das Wanderzeichen Rotes Dreieck zunächst über Felder, an Pferdekoppeln, Kuhweiden und an einem Aussichtsturm vorbei und dann durch den Wald zum **Hundsrückhof.** Hier findet ihr einen Spielplatz, außerdem viele verschmuste Katzen. Auf dem Rückweg von der Geißhöhe könnt ihr im **Gasthof Geißhöhe** herzhaft vespern; es gibt auch Kindergerichte und leckeren Kuchen! Diese Tour könnt ihr natürlich auch andersrum laufen. Mit öffentlichen Verkehrsmitteln sind allerdings beide Höfe nur schwer zu erreichen. Besonders schön ist ein Ausflug auf die Geißhöhe im Herbst, da kann man hier oben prima Drachen steigen lassen!

Auf den Spuren der Raubritter

Länge: 3 km einfach, stetig bergauf, kinderwagentauglich. **Anfahrt:** ↗ Elsavatal, Start am Mespelbrunner Wasserschloss.

▶ Wenn ihr den Wanderzeichen Roter Schrägbalken auf weißem Grund oder Roter Fuchs folgt, führt euch ein Weg vom Wasserschloss hinauf zum Echterspfahl. Will man der Sage glauben, so trafen sich hier zu Zeiten Kaiser Friedrich Barbarossas die *Brüder Echter,* drei berüchtigte Raubritter! An den drei Ringen pflockten sie ihre Pferde an. Sagenhaft ist schon, dass der Pfahl fast tausend Jahre überdauern konnte, ohne zu verwittern!

Auf der Anhöhe wartet nicht nur der Echterspfahl, sondern auch ein nettes **Ausflugslokal.** Im Sommer kann man draußen sitzen. Es gibt einen kleinen Spielplatz, Kaninchenstallungen, Schafs- und Pferdeweiden. Allerdings müsst ihr, um dort einzukehren, die B8 überqueren, die recht stark befahren ist.

Hunger & Durst

Ein zweiter schöner Weiler oberhalb des Dammbachtals ist der **Oberschnorrhof**, Familie Spielmann, Dammbach/Krausenbach, ☎ 06092/822960, Bus 91 Wertheim-Bhf – Aschaffenburg-Hbf. Der Gasthof liegt umringt von Feldern und Kuhweiden, durch die 3 markierte, familienfreundliche Rundwanderwege führen. Zum Hof gehören ein Damwildgehege und ein Spielplatz.

Wusstet ihr schon, dass eine Ritterrüstung 30 kg wiegt und den Wert von 20 Kühen hatte?

Hunger & Durst

Forsthaus Echterspfahl, Gabi Ballmann, An der Bundesstraße 8, Weibersbrunn. ☎ 06094/326. Das Ausflugslokal hat Mo zu.

Hunger & Durst

Bayrische Schanz, Familie Münch, Birkenhainer Straße, ✆ 09355/618, www.gut-duernhof.de. Außerhalb der Öffnungszeiten unter ✆ 09354/1001. Nov – Apr Sa, So, fei 10 – 20 Uhr, Mai – Okt Mi – Fr 10 – 18 und So, Sa, Fei 10 – 20 Uhr.

🦉 *Auch der Raubritter Götz von Berlichingen trieb im Spessart sein Unwesen. Auf seinen Spuren könnt ihr auf einem Kulturlehrpfad des Archäolgischen Spessartprojekts wandern. Er startet in Wiesthal an der Kirche. 9 km folgt ihr dann dem Gelben EU-Schiffchen auf blauem Grund. Zu dem Lehrpfad gibt es eine Broschüre, auch kann man Führungen buchen,* ✆ *06021/3867415.*

Wandern an der Bayrischen Schanz

Anfahrt: A66, Ausfahrt Bad Orb, auf der B276 nach Flörsbachtal.

▶ An der nordöstlichen Grenze des bayerischen Spessarts zwischen Lohrhaupten und Ruppertshütten steht mitten im Wald, unterhalb der 567 m hohen Hermannskoppe, ein großer Fachwerkbau: die **Bayrische Schanz.** Vor ihrer Haustür verläuft die Birkenhainer Straße, die auf einer Länge von 71 km von Hanau quer durch den Spessart nach Gemünden führt. Sie war einst Teil des Fernhandelswegs Brüssel – Frankfurt – Nürnberg – Wien. Wie auf dem Eselsweg, der von Schlüchtern nach Miltenberg verläuft, wurden auf der Birkenhainer Straße jahrhundertelang Waren transportiert, Fuhrkarren sind darauf gefahren und haben dabei die Bayrische Schanz passiert, die damals ein Zoll- und Wachhaus an der preußisch-bayerischen Grenze war. Fuhrleute konnten hier Station machen und ihre Pferde tränken. Allerdings soll das Schanzgasthaus zeitweilig auch eine echte Gaunerschenke gewesen sein. Heute ist die Birkenhainer Straße ein beliebter Wanderweg, und das Gasthaus ein schönes Ausflugslokal mit Wirtsleuten, die garantiert redlich und sehr kinderfreundlich sind. Für Kids gibt es eine eigene Speisekarte zum Ausmalen und vor dem Haus einen Spielplatz mit lustigem Holzkrokodil. Im Sommer organisiert die Familie Münch interessante Ausflüge für Kinder und Erwachsene sowie Feste.

Wanderung zur Glashütte im Birklergrund

Länge: 8 km gesamt, mäßige Steigungen, bedingt kinderwagentauglich. **Anfahrt:** Bus 8045 von Frammersbach nach Habichsthal, bis Dorfplatz, unregelmäßige Verkehrstage. **Auto:** Richtung Wiesen, nach circa 1 km Abzweigung nach Habichsthal/Wiesthal, Parkplatz am Ortseingang.

▶ Auf dem Habichsthaler Wanderweg Nr. 5 gelangt ihr zur Ausgrabungsstätte einer ehemaligen Glashütte, die bis 1770 in Betrieb war. Der Weg startet am östlichen Ortseingang von Habichsthal, folgt dem Aubach hinein in den Birklergrund und führt dann wieder zurück über den Bremersberg in den Ort.

Wanderung zur Räuberhöhle

Länge: 8 km, bedingt kinderwagentauglich. Start am Parkplatz Straßlücke. **Anfahrt:** Bus 8069 von Marktheidenfeld nach Bischbrunn. **Auto:** A3 Ausfahrt 64 Rohrbrunn, B8 nach Bischbrunn. **Zeiten:** Forsthaus Sylvan hat Mo und Di Ruhetag.

▶ Zu einer sagenhaften Wanderung auf Spuren von Wichteln, Räubern und einem Kaiser könnt ihr vom Parkplatz Straßlücke aus starten. Ihr lauft zunächst auf dem Feldweg gen Norden am Nächstenbrunnen vorbei, an dem ein Waldzwerg hausen soll. Dann biegt ihr an der ersten Weggabelung nach dem Brunnen rechts in den Wald ein, haltet euch an der folgenden Kreuzung wieder rechts und kommt so zur Friedenslinde, die 1871 nach Beendigung des Deutsch-Französischen Krieges gepflanzt wurde. Von nun an haltet ihr euch links und folgt dem Wegweiser Schecherloch. So kommt ihr nach einigen 100 Metern zu einer kleinen Höhle, um die sich viele Sagen ranken. So soll hier einst der Frankenkaiser Heinrich IV. Zuflucht gesucht haben, als er vom Papst verbannt wurde, und in späteren Jahren soll hier die berüchtigte Räuberbande, die »Schecher« ihre Schätze vergraben haben. Aber Achtung, geht nicht auf Schatzsuche in die Höhle hinein, der Einstieg ist sehr steil und gefährlich! Zudem stört ihr die Fledermäuse, die darin leben. Abenteuerlich bleibt euer Weg, wenn ihr ihm weiter geradeaus folgt. Er wird nämlich zu einem kleinen Indianertrampelpfad und führt euch an tollen Felsformationen vorbei. Folgt dem Pfad, bis ihr wieder auf einen größeren Forstweg stoßt, der euch links hinauf zurück nach Straßlücke bringt. Wer den Forstweg noch knapp 2 km nach rechts folgt, kommt hinunter in den Heinrichsgrund und dort zum

 In den Birklergrund gelangt ihr auch über einen **Kulturlehrpfad,** der am Kurfürstlichen Schloss in Wiesen startet. Er ist insgesamt 10 km lang und durch das Gelbe EU-Schiffchen auf blauem Grund markiert. Geschaffen wurde er durch das Archäologische Spessartprojekt, das auch ein Faltblatt herausgibt und Führungen auf Spuren der Glasmacher organisiert, ✆ 06021/386715.

Hunger & Durst

Wer große Fleischportionen zu sagenhaft günstigen Preisen mag, dem sei der **Gasthof Straßlücke** in Bischbrunn empfohlen. ✆ 09394/2201, Mo ab 14 Uhr und Di Ruhetag. Aber Achtung, das Wirtshaus liegt direkt an der viel befahrenen B8. Kinder können hier nicht gut draußen spielen!

GAUNERZINKEN

Wenn sich Gauner wichtige Botschaften mitteilen oder sich gegenseitig warnen wollten, dann haben sie Geheimzeichen an Hauswände gemalt oder in Bäume geritzt. Schaut doch mal nach, wenn ihr im Spessart unterwegs seid, ob ihr nicht ein paar dieser Gaunerzinken an den Baumstämmen findet. Schließlich sind einige der Spessarteichen schon über 700 Jahre alt und haben so manchen Räuber überlebt, der im Spessart auf Beutezug ging.

Achtung Gefahr!

Gewundener, daher gefährlicher Weg

Vorsicht!

Achtung Polizist

Leute lassen sich einschüchtern

Wegweiser: Angabe des richtigen Weges erfolgt durch 3 Kreuze

Zudringlich werden

Bissiger Hund

Fromm tun

Hier droht Gefängnis

Böser Hund

Hier gibt es nix zu holen

Bank: Lange ... Stuhl: Kurze Gefängnisstrafe

Harmloser Hund

Hier gibt es Geld

Hier gibt's Essen

Nur Frauen im Haus

Kein Geld, aber Essen

Forsthaus Sylvan, wo ihr in einer urgemütlichen Wirtsstube herzhaft vespern könnt.

Auf Wildschweinjagd im Löwensteiner Park

Länge: 9 km, 1 km Steigung gleich zu Beginn, nur Teilstrecke zwischen Forsthaus Sylvan und Parkplatz kinderwagentauglich. **Anfahrt:** Bus 8069 ab Marktheidenfeld bis Ortseingang Steinmark und 20 Gehminuten zum Wanderparkplatz. **Auto:** A3 Ausfahrt 64 Rohrbrunn, B8 Richtung Bischbrunn/Esselbach, kurz vor Esselbach links nach Steinmark, am Ortseingang links in den Schleifweg bis Wanderparkplatz Schleiftor.

▶ Der Löwensteiner Park ist ein privater Forst, in dem viele Wildschweine leben. Natürlich kann es passieren, dass euch kein einziges begegnet, weil Wildschweine nachtaktiv sind und tagsüber schlafen. Aber ihr werdet bestimmt auf ihre Spuren stoßen und auf Suhlen, also auf Wildschweinbadewannen, versprochen! Den Park betretet ihr durch ein Wildgatter und schlagt gleich vor dem **Forsthaus** den Weg nach links ein. Vorsicht, das Wanderzeichen Roter Schrägbalken an der Hauswand ist vielleicht von Efeu überwuchert und nur schwer zu finden. Zwischen Sandsteinfelsen kraxelt ihr hinauf zur **Karlshöhe** und findet dort ein Jagdschloss, einen Spielplatz, eine Picknickwiese unter Kastanienbäumen und ein uriges Wirtshaus. Es lohnt sich aber noch weiter zu laufen. Wenn ihr nun dem Roten Dreieck folgt, kommt ihr an riesigen, uralten Eichen vorbei. Nach gut 3 km verlasst ihr das Dreieck und folgt dem Roten Querbalken hinunter in den Heinrichsgrund. Hier lädt das **Forsthaus Sylvan** zur Vesper mit deftigen Gerichten wie Rühreier und Kochkäse. Ihr könnt in einer gemütlichen Wirtsstube am Kanonenofen sitzen und bei schönem Wetter draußen. Dann lässt es sich auch herrlich im Heinrichsbach plantschen. Zurück geht es flussabwärts auf einem bequemen Forstweg.

Hunger & Durst

Forsthaus Sylvan, Dieter Krebs, Esselbach. ✆ 09394/585. Mi – So 11 – 18 Uhr.

 *Rätsel: Wisst ihr, wie bei einer Wildschweinfamilie Papa, Mama und Kind genannt werden?*

HOCHSPESSART

▶ Johann Adam Hasenstab, am 21. September 1716 in Rothenbuch geboren, stand im kurfürstlichen Jagddienst als Treiber und Pürschknecht. Er hatte die Aufgabe, das Wild zu pflegen und für die Treibjagden des Kurfürsten zu mästen. Vor allem sollte er den Förstern helfen, es vor Wilddieben zu schützen. Doch bald fing er selbst an zu wildern:

Am liebsten ging er in den Wäldern um Schollbrunn, im Kropfbachtal und im Haseltal auf die Pirsch, nicht nur, weil es dort besonders viel Wild gab, sondern weil zwar die Wälder zum Mainzer Kurfürstentum gehörten, Schollbrunn jedoch zur Grafschaft Wertheim. Dort konnte er untertauchen, wenn ihm die Förster auf der Spur waren. Auch im Kloster Bronnbach bei Wertheim hielt er sich zeitweilig versteckt, nachdem er einer ersten Verhaftung entkommen war. Im Jahr 1755 wurde er zum zweiten Mal festgenommen und zur Zwangsarbeit in einer Mainzer Festung verurteilt. Dort konnte er aber einen Wärter überreden, mit ihm zusammen zu fliehen. Bei ihrer Flucht kam es zu einem Schusswechsel, bei dem Hasenstab am rechten Bein verletzt wurde. Dennoch verlief die Flucht erfolgreich. Wieder im Spessart, wurde er zum Anführer einer ganzen Wildererbande, in die er auch seinen einstigen Festungswärter aufnahm. Mit dem geschossenen Wildbret trieb Hasenstab regen Handel. Mit einem Floß ließ er es über den Main nach Frankfurt bringen und verkaufte es dort an Markttagen.

1770 wurde er ein drittes Mal verhaftet und auf ein Sträflingsschiff nach Neu Guinea verladen. Wie ihm von dort die Flucht gelingen konnte, ist bis heute ein Rätsel geblieben. Sicher ist aber, dass Hasenstab ab 1773 wieder im Spessart auf die Jagd ging. Allerdings nicht mehr allzu lange. Im Kropfbachtal wurde er am 3. Juni 1773 vom kurfürstlichen Revierförster Josef Sator beim Wildern gestellt und erschossen. Heute steht dort das Hasenstabkreuz, ein Sandsteinkreuz, an dem noch immer Blumen niedergelegt und Kerzen aufgestellt werden. ◀

Die Turbo-Grusel-Tour

Länge: 10 km, Steigungen, nicht kinderwagentauglich.
Anfahrt: Ab Bhf Wertheim Bus 90 bis Miltenberg Unterdorf. **Auto:** Von der A3 Ausfahrt 64 Rohrbrunn, über Dammbach nach Altenbuch.

▶ Der Weg startet an der Sandhofstraße in Altenbuch. Dort folgt ihr dem Wanderzeichen Schräger Roter Balken den Osthang hinauf und gelangt unbehelligt über einen Hohlweg zum *Forsthaus Sylvan*, wenn ihr nicht zuvor dem kleinen Geist begegnet, der hier zwischen den Felsen haust und schon seit Jahrzehnten den Altenbucher Kindern das Fürchten lehrt. Gesehen wurde er allerdings noch nie. Wenn ihr wohlbehalten am Forsthaus angelangt seid, schlagt ihr den Weg nach links ein. Auf ihm kommt ihr zum Denkmal Wolfsbuche. Hier wurde vermutlich 1795 der letzte Wolf des Spessarts erschossen. Das Denkmal lasst ihr links liegen, lauft talabwärts und seid ab jetzt dem Wilderer **Johann Adam Hasenstab** auf der Spur. Wenn ihr dem grünen Wanderzeichen mit dem Wilderer folgt, gelangt ihr ins Kropfbachtal, dem beliebtesten Jagdrevier Hasenstabs. Hier hat er die größten Hirsche geschossen, bis zu dem Tag, an dem er selbst durch eine Kugel den Tod fand. An der Stelle, wo er von Oberförster Sartor getroffen wurde, steht heute ein Sandsteinkreuz. Auf der Bank am *Hasenstabkreuz* könnt ihr euch für den Aufstieg zurück zum Forsthaus Sylvan stärken. An der nächsten Weggabelung geht es nach rechts. Ihr folgt diesem Weg auf seiner Linkskurve nur wenige Meter und nehmt dann rechts den Pfad den steilen Hang hinauf. Als Wegweiser dient wieder der Schräge rote Balken. Am Forsthaus Sylvan vorbei lauft ihr zurück nach Altenbuch, gerade so, wie ihr gekommen seid. Mal schauen, ob euch diesmal der kleine Geist begegnet?

Schön ist diese Wanderung im Spätsommer, wenn das erste Laub fällt. Unterwegs könnt ihr Kastanien sammeln, Brombeeren pflücken oder Pilze suchen. Besonders aufregend wird es an einem nebligen Tag!

Von der Kartause Grünau zum Wildpark Schollbrunn

Länge: 12 km, Steigungen, bedingt kinderwagentauglich. **Anfahrt:** Nächster Bhf im 5 km entfernten Hasloch auf der Strecke Wertheim – Miltenberg. **Auto:** A3 Ausfahrt 64 Rohrbrunn, weiter über Schollbrunn Richtung Hasloch, an der Kapellenruine, circa 4 km vor Hasloch, Wegweiser folgen.

▶ Die **Kartause** war ursprünglich ein Kloster, dessen Gründung durch die Wertheimer Grafentochter *Elisabeth von Hohenlohe* auf das Jahr 1328 zurückgeht. Der Legende nach hatte sie ihren Gatten Gottfried bei der Jagd mit Pfeil und Bogen auf einen Hirsch versehentlich erschossen und stiftete als Sühne die Kartause.

Von hier könnt ihr bachaufwärts wandern, kommt dann nach knapp 4 km am Hasenstabkreuz vorbei oder ihr folgt kurz vor dem Kreuz dem Wegweiser links hinauf nach **Schollbrunn**. Dann habt ihr noch rund 2 km mehr zurückzulegen, bevor ihr ein großes Gehege mit Wildschweinen und Rehwild erreicht. Direkt daneben liegt ein schöner Spielplatz. Es führt auch ein Rundwanderweg nach Schollbrunn hinauf, der etwas kürzer, aber steiler ist. Er ist mit dem Wanderzeichen Roter Fuchs gekennzeichnet.

Natur und Umwelt erforschen

Wandern zwischen Himmel und Hölle

Länge: 13 km, auch 2 Teilstrecken möglich. **Anfahrt:** Bhf Obernburg/Elsenfeld, dann Bus 64 und 40 bis Neue Kirche. Von dort wenige Meter zu Fuß Richtung Kernsmühle. **Rad:** Am Elsava-Radweg.

▶ »Zwischen Himmel und Hölle« heißt einer von vielen Kulturlehrpfaden, die in den letzten Jahren vom Archäologischen Spessartprojekt im Heimbuchenthal angelegt wurden, um euch die Geschichte des Spessarts auf spannenden Wanderungen näherzu-

Hunger & Durst

Kartause Grünau, Familie Müller, Hasloch. ✆ 09394/462. Mo Ruhetag. Die Kartause Grünau im Kropfbachtal ist heute eine Gaststätte mit einem großen Biergarten, in dem es leckeren Kochkäse gibt. Außerdem fangfrische Forellen aus den umliegenden Teichen.

Über das Archäologische Spessartprojekt könnt ihr Führungen buchen und erhaltet Infobroschüren für Erwachsene oder Kinder, ✆ 06021/3867415.

bringen. Dieser Lehrpfad ist ein ganz besonders familienfreundlicher, denn ihr kommt in seinem Verlauf nicht nur an Kirchen und an einem ehemaligen Eisenhammerdorf vorbei, dem so genannten Höllhammer, sondern auch an vielen Spielplätzen, kleinen Seen, an einem Wildgehege, einem Streichelzoo und an einem Grillplatz. Zudem kann der Weg auf zwei Wanderungen verteilt werden, die sich an der Kernsmühle treffen. Dort ist das kuriose Fahrradmuseum ↗ *Pedalwelt* untergebracht, dem ihr dann auch gleich einen Besuch abstatten könnt!

Auf Räuber- und Wolfsjagd

ANL – geprüfter Natur- und Landschaftsführer, Ernst Bilz, Hauptstraße 206, 63875 Mespelbrunn. ✆ 06092/1292, Fax 1292. www.landschaftsfuehrer.net. bilz.ernst@gmx.de.

▶ Wer mit dem Natur- und Landschaftsführer Ernst Bilz unterwegs ist, muss nicht fürchten, in den tiefen Wäldern des Spessarts verloren zu gehen. Er erklärt euch nämlich, wie ein Kompass funktioniert und

@ Damit diese Tour auch wirklich zu einem himmlischen Vergnügen für die ganze Familie wird, haben Kinder der Volksschule Heimbuchenthal ihre ganz speziellen Tipps in einem Faltblatt zusammengestellt. Was sie sonst noch alles im Spessart für Familien empfehlen, könnt ihr unter www.vs-heimbuchenthal.de/Hi_kids/ erfahren. Tolle Sache!

In diese Falle dürft ihr nicht reintappen: Besichtigung einer Wolfsgrube

zeigt euch auch, wie man mit einfachen Mitteln ein Lagerfeuer machen kann, um in einer Pfanne leckere Eier darauf zu braten. Auf seinen Wanderungen erzählt er, wie die Räuber im Spessart früher wirklich lebten oder wie das Leben eines Köhlers aussah. Zudem weiß er, wo noch eine echte Wolfsgrube zu finden ist und kann euch verraten, wie dort früher Wölfe gefangen wurden! Er bietet zudem spezielle Führungen für Blinde und zusammen mit dem Bergwachtsausbilder Franz Bilz Kletterübungen in einem Steinbruch an.

Auf Spessartsafari

ANL – geprüfter Natur- und Landschaftsführer, Herbert Kirsch, Waldschloßstraße 42, 97833 Frammersbach. ✆ 09355/2561, www.landschaftsfuehrer.net. **Anfahrt:** ↗ Frammersbach.

▶ Der Natur- und Landschaftsführer Herbert Kirsch entführt euch in die Geschichte(n) Frammersbachs. Mit ihm könnt ihr auf den Kulturwegen wandern, zu Schauplätzen, um die sich Sagen und Geschichten ranken. Oder ihr geht mit ihm auf Safari durch das Naturschutzgebiet Spessartwiesen und entdeckt Ameisenlöwen und Zebraspinnen. Dabei gibt es einiges für euch zu tun. Ihr könnt zum Beispiel lernen, wie man Leuchtmoos zum Leuchten bringt oder wie man aus Lesesteinen Burgen baut.

Fuhrleute und Pilger, eine Geschichtswanderung

Europäischer Kulturweg des Archäologischen Spessartprojekts, Frammersbach. **Länge:** 8 km, kinderwagentauglich. Ab Ortsteil Herbertshain dem Wanderzeichen Gelbes EU-Schiff auf blauem Grund folgen. **Anfahrt:** ↗ Frammersbach.

▶ Auf diesem Europäischen Kulturweg des Archäologischen Spessartprojektes folgt ihr den Spuren der Frammersbacher Fuhrleute. Bis ins 19. Jahrhundert hinein lebten die Menschen aus Frammersbach vom

Wusstet ihr schon, dass der Spessart das größte zusammenhängende Laubwaldgebiet Deutschlands ist? … dass in den Naturschutzgebieten Metzger und Rohrberg die ältesten Bäume des Spessarts wachsen? … dass die älteste Traubeneiche im Spessart schon 750 Jahre alt ist?

Frachtfuhrwesen. Auf den Handelsstraßen des Spessarts, dem Eselsweg und der Birkenhainer Straße, aber auch weit über den Spessart hinaus bis nach Antwerpen im heutigen Belgien, transportierten sie Waren für süddeutsche Kaufmannsfamilien. 350 Fuhrmannswagen und etwa 1000 Pferde waren dafür im Einsatz! Mit der Schiffbarmachung des Mains und dem Bau der Eisenbahn verlor das Frachtfuhrwesen immer mehr an Bedeutung. Aber noch heute könnt ihr auf alten Pflastersteinen Radspuren entdecken und ein Hohlweg von bis zu 6 m Tiefe ist Zeugnis, wie schwer bepackt die Fuhrkarren waren, die hier über Jahrhunderte hinweg den Boden senkten. Auf dem Rundweg kommt ihr auch an einer Wallfahrtskapelle vorbei, die von Glasmachern im 14. Jahrhundert errichtet wurde.

Waldwirtschaft und Wiesenbewässerung

Europäischer Kulturweg des Archäologischen Spessartprojekts, Frammersbach. **Länge:** 4 km, kinderwagentauglich. Vom Waldparkplatz am nördlichen Ortsende dem Wanderzeichen Gelbes EU-Schiff auf blauem Grund folgen. **Anfahrt:** ↗ Frammersbach.

▶ Ein zweiter Europäischer Kulturweg führt euch durch das Rinderbachtal. Dieses ist Teil des Naturschutzgebietes Spessartwiesen. Trotz der hohen Regenhäufigkeit im Spessart wurden diese Wiesen früher noch zusätzlich bewässert, und zwar auf zwei unterschiedliche Weisen. Die Wiesen waren dadurch sehr ertragreich und konnten gleich mehrmals im Jahr gemäht werden. Wie das genau funktionierte, erklären Schautafeln.

Am Wegrand findet ihr **Grenzsteine**, die vom Streit um die heutige Forstabteilung Haurain erzählen. Der einstige Centwald gehörte mal den Mainzer und mal den Hanauer Obrigkeiten und durfte zu diesen Zeiten nicht von der Gemeinde Frammersbach gerodet oder als Weide genutzt werden.

Hunger & Durst
Der Rundwanderweg führt euch an einer Skihütte vorbei. Dort könnt ihr auch in den Sommermonaten einen Imbiss zu euch nehmen, sie hat allerdings nur So und Fei 9 – 20 Uhr sowie Mi 14 – 20 Uhr geöffnet.

Über das Archäologische Spessartprojekt könnt ihr Führungen buchen und erhaltet Infobroschüren für Erwachsene bzw. Kinder, ✆ 06021/3867415.

Auf Wilderers und Jägers Fährten

ANL – geprüfter Natur- und Landschaftsführer, Norbert Köhler, Gartenstraße 1, 97836 Bischbrunn. ✆ 09394/1409, www.landschaftsfuehrer.net.

▶ Mit dem Natur- und Landschaftsführer Norbert Köhler könnt ihr die Geschichte(n) des südlichen Hochspessarts ergründen: Er nimmt euch mit auf die Fährte des Wilderers Hasenstab oder auf die des bayerischen Prinzregenten Luitpold, der mit Vorliebe im Spessart auf Wildschweinjagd ging. Norbert Köhler zeigt euch Orte, um die sich sagenhafte Geschichten ranken, wie zum Beispiel den Baumgartshof im Haseltal, die Kartause Grünau im Kropfbachtal oder im Heinrichsgrund das Schecherloch, das mal eine echte Räuberhöhle gewesen sein soll.

Natur Er-leben und Be-greifen

ANL – geprüfter Natur- und Landschaftsführer, Michael Maier, Grundstraße 12, 97836 Bischbrunn. ✆ 09394/996-536, Fax -537. www.maierlandplan.de. info@maierlandplan.de.

Vorsicht, nasse Füße: Im Auwald des Hafenlohrtals

▶ Rund um Bischbrunn findet ihr schöne kleine Flusstäler, wie das Hafenlohrtal, den Heinrichsgrund oder das Haselbachtal. Wie wäre es, dort mit dem Natur- und Landschaftsführer Michael Maier auf Entdeckungstour zu gehen und dabei ganz spielerisch zu erforschen, was in den Wäldern, Wiesen und Bachläufen so alles kreucht und fleucht?

Im königlichen Jagdrevier an der Heerstraße

Europäischer Kulturweg des Archäologischen Spessartprojekts, Bischbrunn. www.spessartprojekt.de. **Länge:** 12 km, bedingt kinderwagentauglich, dem Wanderzeichen Gelbes EU-Schiff auf blauem Grund folgen. **Anfahrt:** Bus 8069 von

Marktheidenfeld nach Bischbrunn. **Auto:** A3 Ausfahrt 64 Rohrbrunn, B8 nach Bischbrunn, Parkplatz Am Trieb an der Grenze zum Ortsteil Oberndorf.

▶ Nicht nur die Kurfürsten zu Mainz sind im Spessart gern zur Jagd gegangen, sondern auch Prinzregent **Luitpold von Bayern** zu Beginn des 20. Jahrhunderts. Der Kulturweg des Archäologischen Spessartprojekts führt euch durch sein Jagdrevier. Unterwegs kommt ihr an einem rekonstruierten Wildzaun, an den Resten einer Köhlerplatte und am Königsrondell vorbei, an dem sich einst die Jagdgesellschaft zusammenfand. Einen Großteil der Strecke legt ihr auf der alten Heerstraße zurück, die schon im 10. Jahrhundert eine wichtige Verbindung durch den Spessart war und bis nach Frankfurt führte. Den Einstieg zu diesem Lehrpfad findet ihr Am Trieb. Hier trieben die Bauern ihr Vieh entlang, genau auf der Grenze zwischen dem Kurfürstentum Mainz und dem Hochstift Würzburg.

Bischbrunn und Oberndorf sind zwei, leicht versetzt hintereinander liegende Straßendörfer – der alte Grenzverlauf ist daran gut zu erkennen.

Luitpold von Bayern wurde als fünftes Kind des Königs Ludwig I. von Bayern und Prinzessin Therese von Sachsen-Hidburghausen 1821 geboren. Der naturverbundene und volksnahe Prinz wurde 1886 Regent von Bayern und war als solcher bis zu seinem Tod 1912 sehr beliebt.

Kutsch- und Planwagenfahrten

Schlosshotel Rothenbuch, Familie Lehnardt, Schloss, 63860 Rothenbuch. ✆ 06094/944-0, Fax -444.
▶ Hochzeitskutschen und Planwagenfahrten, auch für größere Gruppen, auf Wunsch mit Räuberüberfall!

Pension Waldmann, Hauptstraße 100, 63872 Heimbuchenthal. ✆ 06092/1588.
▶ Ausflugsfahrten mit dem Pferdewagen durch das Tal der Elsava und die Seitentäler für 14 Personen, 13 € pro Person.

Gustav Steinzer, Hauptstraße 72, 63879 Weibersbrunn. ✆ 06094/9440.
▶ Kutschfahrten durch das Hafenlohrtal.

Familie Heike Hegmann, Waldstraße 10, 97901 Altenbuch. ✆ 09392/1790, Fax 935247.

▶ Kutschfahrten in der näheren Umgebung von Altenbuch, zum Beispiel ins Kropfbachtal, auf Spuren des Wilderes Hasenstab oder zur Wolfsbuche, auf Wunsch mit Spessart-Räuberüberfall und Räuberessen! Eine Kutsche bis 14 Personen für 3,5 Stunden 180 €, für 7 Stunden 230 €. Räuberüberfall 140 €, Vesper auf der Kutsche 8, Räuberessen 15 €/Person.

HANDWERK UND GESCHICHTE

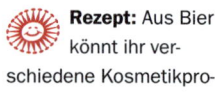 **Rezept:** Aus Bier könnt ihr verschiedene Kosmetikprodukte ganz einfach selbst herstellen, z.B. ein Reinigungswasser gegen fettige Haut aus den folgenden Zutaten: 2 EL Bier, 1 EL Apfelessig, 2 Tropfen Teebaumöl, 1/2 Glas Wasser.

Hunger & Durst

Gasthof Restaurant Schwarzkopf, Lohrer Straße 80, Frammersbach, ✆ 09355/307, Di – So 12 – 14, 18 – 23 Uhr. Gehobene Küche zu angemessenen Preisen.

Betriebsbesichtigungen

Von Honigbienen und Eierbechern

Drechslerei, Armin Miltenberger, Schwimmbadstraße 22, 63933 Mönchberg. ✆ 09374/578. **Anfahrt:** ↗ Mönchberg. **Zeiten:** nach Anmeldung.

▶ In der Drechslerwerkstatt von 1876 knistert im Winter ein kleiner Holzofen, während Armin Miltenberger an der Drechselbank vorführt, wie aus einem Stück Kirschholz ein Eierbecher entsteht. Der wird am Schluss geölt und mit Bienenwachs aus eigener Herstellung überzogen.

Hopfen & Malz

Waldschloss-Brauerei, Orber Straße 103, 97833 Frammersbach. ✆ 09355/97340, Fax 973413. **Zeiten:** täglich 10.30 – 12 und 15 – 20 Uhr, Betriebsbesichtigung nach Anmeldung.

▶ Wer wissen will, wie aus Hopfen und Malz Bier gebraut wird, kann an einer Betriebsbesichtigung der Waldschloss-Brauerei teilnehmen und dort ein kleines Mälzermuseum besichtigen. Anschließend können die Älteren unter euch unfiltriertes Lagerbier im Biergarten oder im Braustübl der Waldschloss-Brauerei kosten, zusammen mit einer preiswerten Brotzeit. Für alle, die kein Bier trinken, gibt's dort auch Limo, außerdem Bücher und Spielsachen.

Spinnräder und Webstühle

Schreinerei, Helmut Ahmend, Schafheckenweg 24, 97846 Partenstein. ✆ 09355/2703. **Anfahrt:** RE-Halt zwischen Aschaffenburg – Würzburg. **Auto:** A3 Ausfahrt 63 Weibersbrunn, A7 Ausfahrt 97 Hammelburg. Landschaftlich schöner sind die B26, parallel zur A3 bzw. die B27 parallel zur A7. Von Gelnhausen B276 nach Partenstein. **Zeiten:** nach Anmeldung.

▶ Der Schreiner Helmut Amend hat ein spannendes Hobby: Er fertigt Spinnräder, mechanische Webstühle und er webt. So könnt ihr bei ihm außer Schreinerarbeiten auch handgewebte Decken kaufen. Natürlich gibt es auch Holzspielsachen, und wer zu Hause selbst weben möchte, kann einen Webstuhl bei ihm in Auftrag geben.

Was für ein Hammer!

Eisenhammerschmiede, 97907 Hasloch. 3 km nördlich von Hasloch an der Straße nach Schollbrunn auf dem Gelände der Firma Kurtz. **Anfahrt:** Ab Marktheidenfeld Bus 8071, ab Wertheim Bus 8072 bis Eisenhammer. **Zeiten:** Mo – Fr, Sondertermine nach Vereinbarung. **Infos:** Armin Hock, ✆ & Fax 09392/1852.

▶ Im Haslochgrund kann der letzte Eisenhammer des Spessarts besichtigt werden, und der ist noch lange kein Museumsstück. Mit seiner Hilfe fertigt der Freiformschmied Armin Hock Klöppel für Kirchenglocken aus Stahlblöcken, die bis zu 150 kg wiegen. Wie gut, dass der Hammer eine Schlagkraft von einer ganzen Tonne hat, also 1000 kg. Bei einer Betriebsbesichtigung könnt ihr dem Schmied bei dieser echt hammerharten Arbeit über die Schulter schauen. Wer sich traut, kann sich selbst einmal im Schmieden versuchen und am Amboss ein kleines, glühendes Stück Eisen zuhauen.

 *Bis zu 14 **Eisenhammerschmieden** hat es in vorindustrieller Zeit im Spessart gegeben. Mittels Wasserkraft wurden dort mächtige Hämmer in Bewegung gesetzt, die glühende Eisenblöcke behauten. So wurden vor allem landwirtschaftliche Geräte wie Pflugscharen und Sensen gefertigt.*

Heiße Sache: Armin Hock bei der Arbeit

Burgen und Schlösser

Schlosshotel Rothenbuch

Jagdschloss, Familie Peter B. Lehnardt, 63860 Rothenbuch. ✆ 06094/9440, Fax 944444. www.schloss-rothenbuch.de. **Anfahrt:** ↗ Rothenbuch.

▶ Was einst ein Jagdschloss der Mainzer Kurfürsten war, ist heute ein luxuriöses Hotel, das mit Märchenlesung, Räubergelage, Rittermahl und Halloweenparty eine vielfältige Erlebnisgastronomie bietet. An warmen Nachmittagen kann man gemütlich im weinlaub-

---

▶ Die bekannteste Erzählung über die Spessarträuber ist 1828 erschienen, in dem Märchen-Almanach »**Das Wirtshaus im Spessart**«. Verfasst wurde dieses Märchen, das in einer Gaunerschenke spielt, von dem schwäbischen Dichter

VON RÄUBERN UND RÄUBERMÄRCHEN

Wilhelm Hauff. Der hatte im Jahr 1826 den Spessart mit einer Postkutsche durchquert und in einem Wirtshaus im Spessart eine Nacht verbracht. Sein Märchen diente später als Vorlage für ein Musical und für einen berühmten Kinofilm. Was ihr da auf der Leinwand sehen könnt, hat jedoch nicht viel mit der Räuberwirklichkeit zu tun. Es gab zwar Räuber im Spessart, sie lebten aber nicht in Höhlen und tanzten nicht zu wilder Geigenmusik am Lagerfeuer.

Räuber hatten oft keinen festen Wohnsitz, was im 18. und 19. Jahrhundert recht häufig vorkam, denn auch Handwerksburschen, fahrende Studenten, die sich als Diebe über Wasser hielten, Händler, entlassene Soldaten und verarmte Bauern lebten auf der Straße. Manche versuchten, sich mit einem Wandergewerbe über Wasser zu halten, zum Beispiel als Scherenschleifer, Kesselflicker oder Bürstenmacher, viele sahen sich zum Betteln gezwungen und nur wenige schlossen sich tatsächlich organisierten Räuberbanden an. Solche Banden gab es auch im Rheinland, im Vogelsberg, in der Wetterau und im Odenwald.

Sie verständigten sich über geheime Zeichen – die **Gaunerzinken** – und hatten ihre eigene Sprache, das **Rotwelsch**. Von den Sprachen, umrankten Innenhof sitzen, bei einer Brotzeit, die sich auch aus schmalem Geldbeutel bezahlen lässt. Für Schleckermäuler gibt es leckeren Kuchen.

Das Räubermärchenschloss Mespelbrunn

Anfahrt: ↗ Elsavatal. In der Ortsmitte ausgeschildert. **Zeiten:** 15. März – 15. Nov Mo – Sa 9 – 12 und 13 – 17 Uhr, So/Fei 9 – 17 Uhr. **Preise:** 3,50 €; Kinder bis 5 Jahre frei, Schüler und Studenten 2 €; Gruppen ab 25 Personen 3 €. **Infos:** Schlossverwaltung, ✆ 06092/269. www.schloss-mespelbrunn.de.

Zum Schlosshotel gehört ein **Orientalisches Badehaus,** das allen offen steht. Dazu gehören Sauna, Dampfbad, Tauchbecken mit frischem Quellwasser und Kneipp-Gang. Mo – Fr 17 – 23 Uhr, Sa und So ab 14 Uhr.

die sie auf der Straße hörten, wie Jiddisch, Hebräisch, Romani, Italienisch und Französisch, entlehnten sie Wörter und wandelten deren Bedeutung um. Das geschah seit dem 13. Jahrhundert. Noch heute benutzen wir einige davon, zum Beispiel »Kittchen« und »Knast« für Gefängnis. Besonders viele Ausdrücke kennt das Rotwelsch für Geld (Mäuse, Moos, Zaster) und Polizei (Mischpoke, Polente). Wer nicht zögern durfte, sollte nicht »lange fackeln« und wer abhauen musste, sollte »verduften«. Sich selbst nannten die Räuber »Kochemer« und wer kein Räuber war, wurde »Wittisch« genannt. Zum Räubergewerbe im Spessart gehörten **Postkutschenüberfälle** auf der heutigen B8 und auch einige Hauserstürmungen, bei denen es sehr brutal zuging. Geraubt wurde allerdings nie aus Abenteuerlust, sondern aus Not. Mord und Totschlag waren selten, häufiger Diebstahl, Raub und Betrug. Wenn Räuber erwischt wurden, mussten sie mit Folter und schweren Strafen rechnen. Zwar waren die Überfälle selbst reine Männersache, Frauen arbeiteten jedoch oft als Informantinnen. Sie »baldowerten« aus, wo es was zu holen gab oder wann der nächste Geldtransport durchkam. Und tatsächlich gab es im Spessart auch Gaunerschenken, so genannte »kochemer bayes«. Dort schmiedeten Räuber ihre Pläne, oft gemeinsam mit den Wirtsleuten. Die Wirte verrieten ihre Gäste an die Räuber oder arbeiteten als »Hehler«. Das heißt sie verkauften gestohlene Güter. Heute könnt ihr aber getrost in jedes Gasthaus im Spessart einkehren, ohne einen Räuberüberfall fürchten zu müssen, egal ober es nun »Wirtshaus im Spessart« heißt oder nicht. ◄

Auch schon stattlich: Das Forsthaus vom Schloss Mespelbrunn

▶ Vor dem Mespelbrunner Wasserschloss drehte 1958 Kurt Hoffmann einige Szenen der Räubermärchenverfilmung »Das Wirtshaus im Spessart«, die zu einem großen Kinoerfolg wurde. Das ist Grund genug, ganze Busgruppen zu dem vermeintlichen Märchenschloss pilgern zu lassen. In Wirklichkeit hatte das Schloss rein gar nichts mit Räubern zu tun, auch wenn ihr in seinem Inneren eine umfangreiche Waffensammlung findet. Lanzen, Musketen und Säbel stammen aus dem Privatbesitz der gräflichen Familie Ingelheim-Echter, die noch heute einen Teil des Schlosses bewohnt. In den anderen Räumen wurde ein Museum eingerichtet, in dem ihr außerdem noch Ritterrüstungen, Porzellanteller und -vasen sowie viele Gemälde zu sehen bekommt. Der Renaissancebau liegt in einem schönen Park, umgeben von einem Schwanenteich. Gespeist wird der Wassergraben von der Quelle Espelborn. Das Gelände um diese Quelle wurde dem Ritter Hamann Echter 1412 von Erzbischof Johann von Mainz geschenkt. Aus Espelborn wurde im Laufe der Jahrhunderte Mespelbrunn und aus der ersten Ritterfestung das heutige Märchenschloss.

Ein verstecktes Märchenschloss: Oberaulenbacher Wasserschloss

Anfahrt: Zwischen Heimbuchenthal und Eschau nach Unteraulenbach einbiegen. Von dort zu Fuß dem Wegweiser folgen. Ein Spaziergang bis zum Schloss Oberaulenbach dauert etwa 20 Minuten.

▶ Nur wenige wissen, dass es im Elsavatal nicht nur ein, sondern zwei Wasserschlösser gibt, denn anders als das vermeintliche Räubermärchenschloss in Mespelbrunn wurde das in Oberaulenbach nicht durch einen Kinofilm berühmt. Recht versteckt liegt es in einem Seitental der Elsava. Das Schloss ist im Privatbesitz und kann nicht besichtigt werden. Nur zwei Wege führen von dem Weiler Unteraulenbach dort hin, eine geschotterte Straße und parallel zu

Hunger & Durst

Fränkischer Landgasthof Elsavatal, Schlossallee 2, www.elsavatal.de, ✆ 06092/289. Kinderfreundlicher Gasthof mit Spielzimmer und lustiger Kinderkarte, gutbürgerliche Küche mit Wildspezialitäten, nur 300 m vom Schloss entfernt.

dieser ein Wiesenpfad. Der spätgotische Bau mit einem Fachwerktürmchen ist sehr hübsch und könnte als Kulisse für euer eigenes Räubermärchen dienen, das ihr auf der Wiese spielt. Als Publikum würde euch dann die große Kuhherde dienen, die von der Weide herübermuht.

Museen und Stadtführungen

Schräge Räder in der Pedalwelt

In der Kernsmühle, Ulrich Teige, 63872 Heimbuchenthal. Handy 0160/99264632. www.pedalwelt.de. kontakt@pedalwelt.de. **Anfahrt:** Ab Bhf Obernburg/ Elsenfeld Bus 64, 40 bis Neue Kirche. **Rad:** Am Elsava-Radweg. **Zeiten:** Mai – Okt Sa, So und Fei 14 – 17 Uhr. **Preise:** 2 €; 4 – 12 Jahre 1,50 €; Klassen 1 €/Schüler.

▶ Viele wirklich schräge Fahrräder könnt ihr in der Pedalwelt bestaunen: Bonanzaräder aus der Jugendzeit eurer Eltern zum Beispiel, aber auch Liege- und Ruderräder, Hochräder, Wackelräder, Rikschas und Tandems, ein echtes Kettensägenfahrrad (!), Fahrräder gezimmert aus alten Holzschränken sowie das kleinste Fahrrad der Welt. Auf einem Spaßparcour dürft ihr einige der Stahlrösser ausprobieren, darunter auch das Konferenzrad für 6 Personen. Wer länger in die Pedale treten will, kann es sich auch stundenweise leihen. Außerdem gibt es Tandems zu leihen, die sich hervorragend für eine Radtour durchs Elsavatal eignen, zumal das kleine Museum direkt am Radweg liegt. Oder macht beim Pedalwelt-Quiz für Kinder mit! Dabei könnt ihr kleine Preise gewinnen.

Hexe und Schultheiß

Museum Mönchberg, Hauptstraße 42, 63933 Mönchberg. ✆ 09374/7000, Fax 7640. Handy 0175/5661597. info@moenchberg.de. **Anfahrt:** ↗ Miltenberg. **Zeiten:** April – Okt Mo – Sa 10 – 12, Nov – März Di 10 – 12 Uhr, So 14 – 17 Uhr. **Preise:** 1,50 €; Kinder kostenlos.

▶ In Mönchberg kennt noch heute jedes Kind die Geschichte von der Kuhmagd Liesbethchen, die einst ihre Seele an den Teufel verlor. Wenn ihr sie auch kennen lernen wollt, seid ihr im Museum im Alten Rathaus genau richtig: Hier könnt ihr euch über solcherlei Teufelsglauben und den Hexenwahn in der frühen Neuzeit informieren. Außerdem wird hier gezeigt, wie das Leben eines Dorfschulmeisters ausgesehen hat und welche Aufgaben ein Schultheiß zu verrichten hatte.

 Hier könnt ihr das Holzspiel Kibbl Kabbl mit Spielanleitung kaufen! Es spielt sich wie eine Mischung aus Baseball und Boccia und lässt sich wunderbar auf einer Spessartwiese ausprobieren!

Åhler Kram – Volkskundliche Sammlung

Altes Schulhaus, Am Herrenhof 8, 97846 Partenstein. ℂ 09355/972120, Fax 972122. johann.krimm@vgem-partenstein.bayern.de. **Anfahrt:** RE-Station der DB-Strecke Aschaffenburg – Würzburg. **Auto:** A3 Ausfahrt 61 Hösbach oder 63 Weibersbrunn, über B26 Richtung Lohr. A7 Ausfahrt 97 Hammelburg und die B27 über Gemünden zur B26 nach Lohr. An der B276 Lohr – Gelnhausen. **Rad:** Am Kahltal-Spessart-Radweg gelegen. **Zeiten:** 15. März – 15. Dez So 14 – 16 Uhr; auf Anfrage für Schulklassen thematische Führungen und Handwerksvorführungen. **Preise:** freier Eintritt.

▶ Jede Menge »Alten Kram« gibt es hier zu entdecken, und der ist wirklich sehenswert: Mechanische Webstühle, Pflüge und Butterfässer seht ihr hier ebenso wie Puppenmöbel aus Zigarrenkisten, das Holzspiel Kibbl Kabbl, Karfreitagsklappern und Knallbüchsen. Die Ausstellung vermittelt einen Eindruck davon, wie das Leben von Männern, Frauen und Kindern im Spessart bis in das letzte Jahrhundert hinein ausgesehen hat.

Ein Teil ist der örtlichen Schwerspatförderung gewidmet, die hier von 1860 bis 1984 betrieben wurde. Im Untergeschoss findet ihr einen nachgebauten Stollen, Grubengeräte und Informationen über Abbau und Nutzung des Gesteins, das euch als Deckweiß aus dem Malkasten bekannt ist.

Räuber in Aktion

Willkommen im Wirtshaus im Spessart

Gasthaus Zur Post, Ernst Lamster, Würzburger Straße 9, 63875 Mespelbrunn-Hessenthal. ✆ 06092/487. **Anfahrt:** Ab Bhf Aschaffenburg Bus 40, Haltestelle am Gasthof. **Auto:** Direkt an der B8. **Zeiten:** Do Ruhetag. **Infos:** Theatergruppe Die Spessartbühne, ✆ 06092/995058, www.spessart-buehne.de.

▶ Das Räubermärchen »Das Wirtshaus im Spessart«, geschrieben 1827 von Wilhelm Hauff, hat die Spessarträuber berühmt gemacht. Hauff hatte ein Jahr zuvor den Spessart durchquert und in einer Poststation bei Hessenthal übernachtet. Ob er in dieser Nacht durch die Erzählungen der Einheimischen oder durch den Genuss von zu viel gutem Wein zum Schreiben seines Räubermärchens angeregt wurde, wer weiß?

Sicher ist, dass ihr noch heute in das *Gasthaus Zur Post* einkehren könnt. Dort servieren nette Wirtsleute riesige Portionen preiswerter Hausmannskost. Besonders lecker ist der Kartoffelsalat, und nicht nur den gibt es auch in Kinderportionen. In der Gaststube steht ein Kachelofen und an den Wänden hängen viele ausgestopfteTiere. Die ehemaligen Stallungen der Poststation wurden zu einem kleinen Theater umgebaut, hier spielt *Die Spessartbühne* neben einem Boulevardprogramm auch kritische Kindertheaterstücke – und manchmal auch »Das Wirtshaus im Spessart«.

Hände hoch!

Hotel Spechtshaardt, Rolandstraße, 63680 Rothenbuch. ✆ 06094/9720-0, Fax 9720-100. www.spechtshaardt.de. info@spechtshaardt.de.

▶ Noch heute machen Wirtsleute im Spessart gemeinsame Sache mit den Spessarträubern. Aber nur, wenn ihr das wollt! Im Hotel Spechtshaardt könnt ihr Spessarträuberüberfälle ganz nach eurem

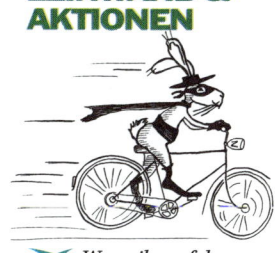

Wenn ihr auf der B8 weiter Richtung Würzburg fahrt, kommt ihr kurz vor Rohrbrunn am Schweinfurter Kreuz vorbei. Das wurde an der Stelle errichtet, an der im Jahr 1609 Räuber einen Mann aus Schweinfurt erstachen.

In der Ortsmitte von Rothenbuch findet ihr ein kleines **Bauernhausmuseum**: ein restauriertes Fachwerkhaus mit einer komplett eingerichteten Bauernstube aus dem 19. Jahrhundert. Vor dem Bauernhaus steht ein lustiges Toilettenhäuschen mit Plumpsklo. Nur So und Fei geöffnet, 14 – 16 Uhr, Info unter ✆ 06094/4400.

Tipp: Zum Hotel gehört ein kleines Rotwildgehege.

Geschmack buchen, mit Wanderung oder Kutschfahrt, mit Räuberschmaus am Lagerfeuer oder im Wirtshaus.

Spessarträuberüberfälle

Wiesthaler Hof, Dorfstraße 2, 97859 Wiesthal. ✆ 06020/1284, Fax 1291. www.wiesthalerhof.de. **Anfahrt:** Ab Lohr Bus 8045 nach Wiesthal. **Preise:** 26 € pro Person.

Tipp: Auch auf der Hohen Warte könnt ihr euch überfallen lassen!

▶ Auch in Wiesthal gibt es noch heute Räuber, die euch das Fürchten lehren. Da wird gelärmt und geknallt. Pistolen werden über euren Köpfen geschwungen. Aber keine Bange, der Räuberhauptmann scheint recht gutmütig zu sein. Bis jetzt hat er alle Gefangenen immer wieder freigelassen und sogar seinen Räuberschmaus mit ihnen geteilt. Ein wenig Geld werdet ihr bei dem Spektakel schon los, allerdings bekommt ihr dafür nicht nur den Überfall geboten, sondern auch eine Wanderung, ein Lakefleischessen im Wirtshaus und eine Abendmahlzeit bei Musik im Räuberlager!

FESTKALENDER

Januar/Februar	**Lakefleischessen** am Lagerfeuer Frammersbacher Vereine.
Februar:	Fasching, Frammersbach: **Rosenmontagsclowns**.
Mai:	Pfingstsamstag, alle 2 Jahre, Wiesthal: **Mühlenfest**. Pfingsten, Frammersbach: Traditionelles **Köhlerfest** auf dem Festplatz im Wald mit Kohlemeiler, vielen Schlemmereien, Jazzfrühschoppen am Pfingstmontag.
August:	3. Wochenende, Mönchberg: **Bartholomäusmarkt**, traditioneller Handwerkermarkt mit großem Kindermitmachprogramm. Letztes Wochenende, Frammersbach: **Kirb**, Kirchweihfest mit Umzug und Strohpuppe.

ÖSTLICHER SPESSART

Viel Märchen- und Sagenhaftes erwartet euch auch im östlichen Spessart. Habt ihr zum Beispiel gewusst, dass Lohr die Geburtsstadt Schneewittchens ist, und dass die Tochter des einstigen Grafen von Rieneck noch heute als Schlossgespenst Kunigunde auf der väterlichen Burg ihr Unwesen treibt?

Aber nicht nur Geschichten, auch viel Geschichtliches könnt ihr in den Museen dieser Region in Erfahrung bringen. Ihr erfahrt, wie die Menschen im Spessart früher gelebt und gearbeitet haben, wie die Kinder dort zur Schule gingen und was sie in ihrer freien Zeit gespielt haben. Zu Festen und Festspielen mit einem Kinderprogramm laden euch die Städte Lohr und Gemünden ein, die Flüsse Main, Sinn und Saale zu Wasserspaß und -sport und schöne Wiesentäler zum Picknicken, Spielen und Faulenzen.

In **Gemünden** fließen Sinn und Saale in den Main, da liegen Schiffsfahrten, Kanu- und Radtouren nahe. Aber auch kulturell hat die Dreiflüssestadt allerhand zu bieten: Auf der Ruine Scherenburg, oberhalb der historischen Altstadt, finden jeden Sommer Burgfestspiele statt. Hier, wie auch auf der Kleinkunstbühne Spessartgrotte, gibt es Theater für Klein und Groß.

ber Jahrhunderte hinweg war **Burgsinn** im Besitz der Freiherrn von Thüngen (1405 – 1816), deren Burgen und Schlösser noch heute das Ortsbild bestimmen. Zwei Renaissanceschlösser stehen hier, außerdem eine alte Wasserburg aus dem 10. Jahrhundert. Bemerkenswert ist die katholische Pfarrkirche, deren mächtiger Bau ihr den Namen Sinntaldom einbrachte. Die Schlösser und die Wasserburg sind zwar nicht zu besichtigen, aber rund um die Burg gibt es eine hübsche Parkanlage mit kinderwagentauglichen Spazierwegen. Von hier ist es nicht weit zum Naturschutzgebiet an der Sinn, in dem im Frühling die schönen Schachblumen blühen. Vor einigen Jahren wurden dort Biber wieder angesiedelt, deren Dämme größere Wasserflächen aufstauen und so das Gebiet schön feucht halten.

Im Reich von Schneewittchen & Co: Auf Burg Rieneck sind Feen und Prinzessinnen willkommen

Das Städtchen **Rieneck** blickt auf eine immerhin 1200-jährige Geschichte zurück. Kein Wunder, dass sich allerlei Geschichten und Legenden um seine drei bedeutenden Baudenkmäler ranken. Die Burganlage mit ihrem Dicken Turm, das Historische Haus und das Rathaus mit dem Pranger sind Zeugen einer schaurigen Vergangenheit. Im Ort selbst könnt ihr also das Mittelalter erkunden, in seiner Umgebung warten dagegen schöne Picknick- und Grillplätze auf euch.

Wie Steinau an der Straße im hessischen Spessart so ist auch **Lohr am Main** im bayerischen Teil eine richtige Märchenstadt. Hier sind zwar nicht die Märchensammler Grimm aufgewachsen, aber eine ihrer berühmtesten Märchenfiguren soll hier zu Hause gewesen sein: Schneewittchen. Sie hat viele Spuren hinterlassen – vor allem süße. In der Altstadt laden Cafés zu Schneewittchen-Früchtetee und Schneewittchen-Pralinen ein. Vor einem Cafébesuch lohnt sich ein kleiner Bummel durch die Fachwerkstadt. Hier gibt es das große Spessartmuseum, einen Märchenbrunnen, schöne historische Gebäude und einen tollen Spielplatz zu entdecken.

TIPPS FÜR WASSERRATTEN

Frei- und Hallenbäder

Zweimal Baden in Gemünden

Freibad Saaleinsel, Campingplatz, Duivenallee 6, 97737 Gemünden. ℰ 09351/1093, Auf der Saaleinsel.
Anfahrt: ↗ Gemünden. **Zeiten:** Mai – Sep 9 – 20 Uhr.
Preise: 1,80 €; Kinder 6 – 16 Jahre 1 €; freier Eintritt für Camper, Ermäßigung für Studenten und Schwerbehinderte, günstige Geldwertkarten auch für das Hallenbad.

▶ Das städtische Freibad ist dem *Campingplatz Saaleinsel* angeschlossen. Zu der Anlage gehören ein Schwimmbecken mit Sprungturm, ein Nichtschwimmerbecken mit Rutsche und ein Plantschbecken. Beim Campingplatz gibt es eine Gaststätte und einen kleinen Lebensmittelladen. Dort findet ihr auch einen Spielplatz, eine Minigolfanlage und einen Kanuverleih.

Ozonhallenbad, Hofweg 4, 97737 Gemünden. ✆ 09351/3409. **Anfahrt:** ↗ Gemünden. **Zeiten:** Okt – April Mo – Fr 15 – 22 Uhr, Do 16 – 17 Uhr nur Frauen, Sa 9 – 12, So 9 – 16 Uhr. Im Sommer geschlossen. **Preise:** 2 €; Kinder bis 6 Jahre frei, bis 18 Jahre 1,50 €. ▶ Schwimmbad mit 25-m-Kombi-Becken mit Nichtschwimmerbereich. Für Kids gibt es große Schwimmreifen und Spielsachen fürs Wasser. Sauna und Solarium.

Freibad Burgsinn
Badstraße 7, 97775 Burgsinn. ✆ 09356/1287. **Anfahrt:** ↗ Burgsinn. **Rad:** Sinntal-Radweg. **Zeiten:** Mitte Mai – Mitte Sep 10 – 20 Uhr. **Preise:** Tageskarte 2,50 €, 10er-Karte 20, Saisonkarte 40 €; Kinder 6 – 16 Jahre 2 €, 10er-Karte 18, Saisonkarte 25 €. ▶ Wer an heißen Tagen Kühlung sucht, ist im Burgsinner Freibad gut aufgehoben, am Sportbecken mit der Wasserrutsche oder am Sprungbecken. Kleinere Kinder können im Babybecken plantschen und im Sandkasten buddeln, größere werden von Tischtennisplatten, Volleyballfeld oder Tischfußball angezogen. Wer einfach nur faulenzen will, räkelt sich auf der großen Liegewiese. Snacks und kühle Getränke gibt es am Kiosk.

Freibad Lohr
Städtisches Freibad, Jahnstraße 10, 97816 Lohr am Main. ✆ 09352/9944. **Anfahrt:** ↗ Lohr, das Schwimmbad liegt 5 Gehminuten vom Busbhf Haagstraße. **Zeiten:** Juni – Aug täglich 8 – 20 Uhr; Mai – Sep 9 – 19 Uhr. **Preise:** 2 €; Kinder bis 6 Jahre frei, bis 18 Jahre 1 €; Ermäßigung für Gruppen, Schwerbehinderte, Schüler, Studenten, Zivil- und Wehrdienstleistende, Saison-

 Grashalm hakeln: Ein Spieler nimmt die Enden eines Grashalmes so zwischen Daumen und Zeigefinger, dass er eine Schlaufe bildet, der andere fädelt seinen Halm durch die entstandene Schlaufe und hält ihn auf gleiche Weise fest. Und dann heißt es feste ziehen! Verloren hat der, dessen Halm als erster reißt.

Skaten in Lohr
Am Lohrer Freibad findet ihr einen Skaterplatz mit Halfpipe und Ramps.

karten. **Infos:** In der Jahnstraße findet ihr einen Mini-golfplatz.

▶ Das Freibad liegt direkt am Main. Von der riesigen Wiese mit vielen alten Bäumen habt ihr einen tollen Blick auf den Schiffsverkehr. Es gibt ein 50-m-Becken mit 5-, 3- und 1-m-Sprungturm, Riesenrutsche, Massagedüsen und Sprudelbucht, außerdem ein lustiges Plantschbecken mit Rutsche und Wasserspeier. Nicht nur im Wasser toben könnt ihr hier, sondern an Land auch noch Volleyball, Fußball oder Tischtennis spielen. Hungrige finden Snacks und kühle Getränke am Kiosk. Bemerkenswert ist der neu angelegte Eltern-Kind-Bereich mit Wickeltischen und Kindertoiletten!

Auf Seen und Flüssen

Stausee im Sindersbachtal

Anfahrt: Bus 8049 von Lohr nach Ruppertshütten bis Wasserkraftwerk, zum Stausee circa 20 Gehminuten.

▶ Im Sindelbachtal zwischen Lohr und Ruppertshütten stoßt ihr unterhalb eines Wasserkraftwerks auf einen kleinen, idyllischen Stausee. Hier herrscht zwar kein offizieller Badebetrieb, aber ihr dürft schon mal eure Zehen ins eiskalte Nass stecken. Rund um den See kann man schön spazieren, außerdem gibt es eine herrliche, große Wiese zum Spielen und Sonnenbaden.

Kanutouren auf Sinn und Saale

Kanuverleih, Campingplatz Saaleinsel, Familie Vierling, 97737 Gemünden. ✆ 09351/2058, 3380. **Anfahrt:** ↗ Gemünden. **Preise:** 2er-Kanus zu 6 € pro Std und 30 € für den Tag, 3er-Kanus 9 bzw. 40 €; 1er-Kajak zu 3 € pro Std und 15 € pro Tag.

▶ Besonders schön und entspannend ist es, einmal mit dem Kanu die Sinn oder die Saale entlangzugleiten. Vom Kanu aus habt ihr außerdem einen ganz besonderen Blick auf die Pflanzen- und Vogelwelt. Und wer weiß, vielleicht könnt ihr im Wasser sogar ein paar Flussmuscheln entdecken?

Schiffstouren auf dem Main

Main-Spessart-Schifffahrt, Andrea Ammersbach, Artfeldstraße 1, 97737 Gemünden. ✆ 09351/1770, Fax 909604. **Anfahrt:** ↗ Gemünden. **Zeiten:** Mai – Okt Rundfahrten und Fahrten von Gemünden nach Lohr, Karlstadt, Marktheidenfeld, Würzburg. **Preise:** Von Gemünden nach Karlstadt oder Lohr und zurück 9, einfach 6 €. Gemünden – Marktheidenfeld und zurück 13,50, einfach 10,50 €. Gemünden – Würzburg und zurück 19,50, einfach 12 €, Rundfahrten 6 €; Kinder ab 4 Jahre von Gemünden nach Karlstadt oder Lohr und zurück 4,50, einfach 3 €. Gemünden – Marktheidenfeld und zurück 7,50, einfach 5,50 €. Gemünden – Würzburg und zurück 8,50, einfach 6, Rundfahrten 3 €; Fahrräder 1 €.

▶ All diese Schiffsfahrten lassen sich gut mit einer Radtour kombinieren. Die Radwege am Main sind asphaltiert und auch mit Inlinern befahrbar. Auf dem Radweg linksmainisch zwischen Lohr und Gemünden kommt ihr unterhalb der Ruine Schönrain an einer Graureiherkolonie vorbei.

Lohrer Schiffstouristik, Detlef Faßnacht, Ostlandstraße 34, 97816 Lohr am Main. ✆ 09352/807-212, Fax 807-213. Handy 0171/8151059. www.maintal-bummler.de. Abfahrt jeweils am Anlegeplatz an der Mainlände zwischen der Neuen Mainbrücke und der Alten Mainbrücke. **Anfahrt:** ↗ Lohr. **Zeiten:** April – Okt Di 10 Uhr Abfahrt Lohr, 11.30 Uhr Ankunft Marktheidenfeld, Abfahrt dort 14 Uhr, Ankunft Lohr 16 Uhr. Do 9.30 Uhr Abfahrt Lohr, Ankunft Karlstadt 12 Uhr, dort Abfahrt 14 Uhr, Ankunft Lohr 16.30 Uhr. Mi, Fr und So 10.30 Uhr kleine Rundfahrt von 1 Std. Mi, Fr 14.30 Uhr und So 14 Uhr große Rundfahrt von 90 Min, So 16 Uhr kleine Rundfahrt. **Preise:** Von Lohr nach Marktheidenfeld und zurück 10, einfach 8 €, Karlstadt und zurück 12, einfach

*Flüsse dürfen nicht zu jeder Zeit befahren werden, denn Fische und Amphibien wollen beim Laichen ungestört sein! Zu einer Kanutour auf der **Sinn** dürft ihr nur von März bis Juni starten und auch dann müsst ihr euch nach dem Wasserpegel erkundigen, der über 2,10 m sein muss, unter ✆ 09356/972287. Infos zur **Saale** gibt es bei der Unteren Naturschutzbehörde, ✆ 09353/793426.*

Achtung! Erkundigt euch per Telefon oder Internet nach dem aktuellen Fahrplan, denn mit Änderungen muss immer gerechnet werden.

10 €. Große Rundfahrt 7, kleine 6 €; Kinder ab 1 m Größe von Lohr nach Marktheidenfeld und zurück 5 €, einfach 4 €, Karlstadt und zurück 6, einfach 5 €, große Rundfahrten 4, kleine 3 €; Familien von Lohr nach Marktheidenfeld und zurück 25, einfach 20 €, Karlstadt und zurück 30, einfach 25 €. Große Rundfahrt 18, kleine 15 €. Für Behinderte gelten die gleichen Preise wie für Kinder. Kostenloser Fahrradtransport.

RAUS IN DIE NATUR

Eine Infobroschüre zum Saale-Radwanderweg mit Einkehr- und Übernachtungsmöglichkeiten bekommt ihr kostenlos in der Touristinformation Gemünden. Dort gibt es noch weitere Radwanderkarten.

Radeln an Main, Sinn und Saale

▶ Im östlichen Spessart gibt es viele schöne Radwege, vor allem an den Flüssen Sinn, Saale und Main. Zum Beispiel führt euch der *Saale-Radwanderweg* von Gemünden bis nach Bad Kissingen. Die Tour ist einfach 55 km lang, kann als Mehrtagestour organisiert werden und lässt sich gut mit einer Zugfahrt verbinden. Mit einer Schiffsfahrt sind Radtouren am Main von Lohr nach Gemünden oder Marktheidenfeld kombinierbar.

Kleine Radtour durch Schachblumenwiesen

Länge: fast ebene Rundtour von 7 km, für Fahrradanfänger. **Anfahrt:** ↗ Burgsinn.

▶ Zu dieser Radtour solltet ihr in den Monaten April bis Mai starten, wenn im Naturschutzgebiet Sinngrund die Schachblume in voller Blüte steht. Mit etwas Glück gibt es dort auch Biberspuren zu entdecken. Der große Nager, der hier seit einigen Jahren wieder heimisch ist, ist nachtaktiv und hält während eurer Tour seinen wohlverdienten Tagesschlaf. Aber was er nachts so alles zernagt, gefällt und gebaut hat, ist im Verlauf der Sinn gut zu sehen. Für seinen Bau, der wie eine Schutzburg am Ufer verankert ist, zerlegt er ganze Baumstämme. Die Rinde frisst er einfach auf.

Ihr startet in Burgsinn und fahrt von dort zwischen den Bahngleisen und der Sinn auf einem Radweg

SCHACHBLUME – FRITILLARIA MELEAGRIS

▶ Ende April bis Anfang Mai verwandeln sich die Wiesen entlang der Sinn in einen bunten Teppich voll blühender Schachblumen. Wie Tulpen gehören Schachblumen zu den Liliengewächsen, das heißt sie haben keine Wurzeln, sondern Zwiebeln. Auch ihre Blütenform erinnert an eine Tulpe, allerdings hängt die Blüte wie eine Glocke am Blumenstiel. Ihren Namen verdankt sie der schachbrettartigen Musterung auf den Blüten: Die sind nämlich lila-weiß kariert. Schachblumen sind in Deutschland sehr selten und stehen deshalb unter Naturschutz. Wer auf die Idee kommen sollte, eine Zwiebel auszugraben, um sie sich in den heimischen Garten zu setzen, wird keine Freude daran haben: Schachblumen brauchen einen sehr feuchten Boden und vertragen keinen Dünger. In Gärtnereien könnt ihr aber Kiebitzblumen kaufen, diese sind der wild wachsenden Schachblume sehr ähnlich und extra für Gärten und Balkone gezüchtet. ◀

flussaufwärts durch das Naturschutzgebiet bis nach Mittelsinn. Dort haltet ihr euch am Ortseingang links, fahrt am Forstamt vorbei und kommt bald auf einen Forstweg, auf dem ihr nach Burgsinn zurückradelt. Unterwegs kommt ihr an der *Gresselmühle* vorbei.

Wandern und Spazieren

Saaletalrundwanderung zum Kloster Schönau

Länge: 8 km, mäßige Steigungen, kinderwagentauglich.
Anfahrt: ↗ Gemünden.

▶ Für diese Wanderung müsst ihr auf das Wanderzeichen Blauer Milan achten. Ihr startet in der Altstadt von Gemünden hinter dem Mühltorturm und geht zum Mühltorberg hinauf. Auf einem leicht ansteigenden Waldweg erreicht ihr nach knapp 4 km den Stadtteil Schönau. Dort könnt ihr die schöne Franziskaner-Minoriten-Klosterkirche besichtigen, mit

Hunger & Durst

Gasthaus März, Hauptstraße 15, Gemünden-Schönau, ✆ 09351/2030. Neben fränkischen Spezialitäten auch kleine Gerichte, Toast und Salate. Spielecke!

Hunger & Durst

Unterwegs kommt ihr an tollen Picknickplätzen vorbei, außerdem lädt eine der Mühlen zur Einkehr ein: **Hotelgasthof Buchenmühle**, Buchentalstraße, 97816 Lohr-Steinbach, ✆ 09352/87990. Di – Sa 11 – 14, 18 – 21 Uhr, So und Fei 11.30 – 18 Uhr. Gehobene Küche zu angemessenen Preisen, Spielplatz. ↗ Info und Ferienadressen.

Besonders gut schmeckt ein Vollkornbrot mit Butter, Scheiben einer frischen Gurke und Gänseblümchenköpfchen.

Arbeiten aus der Werkstatt *Tillmann Riemenschneiders*. Außerdem gibt es direkt am Kloster gleich zwei empfehlenswerte Gaststätten. Für den Rückweg überquert ihr die Saale. Ein Landwirtschaftsweg führt euch auf der anderen Seite wieder leicht ansteigend durch ein Wildzauntor zu einem Forstweg. Auf dem geht es zurück nach Gemünden.

Wanderung durch das Buchental zum Wallfahrtsort Mariabuchen

Länge: 5 km einfach, eben, kinderwagentauglich.
Anfahrt: Von Lohr-Sendelbach über die Steinfelder Straße oder von Lohr-Steinbach über die Buchentalstraße, Wegweiser folgen. **Rad:** Der Radweg 33 führt durchs Buchental.

▶ Durch das Buchental zu pilgern, ist vor allem im Frühjahr ein Erlebnis. Dann blühen an den Hängen Buschwindröschen und vielleicht sogar Maiglöckchen, die Wiesen im Tal stehen voller Fleischblumen und Löwenzahn. Am **Kloster Mariabuchen** steigt ihr die Treppen hinunter ins Tal und könnt dann entlang alter Mühlen bis nach Steinfeld laufen. Dafür müsst ihr dem Wanderzeichen Nr. 34 folgen und euch immer talwärts halten. Kleine, ausgeschilderte Abstecher führen zur Grenzbachschlucht, zu einem Sandsteinbruch und zu einer kleinen Mariengrotte.

Natur und Umwelt erforschen

Burgen stürmen und Kräuter sammeln

ANL – geprüfte Natur- und Landschaftsführerin, Lotte Bayer, Scherenbergstraße 3, 97737 Gemünden. ✆ 09351/4498, www.landschaftsfuehrer.net.

▶ Die schöne Gemündener Altstadt wie auch die Scherenburg können Schulklassen und andere Kindergruppen mit der Natur- und Landschaftsführerin Lotte Bayer erkunden. Sie bietet außerdem meditative Naturerlebnisführungen und im Frühjahr Kräuterwanderungen. Die gesammelten Kräuter könnt ihr euch am Ende der Wanderung auf einem leckeren Butterbrot schmecken lassen.

Infozentrum des Naturparks Spessart e.V.

Im Huttenschloss, Frankfurter Straße 2, 97737 Gemünden. www.naturpark-spessart.de; www.landschaftsfuehrer.net. naturpark.spessart@lramsp.de. **Anfahrt:** ↗ Gemünden. **Zeiten:** Mai – Sep Mo – Fr 9 – 12.30 und 13.30 – 17.30 Uhr. **Infos:** Über das Infozentrum könnt ihr auch die Führungen der Natur- und Landschaftsführer buchen, die für den Naturpark Spessart aktiv sind, ✆ 09353/793-366.

▶ Im ehemaligen *Huttenschloss* wird im März 2006 ein Infozentrum des Naturparks Spessart eröffnet. Dort könnt ihr dann eine Biberburg aus der Nähe bestaunen und euch darüber schlau machen, wie die im Spessart heimischen Tiere leben, zum Beispiel das Schalen- und das Rotwild oder die Fledermäuse.

Tipp: Einen Teil der Räumlichkeiten stehen dem Verein Film-Photo-Ton e.V. zur Verfügung für Fotoausstellungen, Filmvorführungen und medienpädagogische Projekte: www.film-photo-ton.de.

Bienen-, Biber- und Geländetouren

ANL – geprüfte Natur- und Landschaftsführerin, Gabi Bechold, Mäusbergstraße 7, 97775 Burgsinn. ✆ 09356/2349. www.landschaftsfuehrer.net. gabi.bechold@landschaftsfuehrer.net.

▶ Egal ob Schulklasse oder Kindergeburtstag, Gabi Bechold hat wohl für jede Gruppe die richtige Führung zu bieten. Zusammen mit der Natur- und Landschaftsführerin könnt ihr im Sinntal auf die Suche nach Biberspuren gehen, in den Monaten April bis Mai die vom Aussterben bedrohte Schachblume entdecken oder nach einer Geländetour zur Bettlersruh mit Naturmaterialien basteln, zum Beispiel Waldwichtel. Außerdem nimmt euch die Imkerin mit zu ihrem Bienenstand im Sinngrund. Dort könnt ihr eine Menge über den Bienenstaat und die Honiggewinnung erfahren. Aber nicht nur zuhören heißt es da, die Mutigen unter euch dürfen auch mit anpacken. Zur Belohnung gibt es ein leckeres Honigbrötchen.

Ein Jungbiber schleicht durchs Gebüsch

Natur- und Wasserlehrpfad im Fließenbachtal

Zwischen der Haltestelle und dem Naturlehrpfad liegt ein schöner Spielplatz.

Länge: 2,5 km, eben, kinderwagentauglich. **Anfahrt:** Rieneck ist RE-Station der DB-Strecke Gemünden – Kassel, ab Bhf Gemünden Bus 8055 nach Rieneck, von der Haltestelle über die Obertorstraße, dann rechts ab in die Fließenbachstraße, Fußweg circa 15 Minuten. **Auto:** A3, Ausfahrt 63 Weibersbrunn, Landstraße über Lohr und Gemünden nach Rieneck, A7, Ausfahrt 97 Hammelburg, Landstraße über Gemünden.

▶ Auf dem Natur- und Wasserlehrpfad im Fließenbachtal informieren euch Schautafeln unter anderem über den Wasserkreislauf. In dem kleinen Seitental der Sinn lässt es sich neben all der Lernerei prima faulenzen. Ihr könnt im Fließenbach plantschen, Hochsitze erklimmen und anschließend auf blühenden Wiesen picknicken.

Bildstock: In der Nähe vom Kloster Neustadt findet sich dieses alte Sandsteinkreuz von 1673

Nonnenpfade und Radeltouren

ANL – geprüfter Natur- und Landschaftsführer, Helmuth Spahn, Herrgottsberg 19, 97794 Rieneck. ✆ 09354/ 242, www.landschaftsfuehrer.net.

Anfahrt: RE-Station der DB-Strecke Gemünden – Kassel in Rieneck, ab Bhf Gemünden Bus 8055 nach Rieneck. **Auto:** A3 Ausfahrt 63 Weibersbrunn, Landstraße über Lohr und Gemünden nach Rieneck, A7 Ausfahrt 97 Hammelburg, Landstraße über Gemünden. **Zeiten:** Anmeldungen mindestens 2 Tage vor dem gewünschten Termin, Führungen ab 5 Teilnehmern.

▶ Mit Helmut Spahn könnt ihr nicht nur den historischen Stadtkern erkunden, sondern auch die Natur rund um Rieneck, zum Beispiel auf einer Wanderung über den Nonnenpfad ins Saaletal zum Kloster Schönau oder auf einer Radtour durch das Naturschutzgebiet entlang der Sinn.

Wald, Wicken und Wiesen

Lohrer Waldlehrpfad, 97816 Lohr am Main. **Länge:** 4 km, anfangs Steigungen, Beginn am Parkplatz der Ortsstraße Valentinusberg. **Anfahrt:** ↗ Lohr, mit Bus 3 ab Haaggasse bis Jugendherberge.

▶ Der Waldlehrpfad wird vor allem im Juni zum Naturerlebnis, denn dann steht im Naturschutzgebiet Steigwiesen die Heide-Wicke in voller Blüte. Diese Wicke gibt es nur noch an zwei Standorten in Bayern. Sie darf von euch also keinesfalls gepflückt werden! Der Lehrpfad führt außerdem an einem Tümpel vorbei, durch den Schluchtwald und über Streuobstwiesen.

 Frühaufsteher können bei der Tourist-Information für 30 € eine Vogelstimmenwanderung buchen. Im Morgengrauen geht es dann den Waldlehrpfad entlang, mit einem Führer, der euch erklärt, wer da schon so früh am Morgen zwitschert, ✆ 09352/848460.

Von Klöstern und Förstern

Europäischer Kulturweg des Archäologischen Spessartprojekts, Neustadt. **Länge:** 12 km, kinderwagentauglich. Vom Kloster Neustadt dem Wanderzeichen Gelbes EU-Schiff auf blauem Grund folgen. **Anfahrt:** Bus 8050 ab Lohr oder Marktheidenfeld, Haltestelle Neustadt. **Infos:** Das Archäologische Spessartprojekt gibt zu dem Kulturweg ein Faltblatt heraus und organisiert Führungen, ✆ 06021/3867415.

▶ Am Kloster Neustadt startet ein interessanter Kulturweg, der euch über die 1200 Jahre alte Klostergeschichte informiert. Nach einem kurzen, recht steilen Aufstieg über einen Kreuzweg kommt ihr zunächst zum Hornungsberg. Von dort geht es weiter zum Margarethenhof, einem ehemaligen Wirtschaftsgebäude des Klosters und dann weiter zum *Forsthaus Aurora*. Dort könnt ihr zu einer Vesper einkehren, es sei denn, ihr wollt lieber eine Abkürzung durch die Silberbachschlucht nehmen. Dann kommt ihr an der Halsbreche vorbei, einer Stelle, an der im Dreißigjährigen Krieg ein schwedischer Reiter tödlich verunglückt sein soll. Keine Bange, heutzutage ist der Weg gut befestigt! Ihr solltet aber zur Sicherheit eine Wanderkarte mitnehmen. Für diese Abkürzung biegt ihr circa 1 km hinter dem Margarethenhof links

Forsthaus Aurora,
Sep – Feb Mo und Di
Ruhetag, März – Aug Sa
und So Ruhetag.

ab. Der Weg verläuft zunächst fast eben am Silber-
bach entlang, dann wird es langsam steiler, schlucht-
artig und rund um den kleinen Bach ziemlich felsig.
Für den Kinderwagen ist die Abkürzung nicht geeignet.

Reiten, Kutsch- und Planwagenfahrten

Wolfgang Keller, Griesbergstraße 11,
97737 Gemünden-Hofstetten. ✆ 09351/
8200. **Zeiten:** nach Vereinbarung.
▶ Kutschfahrten halb- oder ganztägig, Planwagenfahrten ab 15 Personen.

Obere Mühle, Reiterhof, Familie Brasch, 97778 Fellen.
✆ 09356/1363, Fax 2833. www.reiterhof-oberemueh-
le.de. info@reiterhof-oberemuehle.de. **Zeiten:** nach Vereinbarung.
▶ Kutsch- und Planwagenfahrten durch den Sinngrund und die Hochspessartregion, auch mit Spessarträuberüberfall! Qualifizierter Reitunterricht, Wanderreiten, Boxen für Gastpferde.

Gut Dürnhof, Burgsinner Straße 3, 97794 Rieneck.
✆ 09354/1001, Fax 1512.
▶ Kutschfahrten für Gruppen bis 9 Personen durch
den Sinngrund.

In der **Konditorei Geis,**
Obere Schlachthausgas-
se 3 – 5, wird ebenfalls
selbst gebacken. Hier
sind Schneewittchen-
pralinen zu haben;
✆ 09352/6751. Mo und
Mi – Sa 7 – 18, So 13 –
18 Uhr, Di Ruhetag.

Reit- und Fahrverein Lohr, Am Sommerberg 31b, 97816
Lohr am Main. ✆ 09352/1460. **Zeiten:** nach Vereinba-
rung.
▶ Reitunterricht für Kinder ab 8 Jahre für 9 € pro
Stunde.

Theo Glassen, Triebstraße 21, 97267 Himmelstadt.
✆ 09364/1041. **Zeiten:** nach Vereinbarung.
▶ Spazierfahrten, Halb- und Ganztagstouren – auf
Wunsch mit Spessart-Räuberüberfall!

Betriebsbesichtigung

Unter Schafen

Schäferei Michler, Familie Michler, Adolphsbühlstraße 73, 97737 Adelsberg. ✆ 09351/3864. **Anfahrt:** Ab Bhf Gemünden Bus 8060. **Auto:** B26. **Rad:** Am Maintalradweg. **Zeiten:** Verkauf Do 16 – 19 Uhr und nach Vereinbarung; Besichtigung nach Anmeldung.

▶ Die Schäferei Michler bietet Lammprodukte, Fleisch, Wurst und Felle an. Außerdem gibt es Liköre und Schnäpse aus der eigenen Brennerei, Brot aus dem Steinbackofen und Eingemachtes. An den Verkaufstagen kommen auch Kaffee- und Kuchenliebhaber auf ihre Kosten. Kinder finden hier einen Spielplatz und natürlich jede Menge Schafe zum Streicheln.

Zusammen leben und arbeiten: SOS-Kinderdorf e.V. Dorfgemeinschaft Hohenroth

97737 Gemünden. ✆ 09354/90990, Fax 909918. http://www.sos-kinderdorf.de/statisch/dg-hohenroth/. dg-hohenroth@sos-kinderdorf.de. **Anfahrt:** Ab Bhf Gemünden Bus 8055 bis Rieneck oder Schaippach, jeweils 15 Gehmin. **Zeiten:** Besichtigung nach Anmeldung Mi – Fr; Café Mi – Sa 9 – 17.30 Uhr, So 13 – 17 Uhr; Laden Mo 9 – 11.30 und 14 – 17.30 Uhr, Mi – Sa 9 – 17 Uhr.

▶ Ein ehemaliges Hofgut am Rande Rienecks dient heute als Basis für die Dorfgemeinschaft Hohenroth. Hier leben und arbeiten 155 Menschen mit geistiger Behinderung zusammen mit den betreuenden Familien. Alle Arbeitsbereiche sind nach dem Grundsatz »ökologisch sinnvoll, wirtschaftlich, menschenwürdig und menschengemäß« ausgerichtet.

Das Anwesen umfasst 18 Wohnhäuser, ein Gemeinschaftshaus mit Verwaltung, Gärtnerei, Werkstätten, Kuh-, Schweine- und Ziegenställe und ein Café mit Naturkostladen. Dort warten köstliche Kuchen der

 Von Gemünden nach Adelsberg lässt es sich gut wandern. Ab dem Gemündener Marktplatz weist euch das Wanderzeichen Schwarze Eule den Weg. Die Strecke ist einfach 3 km lang und verläuft oberhalb des Maintals.

ÖSTLICHER SPESSART

 Testet doch mal den **Hohenrother Waldpfad,** der ist zwar nur 2 km lang, bietet euch aber Programm für gut 2 Stunden: mit Zapfenweitwurf, Tierweitsprung, Baumtelefon, Pirsch- und Sinnespfad und einem tollen Holzspielplatz!

Tierisch gut: Der Kontakt mit Tieren ist immer ein tolles Erlebnis für Kinder

dorfeigenen Bäckerei auf euch, Demeterprodukte und Transferkaffee, Vollkornbrot, Milchprodukte, Gemüse und Sämereien sowie handwerkliche Produkte aus den dorfeigenen Betrieben.

Bei einer Besichtigungstour könnt ihr euch zum Beispiel anschauen, wie Brot gebacken, Milch zu Käse verarbeitet und Spielzeug geschreinert wird oder wie aus Wolle Tücher gewoben werden. Rund ums Jahr finden in Hohenroth musisch-kulturelle Veranstaltungen statt. Das aktuelle Programm findet ihr auf der Website.

*Wusstet ihr schon, dass mit dem Wort **Hafen** nicht immer ein Ankerplatz für Schiffe gemeint sein muss? Es ist auch eine alte Bezeichnung für handgetöpferte Tassen: Die Töpfer wurden Hafner genannt, und noch heute heißt der kleine Ort, in dem einst viele Hafner lebten, Hafenlohr.*

Töpfereibesichtigung

Töpferei E. Hettinger, W. Imhof, Holzgasse 1, 97840 Hafenlohr. ✆ 09353/8623. **Anfahrt:** Bus 8050 ab Lohr oder Marktheidenfeld bis Hafenlohr Rathaus. **Auto:** A3 Ausfahrt 65 Marktheidenfeld, Richtung Lohr. **Zeiten: Infos:** Anmeldungen über Frau Bätz, ✆ 09391/3396.

▶ In Hafenlohr hat es einst viele Töpfereien gegeben. Heute ist nur noch eine vorhanden und die kann besichtigt werden. Dort könnt ihr zuschauen, wie auf der Töpferscheibe zum Beispiel eine Tonvase entsteht, und natürlich gibt es viele handgetöpferte Krüge, Tassen, Schalen und Eierbecher zu kaufen.

Burgen und Klöster

Spaziergang rund um die Ruine Scherenburg

Länge: Rundweg von etwa 1 Stunde. **Anfahrt:** ↗ Gemünden.

▶ Euren Aufstieg zur Burg startet ihr am besten am Gemündener Marktplatz und folgt dem von dort ausgeschilderten Natur- und Geschichtslehrpfad. So könnt ihr die Erkundung der Burgruine mit einer etwa einstündigen Rundwanderung rund um den Schlossberg verbinden. Nach gut 10 Minuten erreicht ihr schon die Burgterrasse und habt von dort einen schönen Blick über das Maintal. Die Burg ließen im 13. Jahrhundert die Grafen von Rieneck erbauen. Nach verschiedenen Fehden fiel sie schließlich 1469 unter *Bischof Rudolf von Scherenberg,* der ihr seinen Namen gab, an das Hochstift Würzburg. Von der Festung ist nicht viel erhalten, nur die Ringmauer und eine Seitenwand mit Giebel des Palas sind nicht eingestürzt. Der dreigeschossige Bergfried hat zwar im Krieg seine Spitze verloren und ist heute 6 m niedriger, überragt aber dennoch rund und imposant die Anlage. Eine Besteigung ist nicht möglich, denn im zweiten Geschoss nistet eine Fledermauskolonie. Die Burgruine dient dem Festspielverein der Stadt Gmünden e.V. auch als Kulisse für Freiluftaufführungen, ↗ Bühne, Leinwand & Aktionen.

Die Pfadfinderburg: Burg Rieneck

Bundeszentrum des Verbandes Christlicher Pfadfinderinnen und Pfadfinder (VCP), Schlossberg 1, 97794 Rieneck. ✆ 09354/902-317, Fax 902-319. www.burgrieneck.de. info@burg-rieneck.de. **Anfahrt:** RE-Station der DB-Strecke Gemünden – Kassel in Rieneck, ab Bhf Gemünden Bus 8055 nach Rieneck. **Auto:** A3 Ausfahrt 63 Weibersbrunn, Landstraße über Lohr und Gemünden nach Rieneck, A7 Ausfahrt 97 Hammelburg, Landstraße über Gemünden.

ÖSTLICHER SPESSART

Trutzig: In den dicken Mauern der Burg Rieneck stecken viele Legenden

Am Kiosk gibt es einen tollen Burg-Bastelbogen zu kaufen!

▶ Die heutige Pfadfinderburg wurde um das Jahr 1150 als Hauptsitz der Grafen von Rieneck erbaut, ein Adelsgeschlecht, das bis ins 16. Jahrhundert hinein den östlichen Spessart regierte. Um 1860 kaufte der reiche Professor Rinecker die Burg, weil er sich mit dem alten Grafengeschlecht verwandt glaubte. Er ließ die Burg renovieren und so ausbauen, wie ihr sie heute seht.

In der jüngeren Geschichte war die Burg ein Kinderferienheim, ein Kriegsgefängnis und schließlich ein Krankenhaus. Heute dient sie dem Verband Christlicher Pfadfinderinnen und Pfadfinder als internationales Schulungs- und Begegnungszentrum, aber auch als Herberge für andere Jugendgruppen.

Zu besichtigen sind eine romanische, kleeblattförmige Kapelle und der *Dicke Turm*, ein mächtiges Bauwerk, mit 4 bis 8 Meter starken Mauern, um das sich schaurige Legenden ranken. So soll des Grafen Tochter hier einst bei lebendigem Leibe eingemauert worden sein und noch heute als Burggespenst Kunigunde die Herbergsgäste das Fürchten lehren.

Kloster Neustadt

Mengingautstraße 1, 97845 Neustadt am Main.
✆ 09393/1046. **Anfahrt:** Bus 8050 ab Lohr oder Marktheidenfeld bis Neustadt. **Auto:** A3 Ausfahrt 65 Marktheidenfeld, Richtung Lohr. **Zeiten:** nach Vereinbarung Führungen, gerne für Schulklassen, Firmgruppen und andere Kindergruppen.

▶ Auf einer Führung wird sehr anschaulich geschildert, wie abenteuerlich und beschwerlich das Leben der ersten Benediktinermönche hier vor 1200 Jahren gewesen sein muss. Die romanischen Reste eines Umgangs stammen aus jenen Zeiten. Seit 1907 leben hier Missions-Dominikanerinnen. Zu besichtigen sind ein Modell der ersten Klosteranlage, die heutige Pfarrkirche der Gemeinde Neustadt aus dem Jahr 1869 sowie ein kleines Klostermuseum mit Steinsärgen, einer mächtigen Kirchturmglocke und einem Mantel der heiligen Gertrud.

 In der Nähe der Bushaltestelle gibt es einen schönen Spielplatz mit einem witzigen Mini-Bagger, Klettergerüst, Karussell, Schaukel, Rutsche, Tischtennisplatte und Bolzplatz!

Burg Rothenfels

Anfahrt: Bus 8050 ab Lohr Haaggasse oder Marktheidenfeld Bhf bis Rothenfels Kirche oder Bergrothenfels. **Auto:** A3 Ausfahrt 65 Marktheidenfeld, Richtung Lohr. **Info:** ✆ 09393/99999. ↗ Tagungshaus und Bildungsstätte der Vereinigung Freunde von Burg Rothenfels.

▶ Die Burg Rothenfels thront mächtig über der gleichnamigen kleinen Fachwerkstadt am Main. Es lohnt sich, das Städtchen, das im Wesentlichen aus zwei Straßenzügen besteht, einmal genauer anzuschauen, bevor es über unzählig viele Treppenstufen zur Burg hinauf geht. Am Alten Rathaus in der Hauptstraße hängt bis heute ein Halseisen. Hier wurden im Mittelalter Gefangene öffentlich zur Schau gestellt. Rothenfels war damals eine Fischersiedlung, die zum benachbarten Kloster Neustadt gehörte. Zum Schutz des Klosters wurde die Burg errichtet. Heute ist dort eine Jugendherberge und eine Heimvolkshochschule untergebracht. Auf Anfrage kann dort der Burgturm besichtigt werden.

ÖSTLICHER SPESSART

Hunger & Durst

Lust auf eine deftige Mahlzeit – auch in Kinderportionen? **Gaststätte Zum Löwen**, Hauptstraße 8, Rieneck, ✆ 09354/635. Fr – Mi 12 – 14 Uhr Mittagstisch.

Oder lieber Pizza und Eis? **La Taverna**, Hauptstraße 60, Rieneck, ✆ 09354/902363. Di – Sa 16 – 24 Uhr, So und Fei 11 – 23 Uhr.

Im historischen Kaufladen im Museumsfoyer könnt ihr kleine, preiswerte Souvenirs kaufen, zum Beispiel Schneewittchen-Taler aus Karamel oder Postkarten mit echten Spessarträubern – Extra-Tipp von Max, 10 Jahre!

Museen und Stadtführungen

Heimatmuseum Rieneck

Altes Rathaus, R. Maiberger, Hauptstraße 5, 97794 Rieneck. ✆ 09354/455. **Anfahrt:** RE-Station der DB-Strecke Gemünden – Kassel in Rieneck, ab Bhf Gemünden Bus 8055 nach Rieneck. **Auto:** A3 Ausfahrt 63 Weibersbrunn, Landstraße über Lohr und Gemünden nach Rieneck, A7 Ausfahrt 97 Hammelburg, Landstraße über Gemünden. **Zeiten:** Besichtigungen nach telefonischer Anmeldung. **Preise:** freier Eintritt.

▶ Am Alten Rathaus hängt noch heute das Halseisen des einstigen Prangers. Hier wurden im Mittelalter Menschen, die wegen eines Verbrechens verurteilt worden waren, an den Pranger gestellt, wo sie vom Volk beschimpft und verhöhnt werden konnten. Zu Prangerstrafen wurden meist Frauen verurteilt und zwar für kleinere Vergehen wie Diebstahl. Sie wurden bis in das 19. Jahrhundert hinein verhängt. Heute befindet sich im Alten Rathaus eine kleine, heimatkundliche Sammlung, die ihr besichtigen könnt.

Geschichte und Märchen

Spessartmuseum, Schloss zu Lohr, Schlossplatz 1, 97816 Lohr am Main. ✆ 09352/2061, Fax 1409. www.spessartmuseum.de. spessartmuseum@lramsp.de. **Anfahrt:** ↗ Lohr. **Zeiten:** ganzjährig Di – Sa 10 – 16 Uhr, So und Fei 10 – 17 Uhr; thematische Führungen für Schulklassen durch Museumspädagogen und andere Aktionen nach Absprache. **Preise:** 2,50 €; Kinder bis 6 Jahre frei, bis 18 Jahre 1,50 €; Ermäßigung für Schüler, Studenten, Zivil- und Wehrdienstleistende. **Infos:** Für Kinder gibt es eine Museums-Rallye, für Erwachsene eine Handblattsammlung, die die Ausstellung ausführlich erläutert.

▶ Will man den Lohrer Heimatforschern glauben, so kam im Lohrer Schloss Schneewittchen zur Welt, zumindest das Schneewittchen zu Lohr. Dem Märchen

ist aber nur ein kleiner Bereich des Schlossmuseums gewidmet, in dem unter anderem Schneewittchens Fluchtschuhe und der angebliche Zauberspiegel zu sehen sind. Der Spiegel beweist zumindest, welch zauberhafte Gläser und Spiegel die Lohrer im 17. und 18. Jahrhundert anfertigen konnten. Die weiteren Räume beherbergen die Ausstellung Mensch und Wald. Dort könnt ihr lernen, wie der Arbeitsalltag von Töpfern, Eisenschmieden und Steinmetzen ausgesehen hat und auf welche Weise Zimmerer, Wagner, Büttner und Schreiner Holz verarbeitet haben. Die Wälder waren auch zu Beginn der Industrialisierung wichtige Rohstofflieferanten, denn auch die Glasmanufakturen benötigten große Mengen Holz. Damit wurden die Schmelzöfen befeuert, über denen das Glas geformt wurde. Nicht nur Werkstätten sind dort detailgetreu nachgebildet, sondern auch Wohnräume, eine alte Küche und ein Kaufladen aus dem späten 19. Jahrhundert. Eine eigene Abteilung widmet das Museum den Spessarträubern.

▶ Die Haut so weiß wie Schnee, die Lippen so rot wie Blut und das Haar so schwarz wie Ebenholz ... eine solche Beschreibung passt wahrhaftig nur zu einer Märchenprinzessin. Ob auch Maria Sophia

Margaretha Christina von Erthal eine große Schönheit war, weiß heute niemand mehr zu sagen. Aber immerhin, in Lohr hat man einige Indizien zusammengetragen: Das Fräulein von Erthal könnte wirklich Schneewittchen gewesen sein – zumindest das Schneewittchen von Lohr!

MARIA SOPHIA MARGARETHA CHRISTINA VON ERTHAL ALIAS SCHNEEWITTCHEN

Am 19.6.1729 kam das Lohrer Schneewittchen zur Welt. Es war zwar keine Prinzessin, aber immerhin von Adel und wurde in einem kurfürstlichen Schloss geboren. Der Vater war Freiherr Christoph Philipp von Erthal, die Brüder waren Fürstbischöfe zu Mainz und Würzburg. Die Mutter Maria Eva starb kurz nach der Geburt ihrer Tochter und der Vater vermählte sich erneut. Ob die Stiefmutter Claudia Elisabeth wirklich so böse war und Schneewittchen töten wollte, nachdem sie durch einen Zauberspiegel geblickt hatte? Direkt neben dem Schloss befindet sich jedenfalls ein Forsthaus. Hier könnte der Förster gelebt haben, der Schneewittchen zur Flucht über die sieben Berge zu den sieben Zwergen verhalf. Eine Bergkette von genau sieben Bergen liegt zwischen der Stadt Lohr und der Gemeinde Biebergemünd. Über diese könnte das Lohrer Schneewittchen in den Biebergrund geflohen sein. Dort wurde in Bergstollen zwar nicht nach Diamanten, aber nach Kupfer, Eisen und Silber gegraben. Die Bergarbeiter waren oft Jugendliche und kleinwüchsige Erwachsene. In ihren Quartieren könnte Maria Sophia Zuflucht gefunden haben. Diese Zwerge hätten ihrem geliebten Schneewittchen auch leicht einen Glassarg bauen können, nachdem es durch den vergifteten Apfel der bösen Stiefmutter ums Leben kam, denn auch Glasmanufakturen gab es in dieser Gegend zur Genüge. Eines aber ist bis heute ungewiss:
Wer war eigentlich der Prinz, durch dessen Liebe Schneewittchen vom Tode erlöst werden konnte? ◀

Schule zu Kaisers Zeiten und im Nationalsozialismus

Städtisches Schulmuseum Lohr am Main, Sendelbacher Straße 21, 97816 Lohr am Main-Sendelbach. ✆ 09359/317, 09352/4960, www.lohr.de/schulmuseum. **Anfahrt:** Ab Haaggasse Bus 2 nach Sendelbach. **Zeiten:** ganzjährig Mi – So 14 – 16 Uhr, Schulklassen nach Vereinbarung, nach Anmeldung altersgemäße Führungen, jährlich wechselnde Sonderausstellung. **Preise:** 1,50 €; Kinder bis 6 Jahre frei, bis 18 Jahre 1 €; freier Eintritt für Schulklassen und Jugendgruppen mit einer erwachsenen Aufsichtsperson, Ermäßigung für Schüler, Studenten, Schwerbehinderte und Gruppen.

▶ Zwei vollständig eingerichtete Klassenzimmer, eines aus der Kaiserzeit und eines aus der Zeit des Nationalsozialismusses, gibt es hier zu sehen. Eine Fülle von Schul- und Lesebüchern, Spielsachen, Bildern und Wandtafeln erlaubt einen Vergleich beider Epochen. Auf Erlebnisführungen können Grundschulkinder wie zu Urgroßmutterszeiten die Schulbank drücken, mit Rechenschieber, Schiefertafel, Griffel und dem damals obligatorischen Rohrstock. Für höhere Schulklassen gibt es gesellschaftspolitische Führungen, die die Zusammenhänge von Schule, Kirche, Staat und Gesellschaft in der Kaiserzeit und im Nazireich erläutern.

Schwer was los bei Schneewittchen

Scherenburgfestspiele

Festspielbüro, Am Neuberg 12, 97737 Gemünden. ✆ 09351/609-331, Fax 609-332. www.scherenburgfestspiele.de. **Anfahrt:** ⤢ Gemünden.

▶ Die Scherenburgfestspiele finden alljährlich von Mitte Juli bis Mitte August statt. Dann stehen vier Wochen lang fast täglich ein Theaterstück für Kinder und eines für Erwachsene auf dem Programm. Au-

 Den Fluchtweg Schneewittchens von 33 km könnt ihr auf einer Mehrtagestour erwandern. Die Tourist-Information Lohr am Main arrangiert Pauschalangebote mit Übernachtungen und Gepäcktransport, ✆ 09352/848460.

BÜHNE, LEINWAND UND AKTIONEN

Tipp: Reservierung und Vorverkauf im **Kulturhaus**, Obertorstaße 39, Gemünden, ☏ 09391/5424.

ßerdem wird auf der Burg für euer leibliches Wohl gesorgt, während der Festspielsaison ist die Scherenburg bewirtschaftet.

Kindertheater

Spessartgrotte, Mainuferstraße 4, 97737 Gemünden-Langenprozelten. ☏ 09351/3415, Fax 2932. www.spessartgrotte.de. info@spessartgrotte.de. **Anfahrt:** Bus 8049 bis Langenprozelten Kirche. **Auto:** B26, nach Langenprozelten, am Gasthof Schlappen vorbei Richtung Main.

▶ Die Spessartgrotte bietet neben einem Abendprogramm für Erwachsene auch Kindertheater an Nachmittagen, jedoch nur in der Wintersaison.

Junge VHS

Geschäftsstelle der VHS, Altes Rathaus, Marktplatz 1, 97816 Lohr am Main. ☏ 09352/848-486, Fax 848-488. www.vhs-lohr.de. vhs@lohr.de. Die Geschäftsstelle der VHS befindet sich im 1. Stock des Alten Rathauses, Veranstaltungsort für die meisten Kurse ist jedoch die ehemalige Mädchenschule am Kirchplatz 9. **Anfahrt:** ↗ Lohr. **Infos:** Aktuelles Kursangebot im Internet zu finden.

▶ Großes Kursangebot für Kinder und Jugendliche über Basteln, Fremdsprachen, Kochen bis hin zu sportlichen Aktivitäten wie Inlineskaten und Selbstverteidigungskurse.

Kindergeburtstag mit Schneewittchen

Tourist-Information, Schlossplatz 5, 97816 Lohr am Main. ☏ 09352/848460, Fax 70295. www.lohr.de. tourismus@lohr.de. **Anfahrt:** ↗ Lohr. **Preise:** Schneewittchens Besuch kostet 26 €, die Zwerge möchten alle zusammen genauso viel.

▶ Märchenhaft kann ein Kleinkindergeburtstag werden, wenn Schneewittchen vorbeikommt und auch noch die sieben Zwerge mitbringt!

Tagen und musizieren auf Burg Rothenfels

Tagungshaus und Bildungsstätte der Vereinigung Freunde von Burg Rothenfels, 97851 Rothenfels-Bergrothenfels. ✆ 09393/999-99, Fax 999-97. www.burg-rothenfels.de. verwaltung@burg-rothenfels.de. **Infos:** Jahresprogramm telefonisch oder via Internet anfordern.

▶ Die Vereinigung Freunde von Burg Rothenfels, hervorgegangen aus der katholischen Jugendbewegung Quickborn, bietet in der Tradition des Theologen Romano Guardini ein vielfältiges Bildungsprogramm in Zusammenarbeit mit der Heimvolkshochschule an,

Ein Seminar Anfang März 1975 auf Burg Rothenfels bewirkte, dass Peter Meyer ein Jahr später den Verlag gründete, in dem u.a. auch das Buch erscheint, das ihr jetzt in den Händen haltet!

Räuber gab's nicht nur im Spessart. Eine weltberühmte Kinderbuchräuberin wurde in Schweden geboren. Astrid Lindgrens *Ronja Räubertochter* ist als Buch (Oetinger, 12,90 €), Video, CD oder Kassette zu haben!

darunter auch Kurse für Jugendliche sowie musisch-kreative Wochen für Familien.

Bücher und Spiele

Stadtbibliothek im Alten Rathaus, Marktplatz 1, 97816 Lohr am Main. ℰ 09352/848488, Fax 848488. www.lohr.de/stabi. stadtbibliothek@lohr.de. **Anfahrt:** ↗ Lohr. **Zeiten:** Mo 10 – 18 Uhr, Di – Fr 10 – 13 und 14 – 17 Uhr, 1. Sa im Monat 9 – 12 Uhr.

▶ Insgesamt 22.000 Bücher, Hörspiele und Musikkassetten, Videos, DVDs, Audio-CDs und CD-ROMs mit Lernspielprogrammen, große Auswahl preisgekrönter und beliebter Spiele, Kinderspielecke, mittwochs Lesecafé, regelmäßig Veranstaltungen.

FESTKALENDER

April:	2 Wochen vor Ostern, Lohr: **Frühlingsfest** in der Altstadt.
Mai:	1. So, Dorfgemeinschaft Hohenroth: **Kräutertag** mit vielen Produkten aus dem Garten, krautigen Leckereien und Kinderbeschäftigungsprogramm.
Juni:	**Lohrer Altstadtfest** mit Kinderprogramm.
	19. Juni Schneewittchen-Geburtstag.
Juni/Juli:	**Lohrer Spessartsommer** mit Freilichttheater und Konzerten auch für Kinder.
Juli/August:	**Scherenburgfestspiele** in Gemünden.
	Lohrer Spessartfestwoche, großer Rummel.
August:	Mitte Aug, Lohr: **Weinfest** im Schlosshof.
September:	Anfang Sep, Lohr: **Schlossfest.**
Oktober:	Letzter So, Lohr: **Rambourfest,** ein Fest um eine alte Apfelsorte.

SÜDLICHER SPESSART

HANAU – GELNHAUSEN

HESSISCHER SPESSART

VORSPESSART & KAHLGRUND

ASCHAFFENBURG – KLINGENBERG

HOCHSPESSART

ÖSTLICHER SPESSART

SÜDLICHER SPESSART

DER SPESSART IM WINTER

INFO- & FERIENADRESSEN

FREIZEIT-KARTEN

Nicht nur zu Schiffsfahrten lädt euch der südliche Mainspessart zwischen Marktheidenfeld und Miltenberg ein. Rechts und links des Mains gibt es eine ganze Menge spannender Entdeckungen zu machen, und das zu jeder Jahreszeit:

Am rechten Mainufer liegt zu Füßen des Klosters Engelberg der Weinort **Großheubach**. Hübsch ist der alte Ortskern mit Fachwerkbauten wie dem Alten Rathaus und dem Abendanz'schen Haus, das nach einem Weinhändler benannt wurde, der es im 16. Jahrhundert erbauen ließ.

Miltenberg ist berühmt für seine prächtigen Fachwerkbauten. Dort könnt ihr zur Mildenburg hinauf steigen, auf Mainpromenaden spazieren, Dampfer fahren oder bei einer Bootstour selbst die Ruder in die Hand nehmen. Auch das Schwimmbad und das Stadtmuseum sind einen Besuch Wert. All das zieht im Sommer viele Menschen an. Ein ganz besonderer Tipp aber ist die Besichtigung einer der letzten Steinbrüche im Spessart: Rechtsmainisch am Stadtrand wird bis heute Sandstein abgebaut und verarbeitet.

In dem traditionsreichen Weinort **Bürgstadt** können auch kleine Genießer lecker schlemmen und zuvor alles rund um den Weinbau lernen, bei einer Besichtigung des Heimatmuseums oder bei einer Weinbergwanderung. Wer will, kann im Herbst bei der Traubenlese dabei sein. Im Sommer lohnt sich ein Besuch im großen Erlebnisbad. Oder wie wäre es mit einer Dampferfahrt? Oder einem Bummel durch die Altstadt? Sehr schmuck ist das Rathaus, ein Renaissancebau, in dessen Keller der beste Bürgstädter Wein gelagert wird.

Die hübsche Altstadt von **Freudenberg**, die Burgruine und vor allem der tolle, große Badesee lohnen einen Besuch – von dort habt ihr einen herrlichen Blick hinüber auf das Spessartmainufer, gesäumt von roten Sandsteinfelsen.

Stadtprozelten ist zwar nur ein kleiner Fleck auf der Spessartkarte, ist aber tatsächlich eine Stadt, mit

Selber Glas blasen: Im Glasmuseum von Wertheim könnt ihr euch dicke Backen holen

Hauptnahrungsmittel im Spessart war lange Zeit die Kartoffel. Viele Gerichte wurden daraus zubereitet, auch süße, z.B Gänseknödel:

Gensstebl

500 g gekochte Kartoffeln pellen und reiben, 1 Ei, 1 Prise Salz, 1 Prise Muskat und 1 Esslöffel Mehl unterrühren, Masse kneten und in eine daumendicke Rolle formen, 5 cm lange Stebbl abschneiden, in Mehl wenden. In der Pfanne mit etwas Butter goldgelb backen. Dazu gibt's Apfelmus, hmm!

Zugiges Heim für Gespenster: Burg Wertheim

nur 2000 Einwohnern eine der kleinsten Deutschlands. Drum herum ist ganz schön was los: Direkt am Main gelegen, ist sie Ausgangspunkt für Radtouren oder Dampferfahrten nach Wertheim und Miltenberg. Oder ihr könnt von hier zu einer Wanderung in den Hochspessart starten, vorbei an der mächtigen Henneburg und an der Bauernhofsiedlung Hofthiergarten.

Das rechtsmainisch gelegene **Kreuzwertheim** ist ein kleiner, aber sehenswerter und historischer Ort, in dem die Grafschaft Wertheim beheimatet war, bevor sie im frühen 12. Jahrhundert buchstäblich zu neuen Ufern aufbrach und auf der linken Mainseite eine mächtige Burganlage errichten ließ. Ihr zu Füßen liegt heute die hübsche Fachwerkstadt **Wertheim**, die ganz schön viel für Kinder zu bieten hat. Da gibt es Bühnen und Museen mit tollen Mitmachprogrammen und in den Sommerferien findet alljährlich der Kinderkultursommer statt. Wasser- und Radelspaß gibt es entlang der Flüsse Tauber und Main. Außerdem lässt es sich von hier aus prima zu schönen Wanderungen starten, wie zum Beispiel hinauf in das Naturschutzgebiet Himmelreich, in einer Mainschleife südöstlich von Kreuzwertheim gelegen.

In der südwestlichen Schleife des Main-Vierecks liegen rechts- und linksmainisch die Orte Triefenstein, Trennfeld, Rettersheim, Homburg und Lengfurt, die zum **Markt Triefenstein** zusammengeschlossen sind. Ein großes, graues Betonmischwerk am Main bei Lengfurt prägt hier stark das Landschaftsbild. Einen schönen Kontrast dazu bildet allerdings das Fachwerkschlösschen in **Homburg**, einem kleinen, idyllischen Weinort, umschlossen von zwei Weinbergen, die die lustigen Namen Edelfrau und Kallmuth tragen.

Zwischen den Wäldern des Spessarts und den fränkischen Weinbergen liegt östlich des Mains **Marktheidenfeld**. Bei einem Altstadtbummel kommt ihr an einem ulkig blau bemalten Haus vorbei, das nach dem Weinhändler Franck benannt wurde, der es 1745 erbauen ließ. Heute ist darin ein Kulturzentrum untergebracht. Zwei weitere Wahrzeichen der Stadt sind der Fischerbrunnen und die Laurentiuskirche. Der Brunnen erinnert daran, dass die Menschen hier vom Fischfang und von der Schifffahrt lebten. Die Kirche ist dem Schutzpatron der Stadt geweiht, dem Heiligen Laurentius, der der Legende nach im 3. Jahrhundert für seinen Glauben auf einem glühenden Rost den Tod fand. Den Rost könnt ihr sehen, wenn ihr euch das Standbild über dem Kirchenportal genau anschaut. Über das Stadtmauergässchen kommt ihr an den Mainkai. Hier findet ihr einen Spielplatz und viele Restaurants, wo ihr an schönen Tagen unter freiem Himmel sitzen könnt.

Frei- und Hallenbäder

TIPPS FÜR WASSER-RATTEN

Freibad für die Kleinsten: Erftalbad

Erftalstraße 33, 63927 Bürgstadt. ✆ 09371/3350, www.embmil.de. **Anfahrt:** ↗ Bürgstadt. **Zeiten:** Mai – Sep täglich 8 – 21 Uhr. **Preise:** 3 €; Kinder bis 5 Jahre frei, bis 16 Jahre 1,30 €.

▶ Schon für die Kleinsten hat das Erftalbad viel Badevergnügen zu bieten. Da warten nicht nur ein Freizeitbecken mit Massagepilz, Wasserfall und Riesenrutsche, sondern auch ein großes Plantschbecken mit extra Kinderrutsche und einem lustigen Schiffchenkanal. Für die Sportlichen gibt's natürlich auch einen Schwimmerbereich mit Sprungtürmen, außerdem die Möglichkeit Volleyball, Fußball oder Tischtennis zu spielen. Umkleidekabinen und sanitäre Anlagen sind behindertengerecht eingerichtet.

Günstige Wertkarten, die auch für das Miltenberger Schwimmbad gelten.

Baden in Marktheidenfeld

Bad Maradies, Am Maradies, 97828 Marktheidenfeld. ✆ 09391/4131, Sauna 915-564. **Anfahrt:** In Marktheidenfeld mit Bus 8052 bis Maradies. **Zeiten:** Freibad

In der Nähe des Schwimmbads findet ihr einen Spielplatz, mit Karussells und einer schwankenden Hängebrücke!

Skaten in Marktheidenfeld

Einen großen Skaterplatz mit Halfpipe und Funbox findet ihr am Hallenfreibad Maradies.

täglich 9 – 20 Uhr. Hallenbad in der Wintersaison Mo – Fr 9 – 22, Sa, So und Fei 9 – 18 Uhr, im Sommer Mo – Fr 9 – 22, Sa, So und Fei 9 – 20 Uhr. **Preise:** 3,50 €; bis 6 Jahre frei, bis 18 Jahre 1,50 €; Ermäßigung für Studenten und Schwerbehinderte, Mondscheintarif Mo – Fr ab 20.30 Uhr 2 €.

▶ Im Sommer könnt ihr hier eine Menge Spaß im Gaudi-Becken unter Wasserfontänen haben, auf der 70 m langen Tunnelrutsche und auf der riesengroßen Spiel- und Liegewiese beim Beachvolleyball oder an der Kneippanlage. Wer es nicht so heiß mag, der findet genügend Schatten spendende Bäume. Für die Kleinsten gibt es ein Plantschbecken mit lustigem Wasserigel und gegen Frostbeulen ein Thermo-Außenbecken. Das ist dem Hallenbad angeschlossen und ganzjährig in Betrieb. Dort lässt es sich auch bei Schmuddelwetter prima aushalten, beispielsweise nach einem Saunabesuch. Wer Hunger hat, bekommt im Selbstbedienungsrestaurant hausgemachte Pizza oder kann sich in der Barbecue-Zone selbst etwas zubereiten.

Freibad Wertheim, In den Christwiesen 25, 97877 Wertheim-Bestenheid. ☎ 09342/5200. **Anfahrt:** ↗ Wertheim, Bus 8072 und 8074 nach Bestenheid. **Rad:** Direkt am Maintalradweg gelegen. **Zeiten:** Mai – Sep 8.30 – 20 Uhr. **Preise:** Tageskarte 3 €, 12er-Karte 30, Saisonkarte 60 €; Kinder bis 6 Jahre frei, bis 18 Jahre 1,50 €/Tag, 12er-Karte 15, Saisonkarte 30, Familientageskarte 7; Familiensaisonkarte 145 €, Ermäßigung für Schüler, Studenten, Azubis, Zivil- und Wehrdienstleistende, Schwerbehinderte.

▶ Im Wertheimer Freibad wurde vor allem an die Allerkleinsten gedacht. Es gibt hier einen Kleinkinder-Plantschbereich mit Kletterfelsen unter einem Sonnensegel, auch Extra-Kindertoiletten und Wickelräume fehlen nicht. Aber auch die Älteren können sich hier gut vergnügen, im 50 m langen Becken, am Sprungturm, im Nichtschwimmerbecken mit Massagepilz, großer Wasserrutsche und Wasserkanal, auf dem Spielplatz oder beim Beachvolleyball. Von der großen Wiese habt ihr einen schönen Blick auf den Main. Für Hungrige gibt es einen Kiosk mit den üblichen Futteralien: Pommes und Currywurst.

Hallen- und Freibad Miltenberg

Jahnstraße 15, 63897 Miltenberg. ℡ 09371/404700, Bistro 66636, www.embmil.de. baeder@emb.mil-de. **Anfahrt:** ↗ Miltenberg. **Zeiten:** Im Sommer Mo 10 – 21, Di 7 – 21 Uhr, Mi, Do und Fr 9 – 21, Sa und So 9 – 20 Uhr. Im Winter Di und Mi 7 – 22 Uhr, Do 7 – 10 und 13.30 – 20 Uhr, Fr 13.30 – 21 Uhr, Sa 9 – 20, So 9 – 18 Uhr. Warmbadetage an Di und Mi. **Preise:** Freibad 2,50 €, Hallenbad 3 €; Kinder bis 5 Jahre frei, bis 16 Jahre Freibad 1,20 €, Hallenbad 1,50 €.

▶ Das Bad liegt direkt am Main. Im Freibad könnt ihr zwischen dem Plantschbecken, dem großen Nichtschwimmerbecken und einem Warmwasserbecken mit Sprudeldüsen wählen. Das ist mit dem Hallenbad verbunden und lädt auch im Winter zum Warmbaden ein. Zum Hallenbad gehören außerdem ein Kombibecken mit Schwimmer- und Nichtschwimmerbereich, Sauna und Dampfbad. Am Kiosk bekommt ihr Snacks, warme Speisen im Bistro.

Günstige Wertkarten, die auch für das Erftalbad in Bürgstadt gelten.

Zum Spielen könnt ihr euch beim Bademeister Gummireifen leihen.

Baden und Surfen

Bade- und Freizeitseen Freudenberg

Am Mühlgrundweg 9, 97896 Freudenberg. ℡ 09375/668, 1 km nördlich von Freudenberg direkt am Main. **Anfahrt:** RB-Station der Strecke Miltenberg – Wertheim. Bhf liegt rechtsmainisch in Kirschfurt. Ab Bhf Miltenberg Bus 90 nach Freudenberg. **Auto:** A3 Ausfahrt 57 Stockstadt, dann B469 über Miltenberg, Bürgstadt oder Ausfahrt 66 Wertheim/Lengfurt, weiter über Wertheim nach Freudenberg. **Zeiten:** 12. Mai – 16. Sep täglich ab 9 Uhr. **Preise:** Tageskarte 2,20 €,

Hunger & Durst

Restaurant Café Badesee, ✆ 09375/339, www.restaurant-badesee.de, ganzjährig geöffnet, Mo Ruhetag. Auszeichnung für Kinderfreundlichkeit durch den Tourismusverband Baden-Württemberg, u.a. für den Spielplatz und die große Kinderkarte!

10er-Karte 20, Saisonkarte 28 €; Kinder bis 5 Jahre frei, bis 16 Jahre Tageskarte1 €, 10er-Karte 5, Saisonkarte 10, Saisonfamilienkarte 45 €. **Infos:** Fremdenverkehrsamt, ✆ 92000, oder im Café-Restaurant Badesee.

▶ Am Freudenberger Badesee laden ein Wasserpilz, Wasserrutschen, kleine Badeinseln und sonnengeschützte Sandkästen, außerdem Tischtennisplatten und eine große Wiese mit Toren, Volleyballnetz und Basketballkorb zum Spielen ein. Hungrige finden einen Kiosk und ein Café-Restaurant. Neben dem Badesee liegt ein Freizeitsee für Angler und Surfer. Ein Teil dieses Sees ist als Vogelschutzgebiet ausgewiesen. Statt tobende Badegäste gibt es hier Vogelgezwitscher – vor allem in den frühen Morgenstunden.

Boots- und Schiffstouren

Kapitän auf dem Main

Bootsverleih, Dieter Fürst, 63897 Miltenberg. ✆ 0171/6970656, am Campingplatz in Miltenberg am rechten Mainufer. **Anfahrt:** ↗ Miltenberg. **Zeiten:** April – Ende Juni Mo – Fr 12.30 – 19 Uhr, Sa und So 10 – 19 Uhr. Juli – Sep täglich 10 – 19 Uhr. **Preise:** Ruderboot für 4 € 1/2 Std, 7 € 1Std, Tretboot für 4,50 € 1/2 Std, 7,50 € 1 Std, Motorboot 19 € Std.

▶ Ihr wollt einmal selbst Kapitän sein und mit dem Boot einen großen Fluss hinunterfahren? Das könnt ihr, wenn ihr euch ein Tret- oder ein Ruderboot leiht. Es gibt auch Motorboote. Wer die leihen möchte, braucht zwar keinen Führerschein, muss aber über 18 Jahre alt sein.

Schiffstouren ab Miltenberg

Reederei Henneberger, 63897 Miltenberg. ✆ 09371/3330, Fax 959604. www.reederei-henneberger.de. info@reederei-henneberger.de. Anlegestelle Alte Volkshochschule. **Anfahrt:** ↗ Miltenberg. **Zeiten:** Mai – Okt Di, Do, Sa, So 9.30 Uhr Abfahrt Miltenberg, 9.40 Uhr

VON FLÖSSEN UND FLÖSSERN

▶ Eine geregelte Schifffahrt auf dem Main ist seit dem 9. Jahrhundert bekannt. Daneben hat es auch Flößer gegeben.
In den umliegenden Wäldern, also im Spessart, im Odenwald, im Bayerischen Wald und im Fichtelgebirge wurden Bäume gefällt und einzeln die Bäche abwärts treiben lassen. An den Mündungen in den Main wurden die Stämme zusammengebunden, bis sie ein ungefähr 19 x 100 Meter großes Floß ergaben. Auf so einem Floß hat man einen kleinen Ofen aufgestellt und eine Bretterhütte für Proviant gebaut. Damit ging es den Fluss hinunter bis nach Mainz. Dort wurden sie dann zu noch größeren Flößen zusammengebunden, die auf dem Rhein bis nach Holland trieben. Zielhafen war Rotterdam, wo das Holz verkauft wurde. Den Heimweg legten die Flößer meist zu Fuß zurück. Unterwegs schliefen sie in Scheunen und erst nach mehreren mühsamen Tagen oder Wochen waren sie wieder zu Hause. ◀

Bürgstadt, 10.05 Uhr Freudenberg, 12.45 Uhr Ankunft Wertheim; 15 Uhr Abfahrt Wertheim, 17.15 Uhr Freudenberg, 17.30 Uhr Bürgstadt, 17.45 Ankunft Miltenberg. März – Nov täglich kleine und große Rundfahrten von 60 und 90 Minuten Länge, auf Anfrage Schleusenfahrten nach Großheubach mit Erläuterungen. **Preise:** Von Miltenberg nach Wertheim und zurück 16 €, von Bürgstadt 15, von Freudenberg 14,50 €. Kleine Rundfahrt 6, große 8,50 €, Schleusenfahrt 9 €; Kinder Miltenberg – Wertheim und zurück 9 €, von Bürgstadt 8,50 €, von Freudenberg 8 €. Kleine Rundfahrt 3,50 €, große 4,50 €, Schleusenfahrt 4,50 €.

Schiffstouren ab Wertheim
Reederei Henneberger, 97877 Wertheim. ✆ 09371/ 3330, Fax 959604. www.reederei-henneberger.de. info@reederei-henneberger.de. Anlegestelle Mainparkplatz. **Anfahrt:** ↗ Wertheim. **Zeiten:** Mai – Okt Do 9.30

In der Nähe der Schiffsanlegestellen findet ihr einen Minigolfplatz, der ist bei gutem Wetter täglich ab 10 Uhr, werktags ab 14 Uhr geöffnet. ✆ 09371/8780.

RAUS IN DIE NATUR

Fährzeiten nach Mondfeld Mo – Fr 6 – 19 Uhr, Sa 7 – 19 Uhr, So und Fei 9 – 19 Uhr, Mittagspause 11.30 – 12.30 Uhr.

Tipp: Im Service-Teil »Info- & Ferienadressen« findet ihr Adressen von Fahrradverleihern!

Uhr Abfahrt Wertheim, 10.30 Uhr Stadtprozelten, 12.30 Ankunft Miltenberg, 15 Uhr Abfahrt Miltenberg, 16.45 Uhr Stadtprozelten, 17.45 Uhr Ankunft Miltenberg. März – Nov täglich kleine Rundfahrten von 1 Std und große von 90 Min, auf Anfrage Schleusenfahrten nach Eichel mit Erläuterungen. **Preise:** Wertheim – Miltenberg und zurück 16 €, Stadtprozelten – Miltenberg und zurück 13 €. Kleine Rundfahrt 6 €, große 8,50 €, Schleusenfahrt 9 €; Kinder Wertheim – Miltenberg und zurück 9, Stadtprozelten – Miltenberg und zurück 6 €. Kleine Rundfahrt 3,50 €, große 4,50 €, Schleusenfahrt 4,50 €.

Radeln und Skaten

Radtour von Miltenberg nach Wertheim

Länge: 30 km einfach, fast eben, verkehrssicher, für ältere Grundschulkinder als Tagestour, Rückfahrt per Schiff möglich. **Anfahrt:** ➹ Miltenberg.

▶ Wie wäre es mit einer Radtour auf dem Maintalradweg von Miltenberg nach Wertheim? Dort könnt ihr tolle Museen entdecken und anschließend mit dem Schiff zurückfahren! Unterwegs kommt ihr durch Freudenberg, dort könnt ihr die Burg besichtigen oder in den Badeseen Kühling suchen. In Mondfeld gibt es einen Spielplatz direkt am Main und eine Fährverbindung nach Stadtprozelten, wo ihr die Henneburg erklimmen könnt.

Die Main-Spessart-Mühlen-Radtour

Länge: 54 km mit mäßigen Steigungen, für Jugendliche zur Not am Stück, für ältere Kinder als Mehrtagestour geeignet. **Anfahrt:** ➹ Wertheim. **Infos:** Karten zur Main-Spessart-Mühlen-Tour gibt es bei der Tourist-Information Wertheim, ✆ 09342/1066.

▶ Die Main-Spessart-Mühlen-Radtour führt euch von Wertheim über Kreuzwertheim und Hasloch in das Haseltal, das für seine schönen alten Mühlen bekannt ist. In alle vier Mühlen könnt ihr zum Vespern einkehren und einige bieten auch Übernachtungsmöglichkeiten. Über Bischbrunn und Esselbach geht es nach Marktheidenfeld und weiter von dort über Homburg am Main entlang zurück nach Wertheim. Die Tour ist Ende April besonders schön, wenn im Haseltal die Schlüsselblumen blühen.

Skaten in Wertheim
▶ Einen großen Skaterplatz mit Halfpipe und Funbox findet ihr in Wertheim an der Taubermündung, direkt hinter dem großen Parkplatz.

Radtouren den Main entlang
Länge: Stadtprozelten – Faulbach 5 km hin und zurück, eben, verkehrssicher, für Fahrradanfänger. **Anfahrt:** ↗ Stadtprozelten. **Zeiten:** Fähre nach Mondfeld Mo – Fr

In **Hasloch** kommt ihr an einer alten Eisenhammerschmiede vorbei, die besichtigt werden kann. Sehenswert sind auch das Schloss, die Burkardusgrotte und die Papiermühle in Homburg.

▶ Wild wachsende Schlüsselblumen sind zwar mit den Primeln, die im Frühjahr in Vorgärten blühen und an Ostern Küchentische schmücken, verwandt. Wenn ihr der Schlüsselblume auf einer Wiese oder im Wald begegnet, werdet ihr aber trotzdem nur ihre Blätter wiedererkennen. Von der gezüchteten Primel unterscheiden

PRIMULA VERIS & PRIMULA ELATIO

sich die beiden wild wachsenden Arten in ihrer Blütenform und in ihrem starken Geruch: Ihre Blüten sind gelb, sitzen gebündelt auf einem längeren Stiel und riechen ganz lecker nach reifen Pfirsichen. Auch die beiden wild wachsenden Arten könnt ihr unterscheiden. Die Blüten der **Wiesenschlüsselblume** (Primula veris) sind von einem kräftigeren Gelb als die der **Waldschlüsselblume** (Primula elatio); sie sind außerdem kleiner und duften noch stärker. Wenn ihr an den Schlüsselblumen riechen wollt, müsst ihr in den Monaten April und Mai im Spessart unterwegs sein. ◀

Radwandern im Landkreis Main-Spessart, Maßstab 1:50.000, Bielefelder Verlagsanstalt, 3-87073-337-3, 6,80 €.

6 – 19 Uhr, Sa 7 – 19 Uhr, So und Fei 9 – 19 Uhr, Mittagspause jeweils 11.30 – 12.30 Uhr.

▶ Von Stadtprozelten führt ein Radweg nach Faulbach direkt am Main entlang. Mit nur gut 2 km Länge ist er schon für Kinder geeignet, die noch wenig Übung im Radfahren haben. Unterwegs gibt es Schwäne und natürlich Schiffe zu sehen. In Faulbach ist das Rathaus bestaunenswert: Es wurde 1594 quer über die heutige Hauptstraße gebaut, mit einem Durchlass für Pferdefuhrwerke. Mit einem Lkw hat man damals nicht gerechnet. Kein Wunder, dass heute so manches Fahrzeug darin stecken bleibt, obwohl das Haus mittlerweile um einen Meter angehoben wurde!

Ihr könnt von Stadtprozelten auch zu einer längeren Radtour am Main starten, dann solltet ihr aber mit der Fähre nach Mondfeld übersetzen und dort den Maintalradweg benutzen. Nach Wertheim sind es etwa 12 km, nach Miltenberg rund 16 km. Diese Tour könnt ihr gut mit einer Schiffsfahrt verbinden, denn die Schiffe der Reederei Henneberger legen auf ihrer Strecke zwischen Miltenberg und Wertheim in Stadtprozelten an. Am Mondfelder Mainufer liegt ein schöner Spielplatz.

Wandern und Spazieren

Wandern und Einkehren im Klotzenhof

Anfahrt: Bus 81 ab Miltenberg bis zur Haltestelle an der Straße nach Mönchberg, knapp 1 km vom Klotzenhof. **Auto:** Von Großheubach in Richtung Mönchberg nach gut 1 km Hinweisschild.

▶ Klotzenhof heißt ein idyllischer Weiler, der gut 2 km nordöstlich von **Großheubach**, umringt von Feldern und Weiden liegt. Zu dem Weiler gehören eine Kapelle, hübsche Bauerngärten und gleich eine ganze Handvoll Bauerngasthöfe, die alle eine herzhafte und erstaunlich günstige Küche bieten. Nicht nur gut vespern könnt ihr dort, sondern auch mal einen Blick in die Stallungen werfen oder die Hofkatzen streicheln. Auf fast allen Höfen gibt es Obst, Gemüse und Dosenwurst zu kaufen. Durch die Felder führen kinderwagenfreundliche Spazierwege. Besonders schön ist es hier im Spätsommer, wenn in den Bauerngärten Gladiolen, Dahlien und Sonnenblumen blühen.

Burgen-Bauernhof-Wanderung — auch für Kapitäne

Länge: 8 km Rundweg, Treppenaufstieg zu Beginn.
Anfahrt: ↗ Stadtprozelten.

▶ Am Rathaus von Stadtprozelten führt euch ein Treppenaufgang zur Henneburg. Von dort folgt ihr dem Wanderzeichen R zunächst nach **Hofthiergarten**, einem idyllisch gelegenen Weiler mit Bauernhöfen und einer urigen Dorfschänke. Dann geht es weiter durch das Sellbachtal an Kuhweiden, Streuobstwiesen und Weinbergen vorbei nach **Dorfprozelten**. Hier gelangt ihr über die Weinbergstraße an eine Bahnunterführung. Durch diese geht ihr hindurch und dann über die Hauptstraße an den Main. Dort findet ihr einen schönen Spielplatz und eine kleine Werft, in der immer ein paar Schiffe zur Reparatur liegen. An einem Kiosk gibt es Getränke, Eis und kleine Speisen. Am Main entlang könnt ihr bequem zurück nach **Stadtprozelten** laufen.

Natur und Umwelt erforschen

Weinbergwanderungen und Traubenlese

Winzer Peter Meisenzahl, Zum Kettenacker 1, 63927 Bürgstadt. ✆ 09371/1220, Fax 668165. www.weinerlebnis-franken.de. info@weinerlebnis-franken.de.
Anfahrt: ↗ Bürgstadt. **Zeiten:** Die Termine könnt ihr auch bei der Tourist-Info unter ✆ 973819 erfragen. Die Führungen finden bei jedem Wetter statt. Weitere Füh-

rungen nach Absprache möglich, gerne auch für Schulklassen. **Preise:** Nach Vereinbarung; für Kinder kostenlos.

▶ Der Winzer Peter Meisenzahl wandert mit euch auf einer Teilstrecke des fränkisches Rotweinwanderwegs, der am Main entlang von Bürgstadt bis nach Großwallstadt führt. Er nimmt euch mit zu den eigenen Weinbergen, wo ihr im Herbst bei der Traubenlese mit anpacken könnt. Dabei gibt es viel über das Winzern zu lernen und bei einer Vesper leckeren Wein oder Traubensaft zu probieren.

In den Weinbergen Edelfrau und Kallmuth

Karen und Klaus-Dieter Geis, Würzburger Straße 33, 97855 Triefenstein-Homburg. ☏ 09395/997476, Fax 9971009. **Anfahrt:** ↗ Triefenstein. **Preise:** 2,50 €; Kinder bis 16 Jahre 1,50 €. **Infos:** ↗ unten.

Lecker: Habt ihr schon einmal Traubensaft probiert?

▶ Wisst ihr, wo das Trias-Meer liegt? Auf einer geologischen Führung rund um Homburg könnt ihr das erfahren! Diese sowie eine Führung auf dem ↗ Homburger Weinweg könnt ihr bei Karen und Klaus-Dieter Geis buchen.

Auf dem Homburger Weinweg

Angelika Blank, Maintalstraße 33, 97855 Triefenstein-Homburg. ☏ 09395/99319, Fax 878132. **Anfahrt:** ↗ Triefenstein. **Preise:** 2,50 €; Kinder bis 16 Jahre 1,50 €.

▶ Vom Schloss Homburg aus könnt ihr zu einer etwa 10 km langen Wanderung auf dem Homburger Weinweg starten. Dann müsst ihr dem Wanderzeichen Winzermännle folgen oder aber echten Weinkennern: Das Ehepaar Geis (↗ In den Weinbergen), wie auch Angelika Blank bieten Führungen in die Weinberge an, bei denen ihr ganz viel über das Winzern lernen könnt. Unterwegs gibt es Wein oder leckeren Traubensaft zu probieren.

Naturerkundungen in Hängen und Bächen

ANL – geprüfter Natur- und Landschaftsführer, Harald Hilbig, Eschenweg 2, 97892 Kreuzwertheim. ✆ 09342/37044, Fax 37044. www.landschaftsfuehrer.net. hilbchen@gmx.de. **Anfahrt:** ↗ Wertheim.

▶ Das südöstliche Maintal könnt ihr mit einem geprüften Natur- und Landschaftsführer erkunden. Harald Hilbig führt euch auf dem Kaffelsteinrundweg hinauf in die Weinberge oder in das Naturschutzgebiet Himmelreich, erklärt euch die Geologie der Mainhänge, aber auch die Pflanzen und Insekten, die im Maintal heimisch sind. Oder wie wäre es mit einer Bachuntersuchung im Kropfbachtal?

Walter Hoh, Petzoltstraße 22, 97828 Marktheidenfeld. ✆ 09391/2236.

▶ Stunden-, Tages- und Nachtfahrten mit dem Planwagen, im Winter Schlittenfahrten, auf Wunsch mit Brotzeit und musikalischer Unterhaltung.

Betriebsbesichtigung

Ab in den Steinbruch!

Natursteinwerk Peter Wassum GmbH, Im Söhling 20, 63897 Miltenberg-Nord. ✆ 09371/2781, Fax 8898. info@wassum-online.de. **Anfahrt:** ↗ Miltenberg. **Zeiten:** Nach Anmeldung.

▶ Zu dem Natursteinwerk Wassum gehört einer der letzten Steinbrüche des Spessarts, in dem noch heute Buntsandstein gebrochen wird. Die Verarbeitung der Steine geschieht vor Ort in einer großen Steinmetzwerkstatt. Dort ist zu sehen, wie aus Sandstein zum Beispiel Brunnen, Bänke und Blumentröge entstehen.

HANDWERK UND GESCHICHTE

Baut euch doch mal eure eigene Ritterburg aus Sandstein! Die Firma Wassum hat davon so viel, dass sie euch nach der Führung gern ein paar Reste mitgibt.

Habt ihr gewusst, dass der schöne, rotbraun marmorierte **Buntsandstein** *schon 300 Millionen Jahre alt ist? Dass schon in der Römerzeit Steinhauerei im Spessart betrieben wurde und die mächtigsten Burganlagen am Main aus Sandstein errichtet wurden?*

Für den Abbau und die Verarbeitung gibt es heute mächtige Maschinen, Steinsägen und -schleifer. Im 19. Jahrhundert, als die Steinhauerei ihre Hochzeit hatte, gab es solche Hilfsmittel noch nicht. Vierzehn Stunden am Tag mussten Steinhauer und Steinmetze echte Knochenarbeit verrichten. Bei jedem Wetter waren sie im Freien oder meißelten in zugigen Hütten Steine. Viele von ihnen starben mit kaum vierzig Jahren, weil sie zu viel Steinstaub in die Lunge bekamen.Trotzdem gingen viele Menschen dieser Arbeit nach, weil es für sie die einzige Erwerbsquelle war.

Glasbläser-Werkstatt

Reinhard Herzog, Birkenstraße 21, 97877 Wertheim-Kreuzwertheim. ✆ 09342/84088, Fax 913505. www.glasstudio-reinhard-herzog.com.

▶ Glasmachen hat im Spessart bis heute Tradition, davon könnt ihr euch nicht nur im Glasmuseum in Wertheim überzeugen, sondern auch, wenn ihr einem der letzten Glasbläser der Region bei seiner Arbeit über die Schultern schaut. In der Werkstatt Reinhard Herzogs gibt es auch schöne kleine Dinge aus Glas, wie Schneemännchen und bunte Murmeln zu kaufen.

Burgen, Klöster, Schlösser

Die Mildenburg

Anfahrt: ↗ Miltenberg.

▶ Die Mildenburg wurde im 13. Jahrhundert unter dem Mainzer Erzbischof errichtet, der damit seine Besitztümer und seinen Einflussbereich gegen das Würzburger Bistum sichern wollte. Heute lässt sie sich gut durch das Schnatterloch am oberen Marktplatz Miltenbergs erstürmen. Oben angekommen, habt ihr einen herrlichen Blick auf das Maintal. Ihr könnt auf den eckigen Burgfried klettern, der zu seiner Entstehungszeit 1235 das einzige Bauwerk aus

Hunger & Durst

Café im Burghof, Mai – Okt, Mo Ruhetag, ✆ 09371/1243.

Stein war. Alle übrigen waren aus Holz. Sehr komfortabel: Im Bergfried gab es ein Sitzklo. Zurück zum Marktplatz kommt ihr über eine Treppe, so dass ihr die Burgerstürmung als kleine Rundtour gestalten könnt.

Kloster Engelberg

63920 Großheubach. ℗ 09371/948940, www.natur-park-spessart.de/Freizeit/Sehenswuerdigkeiten. **Anfahrt:** ↗ Großheubach. Es führt zwar ein Fahrweg zum Kloster hinauf, allerdings sind die Parkplätze knapp und überwiegend Bussen vorbehalten. **Zeiten:** Klosterschänke Di – So 10 – 18 Uhr, im Nov geschlossen.

▶ Aus der Ferne gut sichtbar, lädt der weiß leuchtende Bau des Klosters Engelberg nicht nur fromme Pilger zur Wallfahrt, auch weniger fromme kehren hier gerne ein, vor allem in die *Klosterschänke*. Das ist kein Wunder, denn die Franziskanermönche, deren Orden das Kloster seit 1828 führt, sind für ihren Klosterkäse, das selbstgebackene Klosterbrot und für ihr Schwarzbier bekannt. Natürlich gibt es auch Limo zu trinken. Die Vesper hat man sich redlich verdient, wenn man den Aufstieg auf den Engelberg geschafft hat. Vorbei an sechs Kapellen aus dem 17. Jahrhundert, so genannten Engelsstaffeln, führt eine Treppe mit insgesamt 612 Stufen zum Kloster hinauf. Wer will und nicht seine ganze Puste zum Schnaufen braucht, kann mitzählen.

Der Ursprung des Klosters liegt in einer 1310 aufgestellten Marienstatue, die heute als Gnadenbild in der Marienkapelle verehrt wird.

Schloss Homburg & Burkardus-Grotte

Michael Günther, Schlossplatz 3, 97855 Triefenstein-Homburg. ℗ 09395/9978-11, Fax 9978-56. **Anfahrt:** ↗ Triefenstein. **Auto:** Ab Bhf Wertheim Bus 8051 in alle Gemeindeteile. **Rad:** Am Mainuferradweg 16 km von Wertheim, 28 km von Lohr.

Tipp: **Freiluft-Gottesdienste** finden im Sommer So um 7.30, 9 und 10.30 Uhr statt, Mo – Sa um 7 Uhr.

 Engelberg heißen das Kloster und der Berg, auf dem es steht, weil beide 1406 dem Erzengel Michael geweiht wurden. Der Teufelsbezwinger sollte die nicht-christlichen Götter vertreiben. Der Berg war nämlich schon in vorchristlicher Zeit für die Menschen ein heiliger Ort, an dem sie ihren Gott Wotan verehrten.

Tipp: Den Schlüssel zur **Burkardus-Grotte** bei Metzgerei Tritschler, Burkardusplatz 1, ☏ 09395/997864, abholen oder bei Herrn Michael Günther im Schloss. Herr Günther informiert auch gern über das Veranstaltungsprogramm der *Initiative Kunst im Schloss Homburg am Main* und nimmt sich nach Anmeldung Zeit für eine Führung.

▶ Das Schloss Homburg wurde auf einem Tuffsteinfelsen errichtet, in dessen Innerem sich kleine Tropfsteinhöhlen befinden. Die größte Höhle kann besichtigt werden. Sie ist schon deshalb sehenswert, weil sich mit ihr eine spannende Legende um den heiligen *Burkardus* (Burkhard) verbindet: In der Tropfsteinhöhle soll im 8. Jahrhundert Burkardus, Gründer des Würzburger Bistums, Zuflucht vor Feinden gefunden haben, als diese ihm nach dem Leben trachteten. Dabei soll ihm eine Spinne geholfen haben, indem sie ein riesiges Netz um den Höhleneingang spann, sodass die Verfolger des Bischofs lieber draußen blieben.

Das Homburger Schloss war im Laufe seiner Geschichte eine Wehranlage, ein Kloster und eine Kirche. Ob hier aber tatsächlich der aus Südengland stammende Burkardus lebte und wirkte, ist nicht sicher, weil es aus dieser Zeit keine schriftlichen Quellen gibt. Heute werden im Schloss Lesungen, Musikkonzerte und Kunstausstellungen veranstaltet. Nach Anmeldung könnt ihr nicht nur die Burkardus-Grotte besichtigen, sondern außerdem eine Kapelle und eine private Sammlung alter Tasteninstrumente. Dem Schlosshof schließt sich eine kleine Parkanlage mit Spielplatz und lustigem Brunnen an.

Burg Wertheim

Schlossgasse 11, 97877 Wertheim. **Anfahrt:** ↗ Wertheim. **Zeiten:** 16. Okt – Ostern 10.30 – 16 Uhr, Ostern – 15. Okt 9 – 22 Uhr. **Preise:** 0,50 €. **Infos:** Fremdenverkehrsgesellschaft, ☏ 09342/1066.

Hunger & Durst
Gaststätte die Burg, Schlossgasse 11, Wertheim, ☏ 09342/913238. Direkt an der Burg gelegen! Achtung, variable Öffnungszeiten.

▶ Ein wenig in die Jahre gekommen ist die einstige Burg der Wertheimer Grafen ja schon. Kein Wunder, denn schließlich ist sie rund 800 Jahre alt. Ihre Sandsteinruine mit der großen Zugbrücke und den vielen Türmen thront noch immer mächtig über der Stadt, aber so manche Ecken und Kanten sind brüchig. In den letzten Jahren ist wegen Reparaturarbeiten nur ein kleiner Teil der Anlage zu besichtigen gewesen.

Romantisch: Aufgang zur Burg Wertheim

Hunger & Durst
Gaststätte **Zum Ochsen**, Marktplatz 7, Wertheim, ☎ 09342/ 38880. Täglich 11 – 14, 17 – 1 Uhr, Di Ruhetag. Regionale Küche, auch vegetarische Gerichte. Leckere Spätzle! Kleiner Biergarten im Hof.

Aber heute dürft ihr den Burgfried wieder erklimmen. Wer hinauf will, findet einen Treppenaufstieg am Grafschaftsmuseum.

Burg Freudenberg

Anfahrt: RB-Station der Strecke Miltenberg – Wertheim. Bhf liegt rechtsmainisch in Kirschfurt. Ab Bhf Bus 90 nach Freudenberg. **Auto:** A3 Ausfahrt 57 Stockstadt, dann B469 über Miltenberg, Bürgstadt oder Ausfahrt 66 Wertheim/Lengfurt, über Wertheim nach Freudenberg.

▶ Die Ruine der einstigen *Burg Fröudeberch,* die die Würzburger Bischöfe 1197 errichten ließen, thront über dem Städtchen und ist leicht zu erreichen. Der Weg startet am Rathaus und führt nach einem 20-mi-

*In die buckligen Steine des Bergfrieds findet ihr seltsame Zeichen eingeritzt. Das sind keine Gaunerzinken, sondern das Symbol des jeweiligen **Steinmetz'**. Wer die meisten Steine behauen hatte, bekam den meisten Lohn.*

nütigen Aufstieg durch den Wald zum Ziel. Alle zwei Jahre finden hier im Sommer die Freudenberger Burgfestspiele mit einem umfangreichen Kinderprogramm statt. Wenn ihr nicht darauf warten wollt, bringt doch einfach einen großen Picknickkorb mit und veranstaltet euer eigenes Burgfest. Platz zum Spielen gibt es hier reichlich, und einen der beiden Türme könnt ihr besteigen.

Die schöne Ruine Henneburg

Anfahrt: ↗ Stadtprozelten.

▶ Die Ruine Henneburg war einst eine mächtige Festung, die die Schenken von Clingenburg im 12. Jahrhundert errichten ließen. Bis heute erhalten sind zwei Türme, die ihr besteigen könnt. Den Aufstieg zur Burg startet ihr am besten von der Hauptstraße in Stadtprozelten aus. Unweit des Rathauses führen euch Treppen den Hang hinauf.

Museen und Stadtführungen

Berufe der Miltenberger

Museum der Stadt Miltenberg, Hauptstraße 169 – 175, 63897 Miltenberg. ✆ 09371/404153, Fax 404153. www.museum-miltenberg.de. museum-miltenberg@t-online.de. In der ehemaligen Amtskellerei am Schnatterloch. **Anfahrt:** ↗ Miltenberg. **Zeiten:** 1. Mai – 31. Okt, Di – So 10 – 17.30 Uhr. 1.Nov – 30. April, Mi – So 11 – 16 Uhr. Führungen nach Vereinbarung. **Preise:** 2,50 €; Kinder 6 – 16 Jahre 1,50 €; Familienkarte 7 €.

▶ Im Museum der Stadt Miltenberg könnt ihr euch über die Stadtgeschichte informieren, von den Siedlungen der Römerzeit bis ins 20. Jahrhundert. Ein Schwerpunkt der Ausstellung liegt auf dem Berufsleben der Miltenberger, was zum Teil auch in Hörbildern dokumentiert wird. So könnt ihr euch per Kopfhörer von einem der letzten Miltenberger Mainfischer erzählen lassen, wie er einmal beim Fischfang in ein schreckliches Unwetter kam – und zwar mit dem hölzernen Kahn, den ihr heute im Museum bestaunen könnt.

Tabakpflanzer und Steinhauer

Museum Bürgstadt, Am Mühlgraben 1, 63927 Bürgstadt. **Anfahrt:** ↗ Bürgstadt. **Zeiten:** So 14 – 18 Uhr; für Gruppen nach Anmeldung auch Führungen unter der Woche, ✆ 09371/973829. **Preise:** Freier Eintritt.

▶ Nicht nur der Weinbau hat in Bürgstadt Tradition, sondern auch der Anbau von Tabak. Erst im Jahr 1989 gab der letzte Bürgstädter Tabakpflanzer seinen Beruf auf. Ein anderer traditioneller Beruf der Region ist der des Steinhauers in den Sandsteinbrüchen. Im Museum Bürgstadt könnt ihr euch über den oft harten Arbeitsalltag dieser Berufsgruppen informieren.

Selber Glas blasen

Glasmuseum, Mühlenstraße 24, 97877 Wertheim. ✆ 09342/6866, Fax 916711. www.glasmuseum-wertheim.de. info@glasmuseum-wertheim.de. **Anfahrt:** ↗ Wertheim. **Zeiten:** April – Okt und 1. Advent – 6. Jan Di – Do 10 – 12 und 14 – 17 Uhr, Fr und Sa 13 – 19 Uhr, So und Fei 13 – 17 Uhr. Führungen und museumspädagogisches Programm nach Vereinbarung. **Preise:** 4 €; Kinder bis 6 Jahre frei, Schüler 1 €, mit Führung 2 €, Glaskugelblasen 3 €; Gruppenermäßigung.

▶ Ein kleiner Glasgeist führt euch durch die Ausstellungsräume, in denen es nicht nur alte Glasvasen und Trinkgläser zu sehen gibt. Gezeigt wird vielmehr, was ohne Glas alles undenkbar wäre: Wie sollten wohl Glühbirnen und Brillen, Thermometer, Ferngläser und Lupen ohne Glas funktionieren? In einer Werkstatt könnt ihr einem Glasbläser über die Schulter schauen oder selbst versuchen, eine Glaskugel zu blasen. Außerdem gibt es eine Abteilung mit Murmelspielen, und natürlich könnt ihr herrlich bunte Glasmurmeln, Schmuck und Briefbeschwerer kaufen.

Hunger & Durst

Zwei kinderfreundliche Gaststätten in Bürgstadt mit gehobener Küche zu angemessenen Preisen. Bei beiden könnt ihr auch Fahrräder leihen, um die angefutterten Kalorien gleich wieder abzuradeln:

Gasthof Landhaus Adler, Hauptstraße 30, ✆ 09371/97880. Gartenwirtschaft mit Spielplatz.

Hotel Weinhaus Stern, Hauptstraße 23, ✆ 09371/40350. Hübsche Weinlaube. Reservierung ratsam.

🍎 Vom 1. Advent bis zum 6. Januar gibt es eine Sonderausstellung mit Weihnachtsbasar, Verkauf von Christbaumkugeln und anderem Weihnachtsschmuck.

Blau bedruckte Stoffe waren früher etwas ganz Besonderes, weil blaue Farbe gar nicht so einfach herzustellen war. Mehr darüber erfahrt ihr im GrafschaftsMuseum!

Kaum zu fassen: Max umarmt die Hochwassersäule von Wertheim

Museum aktiv

GrafschaftsMuseum, Rathausgasse 6 – 10, 97877 Wertheim. ✆ 09342/301-511, Fax 301-511. www.grafschaftsmuseum.de. Grafschaftsmuseum@t-online.de. **Anfahrt:** ↗ Wertheim. **Zeiten:** Ganzjährig Di – Fr 10 – 12 und 14 – 16.30 Uhr; Sa 14.30 – 16.30, So und Fei 14.30 – 17 Uhr; Führungen und museumspädagogisches Programm nach Vereinbarung. **Preise:** 2,50 €; Kinder bis 6 Jahre frei, Schüler 1,50 €.

▶ Im GrafschaftsMuseum warten viele Mitmachaktionen auf euch: Nach Voranmeldung könnt ihr euch als Scherenschneider probieren oder in der Blaudruckwerkstatt mit den Modeln aus dem 19. Jahrhundert mitgebrachte Stoffe bedrucken, und ihr könnt versuchen, Zunder zum Glimmen zu bringen. Ganz spielerisch lernt ihr dabei die Stadt- und Grafschaftsgeschichte Wertheims kennen. Auch schöne Scherenschnitte von Karl und Anna Fröhlich gibt es hier zu sehen und die Märchen, die Andreas Fries in der Region um Wertheim im 19. Jahrhundert gesammelt hat. Mitte November bis Ostern werden alljährlich wechselnde Sonderaustellungen mit einem Begleitprogramm für Kinder angeboten.

So wird Papier gemacht

Museum Papiermühle Homburg, Gartenstraße 7, 97855 Triefenstein-Homburg . ✆ 09395/99222, www.papiermuehle-homburg.de. info@homburger-papiermanufaktur.de. **Anfahrt:** ↗ Triefenstein. **Zeiten:** 1. Mai – 31. Okt Di – Fr 10 – 12 und 14 – 16 Uhr; Sa, So und Fei 10 – 12 und 14 – 17 Uhr. Führungen und Kurse in Papierschöpfen nach Anmeldung. **Preise:** 2 €;

Kinder ab 6 Jahre 1 €; Ermäßigung für Schüler, Studenten, Behinderte.

▶ Die alte Papiermühle Homburgs, ein mächtiger Fachwerkbau, liegt sehr idyllisch, umgeben von Schrebergärten, am Fuße der Weinberge. Kaum zu glauben, dass diese Mühle einmal woanders gestanden hat, nämlich in Windheim im Hafenlohrtal. Dort wurde die Mühle aufgrund von Wassermangel im 18. Jahrhundert Balken für Balken abgetragen und an ihrem heutigen Standort wieder aufgebaut. Bis 1975 hat man hier mittels Wasserkraft Pappe und Papierbogen hergestellt. Heute ist in der Mühle ein spannendes Museum eingerichtet, in dem ihr alles über die verschiedenen Arbeitsweisen der Papierherstellung lernen könnt. Wenn ihr eine Führung bucht, könnt ihr in einer Vorführwerkstatt zuschauen, wie handgeschöpftes Büttenpapier entsteht und mit ein bisschen Glück dürft ihr selbst mit anpacken. Außerdem wird euch die maschinelle Papierherstellung erklärt. Und natürlich gibt es handgeschöpftes Papier zu kaufen.

Kurse und Medien

VHS Miltenberg

Engelsplatz 67, 63837 Miltenberg. ✆ 09371/404-146, Fax 404-104. www.vhs-miltenberg.de. vhs@miltenberg.de. **Anfahrt:** ↗ Miltenberg.

▶ Schwimm- und Sprachkurse für Kinder, musikalische Früherziehung, Musikgarten für Eltern und Kinder.

Waldkindergarten

Förderverein Waldkindergarten e.V., Caterina Gebhardt, Waldstraße 15, 97828 Marktheidenfeld. ✆ 09391/917444, catigeb@freenet.de.

▶ Unter freiem Himmel toben, spielen, basteln, singen, Märchen hören, aber auch ein sinnvolles Mitei-

Hunger & Durst

Weinkrug, Maintalstraße 19, Triefenstein-Homburg, ✆ 09395/8009. Gut vom Radweg am Main zu erreichen, uriger Gewölbekeller und Gartenlokal, fränkische Küche, auch Übernachtungsmöglichkeit. Di Ruhetag.

Hunger & Durst

Wolzenkeller, direkt am Schloss, ✆ 09395/878384. Mo Ruhetag. Junges Publikum, auch südländische Gerichte, kleiner Biergarten, für Kinder Schaukelmotorrad.

BÜHNE, LEINWAND UND AKTIONEN

 Einrichtungen, Veranstaltungen und Freizeittipps für Jugendliche gibt's auf der Website des Kreisjugendrings www.kjr-mil.de.

nander und soziale Regeln lernen, das können Kleinkinder im Marktheidenfelder Waldkindergarten. Zur Ausstattung des Kindergartens gehören Thermoskannen, Erste-Hilfe-Ausrüstungen, ein Funktelefon und ein Bollerwagen. Bei extrem schlechter Witterung stehen eine beheizbare Hütte und ein Bauwagen zur Verfügung. Allerdings sind die Waldkinder bei fast jedem Wetter draußen, natürlich mit wetterfester Kleidung, und spielen mit dem, was sie in der Natur vorfinden. Das fördert das Immunsystem und die Kreativität!

VHS Marktheidenfeld,

Kulturkreis Volkshochschule e.V., Altes Rathaus, Marktplatz 24, 97828 Marktheidenfeld. ✆ 09391/5004-31, Fax 81603. www.marktheidenfeld.vhs-bayern.de. marktheidenfeld@vhs-bayern.de. **Anfahrt:** ↗ Marktheidenfeld.

▶ Sprachkurse, Konzentrations- und Lerntraining für Schüler, Selbstverteidigungskurse für Mädchen.

Puppentheater Putschenelle

Ferdinand-Holz-Straße 1, 97877 Wertheim. ✆ 0931/464530, eine Stunde vor Spielbeginn ✆ 09342/916115, www.putschenelle.de. info@putschenelle.de. Zugang über den Pausenhof der Grund- und Hauptschule. **Anfahrt:** Ab Bhf Wertheim in Richtung Wertheim/Hardheim, nach circa 400 m links dem Wegweiser Aula Alte Steige folgen. **Zeiten:** Sep – April an den Wochenenden, Aufführungen in Kindergärten und Schulen auf Anfrage.

▶ Ganz schön turbulent geht es vor und hinter der kleinen Guckkastenbühne zu, wenn die Hand- und Stabpuppen, Klappmaulpuppen und Marionetten lebendig werden! Und auch nach dem Spiel geht denen noch lange nicht die Puste aus. Dann dürft ihr den Puppen und ihren Spielern noch viele neugierige Fragen stellen und einen Blick hinter die Kulissen werfen.

Junge VHS

Volkshochschule Wertheim e.V., Bahnhofstraße 1, 97877 Wertheim. ✆ 09342/301-418, Fax 301-419. www.vhs-wertheim.de. info@vhs-wertheim.de. Im Kulturhaus. **Anfahrt:** ↗ Wertheim.

▶ Autogenes Training, Selbstverteidigung, Lerntraining, musikalische Früherziehung, Ballett, Jazzdance, Töpfern, veschiedene Bastel-, Back- und Kochkurse für Kinder ab 12 Monate bis 15 Jahre.

Buch und Medien

Stadtbücherei Miltenberg

Im Adelshof 194, 63897 Miltenberg. ✆ 09371/90063. **Zeiten:** Di 10 – 12 und 15 – 17 Uhr, Mi 15 – 17 Uhr, Do 10 – 18, Fr 18 – 17, Sa 10 – 12 Uhr.

▶ Umfangreiche Sammlung von Kinder- und Jugendliteratur in der Domkellerei, auch neue Medien, regelmäßig Lesungen und andere Veranstaltungen.

Stadtbücherei Wertheim

Kulturhaus, Bahnhofstraße 1, 97877 Wertheim. ✆ 09342/301466. **Anfahrt:** ↗ Wertheim. **Zeiten:** Mo, Di, Mi und Fr 11 – 18 Uhr; Do 11 – 19 Uhr, Führungen und Lesenächte für Schulklassen nach telefonischer Vereinbarung.

▶ Über 8000 Kinderbücher findet ihr in der Stadtbücherei zum Schmökern, aber nicht nur: Es gibt auch eine ganze Menge CD-ROMs, Videos und Kassetten mit Liedern und Hörspielen.
Speziell für Kinder gibt es wechselnde Ausstellungen zu spannenden Themen, außerdem findet einmal im Monat eine Veranstaltung statt. Das muss nicht immer eine Lesung sein, auch Märchenspiele, Clownereien und Kindertheater stehen auf dem Programm der Stadtbücherei. In den Herbst- und Wintermonaten lädt sie zu spannenden Lesenächten ein.

🐛 Alice Selinger, Odenwald Bergstraße, ISBN 3-89859-300-2, Peter Meyer Verlag, Kultur und Genuss von Darmstadt die Bergstraße entlang, von Mannheim den Neckar hinauf und vom Ried bis zum fränkischen Main.

🐛 Das Programm der Stadtbücherei findet ihr im Veranstaltungskalender Wertheims, anzufordern beim Kultur- und Presseamt, ✆ 09342/301-161, oder bei der Tourist-Information, ✆ 09342/1066, sowie aktuell unter www.vielharmonie-wertheim.de.

FESTKALENDER

Januar: Um den 20. Jan, Trennfeld: **Sebastiani-Fest**, großer Rummel in der Altstadt.

März: 3. So nach Aschermittwoch, Freudenberg: **Frühlingsmarkt.**

Miltenberg, **Osternbauernmarkt.**

Juni: 1. Wochenende, Miltenberg: **Altstadtfest.**

Letztes Wochenende in ungeraden Jahren, Freudenberg: **Burgfestspiele** mit Kindertheater.

Letztes Wochenende in geraden Jahren, Freudenberg: **Großes Seefest** mit Kinderprogramm.

Juli: Letztes Wochenende, Marktheidenfeld-Glasofen: **Köhlerfest**.

Letztes Wochenende, Wertheim: **Altstadtfest.**

August: Um den 15. Aug, Mariä Himmelfahrt, Marktheidenfeld, **Laurenzi-Messe**, großer Rummel in der Altstadt.

Ende Aug, Miltenberg: **Michaelismesse.**

September: 1. Wochenende, Kreuzwertheim: **Quätschi-Fest**, Fest um das Zwetschgenwasser mit Rummel und Kinderprogramm.

3. Wochenende, Freudenberg: **Herbstmarkt.**

Ende Sep, Wertheim: **Michaelismesse**, großer Rummel.

November: So nach Martini, **Bürgstädter Gänskerb,** Markttreiben um das historische Rathaus, Gänsebratenessen in den Bürgstädter Gaststätten.

DER SPESSART IM WINTER

Im Spessart ist auch im Winter mächtig was los, vor allem, wenn es schneit und der Schnee liegen bleibt. Dann werden Lifte in Betrieb genommen, Loipen gespurt und Wanderwege geräumt. Oder wie wäre es mit einer Pferdeschlittenfahrt durch den Winterwald? Lieber eine Partie mit der historischen Eisenbahn? Und danach ein Besuch im Schwimmbad mit wohlig warmem Becken? Bäder mit Warmwasserbecken findet ihr in Bad Soden-Salmünster, in Bad Orb, Freigericht, Marktheidenfeld und Miltenberg. Das tut besonders nach einer Winterwanderung gut!

Im Advent warten viele schöne Weihnachtsmärkte auf euch. Dort könnt ihr nach originellen Geschenken suchen und dabei vielleicht dem Weihnachtsmann oder Sankt Nikolaus begegnen. Zur Faschingszeit schließlich wird alle Besinnlichkeit mit viel Helau vertrieben.

ZU FUSS UND MIT PS

Winterwanderungen und Kutschfahrten

Silvesterwanderung zur Dicken Tanne

Länge: 3 km einfach, stetig, aber nur mäßig steigend.
Anfahrt: Bus 53 ab Hanau Freiheitsplatz zum Busbhf Freigericht-Somborn. **Auto:** A66 Ausfahrt 40 Langenselbold, Richtung Hasselroth/Freigericht nach Somborn.

▶ Mindestens einmal im Winter lohnt sich eine Wanderung zur Freizeitanlage Dicke Tanne, nämlich am Silvesternachmittag. Wenn hier ein großes Silvesterfeuer lodert, ist es selbst im Winter warm genug, um auf dem Holzspielplatz zu toben. Entzündet und bewacht wird es von der Schutzgemeinschaft Deutscher Wald. In der Vereinshütte werden warme Getränke ausgeschenkt. Um zur Dicken Tanne zu kommen, müsst ihr vom Busbahnhof über die Buchbergstraße zum nördlichen Ortsrand laufen. Bei schönem Wetter habt ihr auf dem Feldweg eine herrliche Fernsicht. Der Weg ist gut beschildert.

Stapf: Für kleine Leute genügen kleine Hügel

Winterwanderung zur Rodberghütte

Länge: 7 km, nur bis zur Rodberghütte 2 km, bis dort kinderwagen- und rollstuhltauglich. **Anfahrt:** Ab Hanau Züge der KVG über Alzenau nach Schöllkrippen. Ab Bhf Aschaffenburg Bus 20 nach Schöllkrippen. **Auto:** Von der A3 ab Ausfahrt 61 Hösbach Richtung Mömbris und Schöllkrippen, von der A45 ab Ausfahrt 45 Karlstein auf landschaftlich schöner Strecke durch den Kahlgrund. **Zeiten:** Rodberghütte Sep – Mai nur am 1. und 3. So im Monat geöffnet.

Bei Schnee den Rodelschlitten nicht vergessen!

▶ Ein ganz besonderer Tipp für die Winterzeit ist eine Wanderung von **Schöllkrippen** zur Rodberghütte. Los geht's am Wanderparkplatz Alte Burg, bei der Pension Fegeisen rechts in die Lindenstraße und an der Lindenapotheke vorbei in die Holzgasse.

Die urige **Rodberghütte** gehört der Ortsgruppe Schöllkrippen des Spessartbundes und wird von dieser liebevoll bewirtschaftet. Dort gibt es kleine, preiswerte Speisen wie Erbseneintopf oder Würstchen mit Kraut, außerdem hausgemachten Kuchen. In den Wintermonaten wird die Hütte von einem imposanten Kamin beheizt.

Wenn ihr weiter dem Wanderzeichen Grüne Tanne folgt, kommt ihr an einem sehr eindrucksvollen, stillgelegten **Sandsteinbruch** und den Resten eines mittelalterlichen Ringwalls vorbei.

Winterwandern rund um die Hohe Wart

Hohe Wart, Herbert Tobias, 63872 Heimbuchenthal. Handy 0172/6995995. **Anfahrt:** Ab Aschaffenburg Bus 40 zum Abzweig Hohe Wart und 20 Gehminuten oder Bus 62 nach Volkersbrunn, dort ab Wanderparkplatz Am Bild am östlichen Ortseingang Rundwanderweg von 6 km. **Auto:** Von der A3 Ausfahrt 62 Bessenbach auf der B8 Richtung Würzburg nach km 13 den Wanderparkplatz bei der Kapelle anfahren oder ab Ausfahrt 63 Weibersbrunn über Mespelbrunn nach Volkersbrunn und zum Wanderparkplatz Am Bild. **Zeiten:** Waldwirtschaft Okt – April nur Sa und So geöffnet, außer bei schlech-

Tipp: Im Winter gibt es manchmal Glühwein- und Heiße-Limo-Stände an den Wanderwegen und dann findet hier oben auch ein traditionelles Gansessen statt. Wer dabei sein will, sollte aber reservieren.

tem Wetter. **Infos:** Außerhalb der Öffnungszeiten ☎ 06021/33980.

▶ Schöne, geräumte Wanderwege findet ihr rund um die Waldwirtschaft Hohe Wart. In schneereichen Wintern werden dort Rundloipen gespurt, eine kleine von 3 km und eine große von 15 km. Der Einstieg ist dann an der Zufahrt von Bessenbach am Parkplatz bei der Kapelle. In vielen Jahren ist das allerdings mangels Schnee oder wegen schlechter Zufahrtsbedingungen nicht möglich. Statt Skiern solltet ihr lieber einen Schlitten mitbringen. Denn egal, ob ihr über Bessenbach oder Volkersbrunn zur Hohen Wart kommt, an beiden Wanderparkplätzen gibt es tolle Rodelhänge.

Blaue Kälte: Winter an der Hohen Wart

Mit dem Pferdeschlitten durch den Winterwald

▶ Eine bequeme Art der Fortbewegung und außerdem noch sehr romantisch kann eine Fahrt mit dem Pferdeschlitten durch die glitzernde Winterlandschaft sein.

Kutscher-Stube, Wilhelm Meier, Hauptstraße 36, 63639 Flörsbachtal. ☎ 06057/472.

Pension und Reiterhof Obere Mühle, Familie Brasch, 97778 Fellen. ☎ 09356/1363, Fax 2833. Östlicher Spessart.

Walter Hoh, Petzoldstraße 22, 97828 Marktheidenfeld. ☎ 09391/2236. Südlicher Spessart.

Auf Brettern und Kufen

▶ Weil der Spessart nicht schneesicher ist, lässt es sich nie genau vorhersagen, ob und wann in welcher Region Loipen gespurt und Lifte in Betrieb genommen werden. Wer sich in das weiße Wintersportvergnügen auf Skiern, Schlittschuhen, Rodelschlitten oder Snowboards stürzen will, sollte sich kurzfristig bei den angegebenen Informationstelefonen nach den Schnee- bzw. Eisverhältnissen erkundigen.

WINTER-SPORT

 Der Skaterplatz am Alten Rathaus in Bad Orb wird in kalten Wintern mit Wasser besprizt, sodass man dort Schlittschuhlaufen kann. Außerdem könnt ihr euch in der Freizeitanlage im Orbgrund im Eisstockschießen üben!

Egal, wo ihr mit Skiern, Snowboard oder Schlitten unterwegs seid, von den angegebenen und markierten Pisten abzuweichen, kann lebensgefährlich sein und schadet der Natur. Ski fahren in der Dunkelheit raubt den Tieren die nötige Ruhe, deshalb solltet ihr Pisten mit Flutlichtanlagen meiden.

Wintersport in Bad Orb

Anfahrt: RE bis Wächtersbach, Bus HU82 zur Wegscheide. **Auto:** A66 Ausfahrt 45 Bad Orb, Richtung Jossgrund. **Infos:** Kurdirektion Bad Orb, ✆ 06052/830.

▶ Eine kleine Rundloipe von 2 km findet ihr an der Wegscheide zwischen Bad Orb und Villbach, Einstieg ist dort am Parkplatz Sieben Wege möglich. Die Loipe ist auch für Kinder ohne Schwierigkeiten zu bewältigen.

Wintersport in Jossgrund

Schlepplift, Jossgrund-Oberndorf. Hessischer Spessart. **Anfahrt:** RE Station der DB-Strecke Frankfurt – Fulda in Wächtersbach, von dort Bus HU82 und 83 nach Jossgrund. **Auto:** A66 Ausfahrt 45 Bad Orb/Jossgrund, am westlichen Ortsende gelegen, in der Ortsmitte am Bürgerhaus die Jossa überqueren. **Zeiten:** Täglich 14 – 17 Uhr, Mi und Fr auch abends bei Flutlicht 19 – 21.30 Uhr. **Preise:** Halbtageskarte 5 €; Kinder 5 – 16 Jahre 3 €. **Infos:** Schneetelefon ✆ 06059/ 908118.

▶ Die Piste für **Abfahrtsski** ist insgesamt 300 m lang. Daneben verläuft ein Weg für Rodelschlitten. An der Talstation gibt es eine kleine teilbewirtschaftete Skihütte mit Toiletten.

Die **Kreuzgrundloipe** ist ein gut 6 km langer Skilanglauf-Rundkurs. Sie geht in Oberndorf von der Talstation des Liftes ab und hat mittleren Schwierigkeitsgrad.

Langlauf in Flörsbachtal

Anfahrt: A66 Ausfahrt 45 Bad Orb/Biebergemünd, weiter auf der B276. **Infos:** Verkehrsverein, ✆ 06057/ 90010; Revierförster ✆ 06057/653 oder Forstamt Biebergemünd.

▶ Zur **Loipe Flörsbacher Höhe** ist der Einstieg am Parkplatz Drei Buchen zwischen Flörsbach und Wiesen an der Abfahrt nach Mosborn oder am Parkplatz Hosse Wies'che an der 276 von Biebergemünd kommend kurz vor Flörsbach.

Die **Loipe Mosborner Höhe** erreicht man vom Gasthof Mosborner Hof am Ortsende Mosborns. Wer über den Skiwanderweg zwischen Frammersbach und Wiesen anläuft, geht in Frammersbach am Lift oder am Waldparkplatz Weidmannsruh zwischen Wiesen und Frammersbach los.

Auf die **Sonnenloipe bei Lohrhaupten** gelangt man vom Parkplatz Wachhütte auf der Passhöhe zwischen Pfaffenhausen und Lohrhaupten oder an der Bayrischen Schanz über die Birkenhainer Straße.

Eissporthalle Aschaffenburg

Stadtbadstraße 1, ✆ 06021/794613. Am Main gegenüber dem Schloss. **Anfahrt:** Bus 4 bis Stadtbad. **Zeiten:** Mitte Sep – Mitte April, Di, Do, Sa, So 10 – 22 Uhr, Mi 10 – 18, Fr 10 – 17.45 Uhr, Fr ab 19 Uhr Eisdisco, Weihnachtsferien täglich 10 – 22 Uhr. **Preise:** 2,50 €, Eisdisco 3,10 €; Kinder bis 6 frei, bis 16 Jahre 1,40 €, Eisdisco 2,20 € Hockey- oder Kunstlaufschlittschuhe 4 €/Paar für 3 Std. **Infos:** Für Schulklassen öffnet die Eissporthalle nach Anmeldung schon ab 8 Uhr.

▶ Große Eissporthalle mit Schlittschuhverleih und Bistro.

Eiszeit im Moor

Wiesen. Hochspessart. **Anfahrt:** Ab Bhf Aschaffenburg Bus 45 bis Sailauf, ab dort Bus 46 nach Wiesen. **Auto:** A66 Ausfahrt 45 Bad Orb, auf der B276 oder A3 Ausfahrt 61 Hösbach, über Sailauf nach Wiesen. **Infos:** Gemeindeverwaltung Wiesen, ✆ 06096/984940.

▶ Nördlich von Wiesen liegt das Wiesbüttmoor mit einem Teich, die so genannte Wiesbütte. In eiskalten Wintern wird sie zum Schlittschuhlaufen freigegeben.

Wintersport im Winterloch

Schlepplift, 63869 Heigenbrücken. www.skiclub-heigenbrucken.de. Hochspessart. **Anfahrt:** A3 Ausfahrt 63 Weibersbrunn, nach Heigenbrücken, weiter Richtung Neuhütten, entlang der Bahngleise, nach 400 m rechts

Hunger & Durst
Restaurant Berghof,
Am Berg 1, Wiesen,
✆ 06096/97100. Gemütliche Gasträume mit rustikalen Holzbänken und Kamin, leckerer Kuchen in großen Portionen, Wild- und Lammspezialitäten.

Wegweiser zum Winterloch. **Zeiten:** Mo – Fr 13 – 17 Uhr, Sa und So 10 – 16.30 Uhr. **Preise:** Einzelfahrt 1 €, 10er-Karte 9 €, Halbtageskarte 9, Tageskarte 12,50 €; Kinder 5 – 16 Jahre Einzelfahrt 0,80 €, 10er-Karte 6 €, Halbtageskarte 6, Tageskarte 7,50 €; Ermäßigung für Vereinsmitglieder, Jahresbeitrag Erw 25 €, bis 14 Jahre 7 €, bis 16 Jahre 13 €. **Infos:** Schneetelefon 06020/8483.

Tipp: Skikurse für Vereinsmitglieder, auch spezielle Kinderkurse.

▶ Im Winterloch findet man für **Abfahrtsski** die längste Piste im Spessart. Sie ist immerhin 800 m lang und der Doppelschlepplift 680 m. Es gibt aber auch einen nur 50 m langen Seillift, auf einem Gelände, dass durch einen Fangzaun abgesichert ist, sodass dort Kinder und auch erwachsene Anfänger gefahrlos üben können. Neben der Hauptpiste liegt noch eine weitere von 140 m Länge, auf der auch gerodelt werden darf.

Für den **Langlauf** werden zwei einfache Rundloipen von 2,5 km und 5 km Länge gespurt. Sie beginnen oberhalb der Bergstation am Waldparkplatz An den sieben Wegen an der B26.

Abfahrtsski am Engländer

Skigesellschaft Engländer, 63869 Heigenbrücken-Jakobsthal. ✆ & Fax 06021/369413, Schneetelefon 06021/51742. www.englaender-skilifte.de. info@englaender-skilifte.de. Hochspessart. **Anfahrt:** Ab A3 Ausfahrt 61 Hösbach, B26 Richtung Laufach bis Kreisel Weiberhöfe, über Sailauf Richtung Bad Orb zum Engländer, ab Ausfahrt 63 Weibersbrunn Richtung Heigenbrücken, vor Heigenbrücken scharf links nach Jakobsthal; reichlich Parkplätze direkt am Skigebiet. **Zeiten:** Mo – Fr 14 – 17.30 Uhr, Sa, So und Ferien 10 – 17.30 Uhr. **Preise:** Tageskarte 10 – 17.30 Uhr 14 €, ab 14 Uhr 11 €; Kinder bis 15 Jahre Tageskarte 10 – 17.30 Uhr 12 €, ab 14 Uhr 9 €; bei Familien ab 2 Kindern gilt der Kinderpreis für die ganze Familie.

Hunger & Durst

Waldhaus Engländer, ✆ 06020/8590. Uriges, einfaches Wirtshaus mit Bollerofen. An der Straßenkreuzung oberhalb von Jakobsthal gelegen, Do Ruhetag.

▶ Der Engländer bei Jakobsthal ist das größte Abfahrtsskigebiet im Spessart. Auf dem weiträumigen

Nordhang sind gleich drei Lifte zu finden: Lift 1 ist ein Doppelbügellift von 400 m Länge, der Höhenunterschied der Piste beträgt 60 m. Lift 2 ist ein Übungslift von 200 m Länge mit einem Höhenunterschied von 25 m und Lift 3 ist ein Doppelschlepplift von 350 m Länge, der Höhenunterschied beträgt hier 50 m. Auf den Skipisten ist Rodeln nicht erlaubt, dafür gibt es ein eigenes Gelände mit bis zu 400 m langen Rodelbahnen! Es liegt neben der Talstation von Lift 2. Dort ist für hungrige Mägen auch ein Imbiss zu finden. Ein Rundweg von 2 km führt um das Skigebiet herum.

Abfahrtsski in Weibersbrunn

Schlepplift, Weibersbrunn. Hochspessart. **Anfahrt:** Ab Bhf Aschaffenburg Bus 42 nach Weibersbrunn bis Hahnenkampkrankenhaus, circa 1 km Fußweg an stark befahrener Straße. **Auto:** A3 Ausfahrt 63 Weibersbrunn, links Richtung Mespelbrunn. Kurz nach Ausfahrt geräumte Parkplätze am rechten Straßenrand. **Zeiten:** Mo – Fr 14 – 17 Uhr, Sa und So 10 – 17 Uhr. **Preise:** Zehnerkarte 5 €; Halbtageskarten für 12,50 €; Kinder 5 – 16 Jahre Zehnerkarte 4,50 €, Halbtageskarte 11 €. **Infos:** Schneetelefon 06094/1717.

▶ Der Doppelschlepplift ist etwa 260 m lang. Neben der Skipiste gibt es eine Rodelpiste. An der Talstation befindet sich eine Imbiss-Station.

Langlauf rund um die Bayrische Schanz

Bayrische Schanz. Hochspessart. **Anfahrt:** A66 Ausfahrt 45 Bad Orb, auf der B276 weiter nach Lohrhaupten, an der Straße nach Ruppertshütten gelegen. **Infos:** Verkehrsamt Frammersbach, ✆ 09355/4800, oder Tourist-Info, ✆ 09352/848460.

▶ Rund um das *Wirtshaus Bayrische Schanz* befindet sich das Langlaufparadies des Spessarts. Insgesamt vier Rundloipen gibt es hier, außerdem sind 6 km auf der Birkenhainer Straße zu einem Skiwanderweg gespurt, der euch zur Sonnenloipe nach

 Hahnenkampf lässt sich besonders gut in weichem Schnee spielen, in den man sich plumpsen lassen kann. Jeweils zwei Streithähne kreuzen die Arme vor der Brust und hüpfen auf einem Bein. Sie schubsen sich gegenseitig so lang, bis einer das Gleichgewicht verliert und auftreten muss oder gar in den Schnee fällt.

Lohrhaupten führt. Alle Loipen verlaufen relativ eben, unterscheiden sich aber sehr in der Länge.

Zur **Loipe um die Hermannskoppe** steigt man am ersten Waldparkplatz nach Lohrhaupten an der Kreuzung zur Birkenhainer Straße ein. Wer der blauen Markierung folgt, legt 7,5 km zurück.

Lohrbergloipe: Einstieg am Parkplatz direkt am Wirtshaus, rote Markierung, 5,5 km.

Eichenbergloipe: Verlängerung zur Loipe um die Hermannskoppe bzw. zur Lohrbergloipe, schwarze Markierung, 15 km.

Schanzkopfloipe: Einstieg am Parkplatz direkt am Wirtshaus, rote Markierung, 10 km.

Eiszeit auf der Wördwiese

Lohr am Main. Östlicher Spessart. **Anfahrt:** RB/RE-Station auf der DB Strecke Frankfurt – Aschaffenburg – Würzburg. **Auto:** A3 Ausfahrt 63 Weibersbrunn oder 65 Marktheidenfeld, landschaftlich schönere Strecke B26. **Infos:** Tourist-Info, ✆ 09352/848460.

▶ In eiskalten Wintern wird die Wördwiese an der B26 mit Wasser besprizt und zum Schlittschuhlaufen freigegeben.

Wintersport am Sauerberg

Schlepplift, Frammersbach. Schneetelefon ✆ 09355/975834, www.tus-frammersbach.de. Hochspessart. Der Lift befindet sich am südlichen Ortsrand. Ab Ortsmitte über Hinterdorfstraße, Beschilderung folgen. Parkplätze sind an der Bergstation reichlich vorhanden. **Anfahrt:** Ab Lohr Busbhf oder Partenstein Bhf Bus 8045 nach Frammersbach. **Auto:** A66 Ausfahrt 45 Bad Orb, auf der B276 nach Frammersbach oder von der A3 Ausfahrt 61 Hösbach, über Sailauf und Wiesen. **Zeiten:** Mo – Fr ab 13.30 Uhr, Sa, So und Fei 10 Uhr bis zum Einbruch der Dämmerung. **Preise:** Zehnerkarte 7 €, Halbtageskarte 9, Tageskarte 10 €; Kinder 5 – 15 Jahre Zehnerkarte 5 €, Halbtageskarte 7, Tageskarte 8 €. **Infos:** Skikurse, auch für Kinder, auf Anfrage.

▶ **Abfahrtsski**: Die Länge des Schleppliftes beträgt circa 500 m, der Höhenunterschied zwischen Berg- und Talstation circa 90 m. Neben der anspruchsvolleren Hauptabfahrt ist auch eine leichte Familienabfahrt möglich. Am Lift befindet sich eine gemütliche Skihütte, wo es kleine Speisen und warme Getränke gibt.

Eine **Skatingloipe** von 800 m Länge liegt unmittelbar am Parkplatz an der Bergstation.

Ein **Skiwanderweg** führt von der Skihütte über Kreuzkapelle, Grotte, Sailhöhe nach Mosborn, dort Anschluss an die Loipe um Mosborn oder weiter bis Wiesen. Die einfache Strecke bis Mosborn ist 14 km lang. Aufgrund ihrer nur minimalen Steigungen ist sie auch für Kinder und Anfänger gut geeignet. Einsteigen kann man auch am Waldparkplatz Weidmannsruh zwischen Wiesen und Frammersbach.

Einstimmung zum Advent

Mit der Dampflok in die Adventszeit

Museumseisenbahn e.V., Bahnhofstraße 2, 61138 Niederdorfelden. ✆ 06187/479245, www.museumseisenbahn-hanau.de. info@museumseisenbahn.de.

▶ Im Dezember finden im Rahmen der Dampfzugsonderfahrten von Aschaffenburg nach Miltenberg Nikolausfahrten statt. Dann ist der heilige Mann mit von der Zugpartie und hat seine Rute, aber auch einen großen Sack voller Süßigkeiten dabei. Im Buffetwagen gibt es während der Fahrt heißen Tee, Kaffee und Glühwein.

Museumsspecial zur Weihnachtszeit

Krippenmuseum, Hauptstraße 114, 63684 Glattbach. Direkt an der alten Pfarrkirche gelegen. **Anfahrt:** Ab Bhf Aschaffenburg Bus 5. **Auto:** A3 Ausfahrt 59 Aschaffenburg Ost, über die Autobahnbrücke in Richtung Goldbach/Glattbach. **Zeiten:** 1. Advent – 6. Jan Di – Sa 14 –

Hunger & Durst

Vereine laden im Winter zum Lakefleischessen am Lagerfeuer ein. Lakefleisch ist gepökeltes Schweinefleisch, das über offenem Feuer gegrillt wird. Für die genauen Termine Veranstaltungskalender beim Verkehrsverein anfordern, ✆ 09355/4800.

RUND UM WEIH- NACHTEN

@ Kleine Hörprobe einer Lok bei der Anfahrt gefällig? Dann klickt mal auf die Webseite des Vereins www.museumseisenbahn-hanau.de.

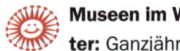 **Museen im Winter:** Ganzjährig geöffnet haben unter anderem das *Spessartmuseum* und das *Schulmuseum* in Lohr, das *GrafschaftsMuseum* und das *Glasmuseum* in Wertheim, das *Puppenmuseum* in Hanau, das *Teddymuseum* in Klingenberg und das *Schiffsmuseum* in Wörth, aber auch viele kleine heimatkundliche Museen, allerdings oft nur an einem Sonntag im Monat!

18 Uhr, So und Fei 10 – 12 und 14 – 18 Uhr. 24. und 31. Dez geschlossen; 6. Jan – 28. Feb nur So und Fei 14 – 18 Uhr. **Preise:** 1,50 €; Kinder 6 – 14 Jahre 0,50 €; Gruppen ab 10 Personen 1 €. **Infos:** Anmeldung von Gruppen im Rathaus, ✆ 06021/34910.

▶ Im Spessart haben einige Museen im Winter geschlossen. Aber es gibt auch eines, das nur zur Weihnachtszeit seine Pforten öffnet:

Im Krippenmuseum in Glattbach könnt ihr vom ersten Advent bis Ende Februar Krippen aus aller Welt bestaunen, die aus den unterschiedlichsten Materialien gefertigt sind, zum Beispiel aus Bronze oder Zinn, aus Holz und Stroh, aus Brotteig, Wachs oder Pappmaché. Insgesamt umfasst die volkskundliche Sammlung 500 Exponate aus 60 verschiedenen Ländern.

Die schönsten Weihnachtsmärkte

▶ In Hanau und Aschaffenburg finden die größten Weihnachtsmärkte des Spessarts statt, und zwar während der gesamten Adventszeit, auch werktags. Klein, aber romantisch sind die Märkte in den malerischen Fachwerkstädten am Main und recht originell die Märkte der Hochspessartgemeinden. Die meisten dauern nur ein einziges Adventswochenende. Deshalb empfiehlt es sich, bei den Gemeinden die genauen Termine zu erfragen.

Steinauer Weihnachtsmarkt
Termin: 3. Adventswochenende, ab Freitagabend.
Infos: Verkehrsbüro, ✆ 06663/96310.
▶ Weihnachtsmarkt in malerischer Kulisse, auf dem Steinauer Marktplatz, in der Markthalle des Rathauses und im Schlosshof. Im Schloss Verkauf von hausgemachtem Kuchen, Kaffee und Glühwein. Musikalische Auftritte in der Katharinenkirche.

Weihnachtsmarkt in Hanau

Termin: 3 1/2 Wochen bis zum 21. Dez 11 – 20 Uhr, Kulturprogramm täglich zumeist um 18.15 Uhr, Künstlermarkt im Rathaus So – Di 13 – 19, Mi 11 – 19, Do, Fr 13 – 19, Sa 11 – 19 Uhr. **Infos:** Tourist-Information, ℰ 06181/295956.

▶ Dreieinhalb Wochen lang ist Hanaus großer Marktplatz vor der Kulisse des Neustädter Rathauses erfüllt von weihnachtlichen Düften und Klängen. Über 70 Holzhäuschen bieten so gut wie alles an, was man in unseren Breiten mit Weihnachtsmarkt verbindet: Kunsthandwerk und Gastronomie. Kinder können sich wilden Karussellfahrten hingeben. Auf der weihnachtlich geschmückten Bühne wird ein breites kulturelles Rahmenprogramm inszeniert. Das Highlight des Hanauer Weihnachstmarktes ist allerdings der überdimensionale Adventskalender am Neustädter Rathaus, täglich erstrahlt um 18 Uhr ein neues Fensterbild.

Weihnachtsmarkt im Hanauer Stadtteil Steinheim 1. Adventswochenende 14 – 21 Uhr, Schlosshof, Altstadt.

Langenselbolder Weihnachtsmarkt

Termin: 1. Adventswochenende. **Infos:** Bürgerbüro der Stadtverwaltung, ℰ 06184/80260.

▶ Kleiner Weihnachtsmarkt im Schlosspark.

Gelnhausener Weihnachtsmarkt

Termin: In der Regel am 2. Adventswochenende. **Infos:** Fremdenverkehrsamt, ℰ 06051/830300.

▶ Kleiner, bunt gemischter Weihnachtsmarkt in historischer Fachwerkkulisse am Fuße der Marienkirche, Stände mit Schlemmereien und Kunsthandwerk. Der Weihnachtsmann und das Christkind schauen auch mal vorbei!

Niederrodenbacher Weihnachtsmarkt

Termin: 2. Adventswochenende. **Infos:** Gemeindeverwaltung, ℰ 06184/59957.

▶ Kleiner Weihnachtsmarkt im schmucken Fachwerkortskern von Niederrodenbach.

Im Rahmen der Gelnhäuser Erlebnisführungen finden in der Regel am 1. Adventswochenende historische Stadtführungen unter dem Motto »Weihnachten in den unterschiedlichen Jahrhunderten« statt. Der Kartenvorverkauf startet bereits Ende Oktober! Erwachsene 10 €, Kinder 5 €.

Haferflocken-makronen

Das Rezept stammt von einer Familie aus dem Südspessart. Es ist einfach und lecker: 125 g Butter zerlassen, 250 g Haferflocken unterrühren, abkühlen lassen, 2 Eier mit 100 g Zucker schaumig rühren, Haferflockenmasse und 1/2 TL Backpulver untermischen. Mit 2 Teelöffeln kleine Häufchen der Masse auf Oblaten setzen. Mit Sauerkirschen belegen. Bei 175 Grad circa 15 Min backen.

Esel zum Anfassen: Auf dem Heigenbrückener Weihnachtsmarkt

Weihnachtsmarkt Bad Orb

Termin: 2. Adventswochenende. **Infos:** Kurdirektion, ✆ 06052/830.

▶ Weihnachtsmarkt in der Fachwerkaltstadt mit vielen Ess-Ständen, aber auch Buden mit schönem Kunsthandwerk.

Aschaffenburger Weihnachtsmarkt

Termin: Alle 4 Adventswochen. **Infos:** Tourist-Information, ✆ 06021/395900.

▶ Das Schloss Johannisburg bildet eine feierliche Kulisse für den großen Weihnachtsmarkt auf dem Schlossplatz.

Rothenbucher Weihnachtsmarkt

Termin: 1. Adventwochenende. **Infos:** Verkehrsverein, ✆ 06094/1229.

▶ Kleiner, origineller Weihnachtsmarkt rund um das historische Jagdschloss, viel Hausgemachtes und von Kindern Gebasteltes, Kinderbetreuung am Rathaus, Kutschfahrten, kleines Bauernhofmuseum sonntags ab 14 Uhr geöffnet.

Heigenbrückener Weihnachtsmarkt

Termin: 1. Adventswochenende, Sa 15 – 18 Uhr, So 14 – 18 Uhr. **Infos:** Kur- und Verkehrsamt, ✆ 06020/1381.

▶ Kleiner Weihnachtsmarkt in der Ortsmitte, überwiegend Ess- und Getränkestände, Lebende Krippe mit Schafen und Esel zum Streicheln, wechselnde Ausstellungen im Kur- und Verkehrsamt.

Miltenberger Weihnachtsmarkt

Termin: Alle 4 Adventswochenenden, Fr ab 14 Uhr, Sa und So 11 – 19 Uhr. **Infos:** Tourist-Information, ✆ 09371/404119.

▶ Kleiner Weihnachtsmarkt in der historischen Altstadt, im alten Rathaus, am Schnatterloch und auf dem Engelsplatz.

Märchenhafter Weihnachtsmarkt Klingenberg

Termin: 1. und 2. Adventswochenende. **Infos:** Kultur- und Verkehrsbüro, ☎ 09372/921259.

▶ Auf dem märchenhaften Weihnachtsmarkt in der historischen Altstadt begegnet ihr vielen berühmten Märchenfiguren.

Adventsbazar in Hohenroth

SOS-Kinderdorf e.V. Dorfgemeinschaft Hohenroth, 97737 Gemünden-Hohenroth. ☎ 09354/1091, Fax 1342. www.sos-kinderdorf.de/hohenroth. Östlicher Spessart. **Anfahrt:** ↗ Dorfgemeinschaft Hohenroth. **Termin:** 1. Adventssonntag 11 – 18 Uhr.

▶ Auf dem Adventsbazar der Dorfgemeinschaft Hohenroth könnt ihr Weihnachtsgeschenke aus dorfeigenen Handwerksbetrieben erstehen, wie Holzspielzeug, Briefpapier, Schals und Seidentücher. Im Café gibt es selbst gebackene Plätzchen und Kuchen zu Demeter- und Transferkaffee bzw. heißem Kakao.

Lohrer Weihnachtsmarkt

Termin: 2. und 3. Adventswochenende. **Infos:** Tourist-Information, ☎ 09352/848460.

▶ Weihnachtsmarkt mit breitem Angebot in reizvoller Altstadtkulisse. Lässt sich gut mit einem Besuch des *Spessartmuseums* verbinden.

Wertheimer Weihnachtsmarkt

Termin: 2. – 4. Adventswochenende. **Infos:** Tourist-Information, ☎ 09342/1066.

▶ Weihnachtsmarkt in der malerischen Altstadt mit breitem Angebot. Lässt sich gut mit einem Besuch der Sonderausstellungen im *Glasmuseum* bzw. im *GrafschaftMuseum* kombinieren.

🍎 **Altstadt-Markt**, Hauptstraße 131, Miltenberg, Mo Ruhetag, ☎ 09371/66030. Feinkostladen, mit Zuckerbäckerei und Kaffeehaus, in drei liebevoll restaurierten Häusern untergebracht – ein wahres Paradies für große und kleine Naschmäuler, nicht nur zur Adventszeit.

🍎 Wie wäre es mit einem Weihnachtsgeschenk aus einem traditionellen Handwerksbetrieb von Hohenroth? Da könnt ihr euren Einkauf verbinden mit einer Betriebsbesichtigung beim Töpfer, Drechsler, Holzschuhmacher, Schreiner, Besenbinder …

Rosenmontagsclowns in Frammersbach

Anfahrt: Ab Lohr Busbhf oder Partenstein Bus 8045 nach Frammersbach. **Auto:** A66 Ausfahrt 45 Bad Orb, über die B276 bis Frammersbach oder über die A3 Ausfahrt 61 Hösbach, weiter über Sailauf und Wiesen.

▶ Am Rosenmontag sind in Frammersbach die Rosenmontagsclowns unterwegs. Maskiert und mit bunten Gewändern, spitzen Hüten und Halskrausen erstürmen sie die Gaststätten, stellen Unfug an und lehren die Wirtsleute das »Ferchte gehe«, also das Fürchten. Verliert ein Clown seine Maske und zeigt sein wahres Gesicht, kann es für ihn teuer werden – und der Wirt freut sich, denn dann gibt's Schnapsrunden, mit einem Strohhalm getrunken. Das ist natürlich nur etwas für erwachsene und trinkfeste Rosenmontagsclowns.

Hajofeste im südlichen Mainspessart

Stadtprozelten. **Anfahrt:** RB-Station auf der Strecke Miltenberg – Werheim, außerdem Bus 90 Miltenberg – Wertheim. **Auto:** A3 Ausfahrt 64 Rohrbrunn, auf der L2316 über Schollbrunn nach Hasloch am Main, links, auf der L2315 den Main entlang.

▶ Hajo-Feste werden drei Wochen vor Ostern in den Orten im südlichen Spessart am Main begangen, unter anderem in Faulbach und Stadtprozelten. Hajo ist das personifizierte Böse, das Dunkle, der Winter, möglicherweise auch die Pest, und muss vertrieben werden. Der älteste Schuljahrgang des Ortes bastelt aus Stroh einen Hajo-Moo (Hajo-Mann). Mit ihm vorneweg ziehen alle Kinder durch den Ort und rufen: »Hajo, dode Moo, des Johr hoffe mer besser Johr« (Hajo, toter Mann, wir hoffen, dass das nächste Jahr ein besseres wird). Von den Erwachsenen bekommen sie Süßigkeiten, traditionell Weckli (süße Brötchen) und Hutzel (getrocknete Früchte) zugeworfen. Am Ende des Festes wird der Hajo-Moo verbrannt, und somit das Böse aus dem Ort vertrieben.

Rätsel: An welchem Tag ist Frühlingsanfang?

INFO- & FERIENADRESSEN

Wer eine Unterkunft sucht, sich aktuell über örtliche Veranstaltungen informieren oder mehr über die Region ergattern will, schaut am besten beim Fremdenverkehrsamt oder Verkehrsbüro des betreffenden Ortes vorbei.

In der nachfolgenden Adressliste werden zunächst die übergeordneten Informationsstellen genannt und dann die örtlichen nach Griffmarken und Postleitzahl sortiert. Beigefügt ist die Anfahrt zum Ort.

Nach den Ortsinformationen folgen grundlegende Informationen zu den öffentlichen Verkehrsmitteln und zum Fahrradverleih.

Übergeordnete Infostellen

Diese Verbände und Internet-Portale bieten Informationen zu Freizeit, Sport, Kultur und Sehenswürdigkeiten der jeweiligen Städte, Kreise und Regionen:

INFO-STELLEN & ANFAHRTS-WEGE

Touristik-Service Spessart-Kinzigtal-Vogelsberg des Main-Kinzig Kreises, Referat 9, Barbarossastraße 24, 63571 Gelnhausen. ℰ 06051/480716, Infotelefon zum Nulltarif: 0800/77377278, Fax 480720. www.spessart-tourismus.de. tourismus@wfmkk.de.

▶ Unterkünfte, Gastronomie, Freizeit- und Kulturangebot, Veranstaltungen für den Hessischen Spessart und das Kinzigtal.

Zweckverband Naturpark Hessischer Spessart, Geschäftsführer Fritz Dänner, Barbarossastraße 24, 63571 Gelnhausen. ℰ 06051/883-532, Fax 883-547. www.naturpark-spessart.de. Naturpark.Spessart@t-online.de.

▶ Einrichtung von Freizeitanlagen, Naturlehrpfaden und markierten Rundwanderwegen im hessischen Teil des Spessarts, Vermittlung von Naturparkführern. Herausgabe einer Freizeitkarte in Kooperation mit dem Naturpark Spessart – bayerischer Teil.

INFO- & FERIENADRESSEN

Hier seid ihr richtig: Wichtige Info- und Verkehrsinformationen stehen auf den folgenden Seiten

Tipp: Fordert das gemeinsame Jahresprogramm von dem Naturpark Spessart-Bayerischer Teil und dem Zweckverband Naturpark Hessischer Spessart an, da werden tolle Führungen und Aktionen angeboten, viele davon speziell für Familien mit Kindern!

Bücher und Karten findet ihr in eurer Buchhandlung. Beachtet dazu die Literatur- und Kartentipps in den Randspalten dieses Buches!

Verein Naturpark Spessart e.V. – Bayerischer Teil, Von-Bodelschwingstraße 83, 97753 Karlstadt. ✆ 09353/ 793-366, Fax -85366. www.naturpark-spessart.de. Naturpark.Spessart@lramsp.de.

▶ Einrichtung von Freizeitanlagen, Naturlehrpfaden und markierten Rundwanderwegen im bayerischen Teil des Spessarts, Vermittlung von Naturparkführern. Herausgabe einer Freizeitkarte in Kooperation mit dem Zweckverband Naturpark Hess. Spessart.

Archäologisches Spessart-Projekt e.V., Schlossplatz 4, 63739 Aschaffenburg. ✆ 06021/38674-15, Fax 38674-30. www.spessartprojekt.de. info@spessartprojekt.de.

▶ Einrichtung von Rundwegen mit Infotafeln zur Kulturgeschichte des Spessarts, Herausgeber von Info-Foldern, Organisation von (Kinder-)führungen.

Spessartbund e.V., Geschäftsstelle, Strickergasse 16a, 63739 Aschaffenburg. ✆ 06021/15224, Fax 21494. www.spessartbund.de. geschaeftsstelle@spessartbund.de.

▶ Einrichtung von Wanderwegen, Herausgabe von Wanderkarten.

Tourist-Information Spessart-Main-Odenwald, Bayernstraße 24, 63705 Aschaffenburg. ✆ 06021/394-271, Fax 394-258. www.spessart-touristinfo.de. tourist-info@lra-ab.bayern.de.

▶ Unterkünfte, Gastronomie, Freizeit- und Kulturangebot, Veranstaltungen für die Region.

Main-Spessart, Informationszentrale für Touristik und Wirtschaftsförderung, Marktplatz 8, 97753 Karlstadt. ✆ 09353/793234, Fax 79385234. www.mainspessart.de. tourismus@lramsp.de.

▶ Unterkünfte, Gastronomie, Freizeit- und Kulturangebot, Veranstaltungen für den Bayerischen Spessart und die Region Franken.

Mein-Spessart-Tourismus Kooperation e.V., c/o Flair-hotel Gut Dürnhof, Burgsinner Straße 3, 97794 Rien-eck. ✆ 09394/971-313, Fax 971-512. www.mein-spessart-tourismus.de.
▶ Unterkünfte, Gastronomie, Freizeit- und Kulturangebot Veranstaltungen im hessischen wie im bayerischen Spessart.

Hanau
Tourist-Information Hanau, Am Markt 14 – 18, 63450 Hanau. ✆ 06181/295-950, Fax -959. www.hanau.de. touristinformation@hanau.de. Im Stadtzentrum.
Zeiten: Mo – Do 9.30 – 18 Uhr, Fr 8.30 – 13 Uhr, Sa 9 – 12 Uhr. **Anfahrt:** IC und ICE Frankfurt – Fulda hält am Hbf Hanau, ebenso RE und RB Richtung Fulda, Gießen, Aschaffenburg, Schöllkrippen, Erbach. Hanauer Straßenbahn über Marktplatz zum Busbhf Freiheitsplatz, von da Busse in alle Stadtteile und den südlichen Main-Kinzig-Kreis. **Auto:** Am Kreuz A45/A66 gelegen.

Langenselbold
Stadtverwaltung Langenselbold, Bürgerbüro, Im Schlosspark 2, 63505 Langenselbold. ✆ 06184/802-60, Fax 802-53. www.langenselbold.de. stadt@langenselbold.de. **Anfahrt:** Station auf der Strecke Frankfurt – Fulda, ab Hanau-Freiheitsplatz Bus 54. **Auto:** A66, Ausfahrt 40 Langenselbold. **Rad:** Am Kinzigradweg gelegen.

Rodenbach
Gemeindeverwaltung, Buchbergstraße 2, 63517 Rodenbach. ✆ 06184/59957, www.rodenbach.de. gemeinde@rodenbach.de. **Anfahrt:** RE-Station der Strecke Frankfurt – Fulda, ab Hanau Freiheitsplatz Bus 53 nach Rodenbach, Hasselroth, Freigericht. **Auto:** A45, am Hanauerkreuz Ausfahrt Rodenbach, weiter auf der B43; A66, Ausfahrt 40 Langenselbold, weiter Richtung Hasselroth, über der Brücke nach rechts auf die B43.

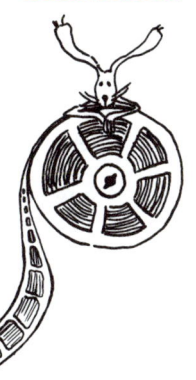

Hanau – Gelnhausen

Gelnhausen

Tourist-Information, Am Obermarkt, 63571 Gelnhausen. ℡ 06051/830-300, Fax -3024. www.gelnhausen.de. tourist-information@gelnhausen.de. **Zeiten:** Mo – Fr 8 – 12 und 14 – 16.30, Sa 9 – 12 und 14 – 16.30, So 14 – 16.30 Uhr. **Anfahrt:** RE- und RB-Station an den Strecken Frankfurt – Fulda und Gelnhausen – Gießen. **Auto:** A66 Ausfahrt 43 Gelnhausen West oder 44 Gelnhausen Ost.

Freigericht

Gemeinde Freigericht, Gemeindevorstand, Bahnhofstraße 13, 63579 Freigericht. ℡ 06055/916222, Fax 9160. www.freigericht.de. gemeinde@freigericht.de. **Anfahrt:** Ab Hanau Freiheitsplatz Bus 53 nach Rodenbach, Hasselroth, Freigericht; ab Bhf Aschaffenburg Bus 31 nach Freigericht, außerdem Busse zum nächsten Bhf in Langenselbold. **Auto:** A66, Ausfahrt 40 Langenselbold Richtung Hasselroth/Freigericht.

Hasselroth

Gemeindeverwaltung, Hauptstraße 66, 63594 Hasselroth. ℡ 06055/880-632, Fax 880-651. www.hasselroth.de. Rathaus@hasselroth.de. **Anfahrt:** Ab Hanau Freiheitsplatz Bus 53 nach Rodenbach, Hasselroth, Freigericht, außerdem Busse nach Gelnhausen und zum nächsten Bhf in Langenselbold. **Auto:** A45, Ausfahrt 40 Langenselbold, weiter auf der B43.

Die Gemeinde Freigericht gibt einen Spielplatzführer heraus, mit allen 23 Spielplätzen, die es in den verschiedenen Ortsteilen gibt. Einfach bei der Gemeindeverwaltung anrufen und schicken lassen oder im Internet nachschauen!

Hessischer Spessart

Wächtersbach

Verkehrsverein, Am Schlossgarten 1, 63607 Wächtersbach. ℡ 06053/9213, Fax 5727. **Anfahrt:** RE-Station auf der Strecke Frankfurt – Fulda, Busse nach Bad Orb und Birstein. **Auto:** A66, Ausfahrt 45 Wächtersbach.

Schlüchtern

Verkehrsbüro der Stadt Schlüchtern, Krämerstraße 2, 36381 Schlüchtern. ℡ 06661/853-61, Fax 853-69. www.schluechtern.de. info@schluechtern.de. **Anfahrt:**

RE-Station an der Strecke Fulda – Frankfurt. **Auto:** A66 Ausfahrt 48 Schlüchtern Süd oder 49 Nord, landschaftlich schönere Strecke über die Märchenstraße B40. **Rad:** Am Kinzigradweg gelegen.

Sinntal-Sterbfritz
Verkehrsamt, Am Rathaus 11, 36391 Sinntal-Sterbfritz. ℘ 06664/802-10, Fax 802-18. www.Sinntal.de. Gemeinde-Sinntal@Sinntal.de. **Anfahrt:** RE-Stationen in Sterbfritz und Jossa der Strecke Fulda – Gemünden. Ab Schlüchtern, Gemünden und Bad Brückenau regelmäßige Busse auch in die anderen Ortsteile Sinntals. **Auto:** A7 Ausfahrt 94 Bad Brückenau-Volkers oder A66, Ausfahrt 48 Schlüchtern Süd oder 49 Nord, weiter Richtung Sinntal-Sterbfritz und von dort in die anderen Ortsteile.

Steinau an der Straße
Verkehrsbüro, Brüder-Grimm-Straße 70, 36396 Steinau an der Straße. ℘ 06663/9631-0, 9631-33, www.steinau.de. verkehrsbuero.steinau@t-online.de. **Zeiten:** Mo – Do 8.30 – 12 und 13.30 – 16 Uhr, Fr 8.30 – 13 Uhr; April – Sep auch Fr und Sa 13.30 – 16 Uhr. **Anfahrt:** RE-Station der Strecke Frankfurt – Fulda. **Auto:** A66 Ausfahrt 47 Steinau, oder parallel zur Autobahn über die Märchenstraße B40.

Biebergemünd
Gemeindeverwaltung Biebergemünd, Rathaus am Gemeindezentrum, 63599 Biebergemünd. ℘ 06050/9717-14, Fax 9717-30. www.biebergemuend.de. bieberge@t-online.de. **Anfahrt:** DB-Strecke Frankfurt – Fulda, RB Station in Bieber-Wirtheim, RE-Stationen in Wächtersbach und Gelnhausen. Von dort Busse in die Ortsteile Biebergemünds. **Auto:** A66, Ausfahrt 44 Gelnhausen-Ost oder 45 Bad Orb, weiter Richtung Biebergemünd.

Bad Orb
Kurgesellschaft Bad Orb, Kurparkstraße 1, 63612 Bad Orb. ℘ 06052/830, Zimmervermittlung 8382, Fax

Rätsel: In der Bergwinkelregion grenzen drei Mittelgebirge aneinander. Wisst ihr welche? Die Rhön, der Vogelsberg und der ...?

INFO- & FERIENADRESSEN

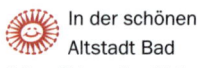 In der schönen Altstadt Bad Orbs gibt es das kleinste Fachwerkhaus Hessens zu entdecken. Mal sehen, ob ihr es findet!

4780. www.bad-orb.de. kurgesellschaft@bad-orb.de. **Anfahrt:** RE Station der DB-Strecke Frankfurt – Fulda in Wächtersbach. Von dort Bus HU81 nach Bad Orb, Busse mindestens stündlich, auch So und Fei. **Auto:** A66, Ausfahrt 45 Bad Orb. **Zeiten:** Mo – Fr 8.30 Uhr – 12 und 14 Uhr – 16.30 Uhr, Sa 10 – 12 Uhr.

Bad Soden-Salmünster

Tourist-Information, Gesundheitszentrum Therma Sol, Frowin-von-Hutten-Straße 5, 63628 Bad Soden-Salmünster. ✆ 06056/744-144, Fax 744-147. www.badsoden-salmuenster.de. kuF@badsoden-salmuenster.de. **Zeiten:** März – Okt Mo – Fr 9 – 17 Uhr; Sa und So 9 – 13 Uhr. **Anfahrt:** Station an der DB Strecke Frankfurt – Fulda. **Auto:** A66 Ausfahrt 46 Bad Soden-Salmünster.

Jossgrund

Gemeindeverwaltung, Martinustraße 2, 63637 Jossgrund. ✆ 06059/902-60, Fax 902-627. www.jossgrund.de. tourismus@jossgrund.de. **Anfahrt:** RE Station der DB-Strecke Frankfurt – Fulda in Wächtersbach, von dort Buslinien HU82 und 83 nach Jossgrund. **Auto:** A66 Ausfahrt 45 Bad Orb.

Flörsbachtal

Verkehrsbüro der Gemeinde Flörsbachtal-Lohrhaupten, Gemeindeverwaltung, 63639 Flörsbachtal. ✆ 06057/900-10, Fax 900-116. www.floersbachtal.de. webmaster@floersbachtal.net. **Anfahrt:** DB-Strecke Frankfurt – Fulda, RE-Station in Gelnhausen, von dort Bus HU64, RE-Station in Wächtersbach, von dort Bus 82. **Auto:** A66, Ausfahrt 45 Bad Orb, weiter auf der B276.

Vorspessart & Kahlgrund

Großkrotzenburg

Gemeindeverwaltung, Bahnhofstraße 4, 63538 Großkrotzenburg. ✆ 06186/200-90, Fax -922. www.grosskrotzenburg.de. rathaus@grosskrotzenburg.de. **Anfahrt:** RB-Station der Strecke Hanau – Aschaffenburg in Großkrotzenburg, ab Hanau Züge der KVG nach Schöllkrippen über Großkrotzenburg. Ab Bhf Aschaffenburg Bus 5905. **Auto:** A45, Ausfahrt 44 Alzenau/Großkrotzenburg.

Alzenau

Städtisches Verkehrsamt, Rathaus, Hanauer Straße 1, 63755 Alzenau. ✆ 06023/502-0, Fax -188. www.alzenau.de. alzenau@alzenau.de. **Anfahrt:** RB/RE-Station von Frankfurt nach Aschaffenburg in Dettingen, von dort Bus 31 über Alzenau/Marktplatz nach Albstadt; ab Hanau Züge der KVG über Alzenau nach Schöllkrippen. **Auto:** A45, Ausfahrt 44 Alzenau/Großkrotzenburg.

Mömbris

Marktverwaltung, Schimbornerstraße 6, 63776 Mömbris. ✆ 06029/705-12, Fax 705-59. www.markt-moembris.de. verwaltung@moembris.bayern.de. **Anfahrt:** Ab Hanau Züge der KVG über Mömbris nach Schöllkrippen. Ab Bhf Aschaffenburg Bus 23, 24, 25 nach Mömbris. **Auto:** Von der A45 Ausfahrt 44 Alzenau, über L2305.

Kahl am Main

Gemeindeverwaltung, Aschaffenburger Straße 1, 63796 Kahl am Main. ✆ 06188/944-0, Fax 944-29. www.kahl-main.de. poststelle@kahl-main.de. **Anfahrt:** RE/RB-Station der Strecke Frankfurt – Hanau – Aschaffenburg in Kahl, ab Hanau Züge der KVG nach Schöllkrippen über Kahl. Ab Bhf Aschaffenburg Bus 5905. **Auto:** A45, Ausfahrt 44 Alzenau oder 45, dann über B8.

Kleinostheim

Gemeindeverwaltung, Kardinal-Faulheber-Straße 12, 63801 Kleinostheim. ✆ 06027/474-111, Fax 474-200. www.kleinostheim.de. **Anfahrt:** RE/RB-Station auf der Strecke Frankfurt – Hanau – Aschaffenburg, oder ab Bhf Aschaffenburg Bus 51 nach Kahl und 5905 nach Hanau über Kleinostheim. **Auto:** A3 Ausfahrt 58 Aschaffenburg West/Mainaschaff, dann B8.

*Um den Namen **Alzenau** rankt sich eine schöne Legende: Einst wurde die Burg des Ritters Ranneberg von einem feindlichen Ritter erobert und geplündert. Ranneberg und seine Gefolgsleute sollten ihr Leben lassen, nur seine Frau wurde verschont. Sie durfte fliehen mit allem, was sie auf ihrem Rücken tragen konnte. Daraufhin schulterte die Frau ihren Ehemann und trug ihn so weit, bis sie beide in Sicherheit waren. Immer, wenn der Ritter hinunter wollte, rief seine Frau: »Nein, nein, wir sind noch all zu nah«. Aus »All – zu – nah« wurde Alzenau, der Ort nämlich, an dem die Rittersleute eine neue Bleibe fanden.*

Schöllkrippen

Marktgemeinde Schöllkrippen, Marktplatz, 63825 Schöllkrippen. ✆ 06024/673-50, Fax 673-535. vg-schoellkrippen.de. kontakt@vg-schoellkrippen.de. **Anfahrt:** Ab Hanau Züge der KVG über Alzenau nach Schöllkrippen. Ab Bhf Aschaffenburg Bus 20. **Auto:** Von der A45, Ausfahrt 44 Alzenau über L2305.

Aschaffenburg – Klingenberg

Stadtplan von Aschaffenburg mit Erläuterung historischer Gebäude, Buslinien und Haltestellen bei der Tourist-Information erhältlich.

Aschaffenburg

Kongress- und Touristikbetriebe der Stadt Aschaffenburg, Tourist-Information, Schlossplatz 1, 63739 Aschaffenburg . ✆ 06021/395-800, Fax 395-802. www.info-aschaffenburg.de. tourist@info-aschaffenburg.de. **Zeiten:** Mo – Fr 9 – 17 Uhr, Sa 10 – 13 Uhr. **Anfahrt:** RE im Stundentakt auf der Strecke Würzburg – Aschaffenburg – Frankfurt, RB/RE im Stundentakt zwischen Heigenbrücken – Aschaffenburg. RB nach Miltenberg. Ab Bhf Aschaffenburg gute Busverbindungen in die umliegenden Gemeinden. **Auto:** A3, Ausfahrt 59 Aschaffenburg.

Erlenbach am Main

Städtisches Kulturamt, Rathaus, Bahnstraße 26, 63906 Erlenbach am Main. ✆ 09372/704-31, Fax 704-20. www.stadt-erlenbach.de. kulturamt@stadt-erlenbach.de. **Anfahrt:** RB-Station auf der Strecke Aschaffenburg – Miltenberg. **Auto:** B496 Ausfahrt Klingenberg.

Klingenberg am Main

Kultur- und Verkehrsbüro, Hauptstraße 26a, 63911 Klingenberg am Main. ✆ 09372/921259, Fax 12354. www.klingenberg-main.de. verkehrsamt@klingenberg-main.de. **Zeiten:** Mo – Fr 9 – 12 und 14 – 17 Uhr, Juni – Okt Sa 10 – 12 Uhr. **Anfahrt:** Trennfurt am gegenüberliegenden Ufer ist Bhf auf der Strecke Aschaffenburg – Miltenberg. **Auto:** B496 Klingenberg.

Rothenbuch und das Hafenlohrtal

Fremdenverkehrsamt Gemeinde Rothenbuch, Schlossplatz 1, 63860 Rothenbuch. ℡ 06094/940-0, Fax 940-23. www.rothenbuch.de. **Anfahrt:** Ab Bhf Aschaffenburg Bus 43, ab Lohr Busbhf Haaggasse Bus 8046 nach Rothenbuch. **Auto:** A3 Ausfahrt 63 Weibersbrunn, weiter über die Alpen-Ostsee-Straße nach Rothenbuch.

Heigenbrücken und Jakobsthal

Kur- und Verkehrsamt, Hauptstraße 8, 63869 Heigenbrücken. ℡ 06020/971-00, Fax 971-050. www.heigenbruecken.de. info@heigenbruecken.de. **Zeiten:** Mo 14 – 16 Uhr, Di 14 – 18, Do 14 – 16 Uhr. **Anfahrt:** RE/RB-Station der Strecke Frankfurt – Würzburg in Heigenbrücken. **Auto:** A3 Ausfahrt 63 Weibersbrunn, weiter auf der Deutschen Ferien-Alpen-Ostsee-Straße bis Heigenbrücken.

Heimbuchenthal

Verkehrsverein e.V., Geschäftsstelle, Hauptstraße 31, 63872 Heimbuchenthal. ℡ 06092/1515, Fax 5511. www.heimbuchenthal.de. Info@heimbuchenthal.de. **Anfahrt:** Ab Bhf Aschaffenburg Bus 40 nach Mespelbrunn und Heimbuchenthal, ab Bhf Elsenfeld Bus 64 nach Eschau. **Auto:** A3, Ausfahrt 63 Weibersbrunn, Richtung Mespelbrunn. Landschaftlich schönere Strecke über die B8, oder ab Stockstadt über die B469 bis Obernburg, dort über die Mainbrücke nach Elsenfeld weiter auf der Alpen-Ostsee-Ferienstraße ins Elsavatal.

Mespelbrunn

Fremdenverkehrsamt, Haus des Gastes, Hauptstraße 164, 63875 Mespelbrunn. ℡ 06092/319, Fax 5537. www.touristik-mespelbrunn.de. Info.Mespelbrunn@t-online.de. **Zeiten:** Feb – Okt Mo – Sa 9.30 – 12, Fr auch 15 – 16.30 Uhr; Nov – Jan Mi – Fr 10 – 12 Uhr. **Anfahrt:** Ab Bhf Aschaffenburg Bus 40 nach Mespelbrunn und Heimbuchenthal, ab Bhf Elsenfeld Bus 64 nach Eschau. **Auto:** A3, Ausfahrt 63 Weibersbrunn, Richtung

@ Toll! Unter www.vs-heimbuchenthal.de/Hi_kids hat die Volksschule Elsavatal eine Homepage für Kids von Kids eingerichtet, mit vielen Freizeittipps rund um den Spessart!

INFO- & FERIENADRESSEN

Mespelbrunn. Landschaftlich schönere Strecke über die B8, oder ab Stockstadt über die B469 bis Obernburg, dort über die Mainbrücke nach Elsenfeld weiter auf der Alpen-Ostsee-Ferienstraße ins Elsavatal.

Mönchberg

Tourist-Information, Altes Rathaus, Hauptstraße 42, 63933 Mönchberg. ✆ 09374/7000, Fax 7640. www.moenchberg-touristik.de. touristinfo@moenchberg.de. **Zeiten:** April – Okt Mo – Sa 9.30 – 12 Uhr, Do 14 – 18 Uhr, Nov – März Di 9.30 – 12 Uhr. **Anfahrt:** Ab Bhf Klingenberg Bus 66, ab Bhf Miltenberg Linie 81 nach Mönchberg. **Auto:** A3, Ausfahrt 57 Stockstadt, dann B469 bis Obernburg, dort über die Mainbrücke nach Rück, vor Eschau rechts.

Insgesamt 7 **Abenteuerspielplätze** findet ihr in Frammersbach und Habichsthal. Die meisten sind gut mit Kinderwagen, Inlinern oder dem Rad zu erreichen. Besorgt euch am besten einen Ortsplan beim Verkehrsverein. Dort könnt ihr euch auch Räder leihen!

Frammersbach und Habichsthal

Verkehrsverein Frammersbach e.V., Rathaus, Marktplatz 3, 97833 Frammersbach. ✆ 09355/4800, Fax 975625. www.Frammersbach.de. Verkehrsverein@Frammersbach.de. **Zeiten:** Mo – Fr 10 – 12 und 14 – 16.30, Sa 10 – 12 Uhr. **Anfahrt:** Ab Lohr Busbhf oder Partenstein Bus 8045 nach Frammersbach. **Auto:** Über A66 Ausfahrt 45 Bad Orb, B276 bis Frammersbach oder A3, Ausfahrt 61 Hösbach, Richtung Sailauf und Wiesen.

Östlicher Spessart

Gemünden

Tourist-Information, Huttenschloss, Frankfurter Straße 2, 97737 Gemünden. ✆ 09351/3830, Fax 4854. www.stadt-gemuenden.de. touristinfo.gemuenden@web.de. **Zeiten:** Mai – Sep Mo – Fr 9 – 12.30 und 13.30 – 17.30 Uhr. **Anfahrt:** RB/RE-Verbindungen Fulda – Gemünden, Frankfurt – Gemünden – Würzburg, Gemünden – Bad Kissingen, Gemünden, nächste IC-Haltestellen Würzburg, Fulda Busse in alle Richtungen. **Auto:** A3 Ausfahrt 63 Weibersbrunn oder Würzburg/West, A7 Ausfahrten 97 Hammelburg, 99 Karlstadt, Würzburg/Ost. Landschaftlich schöne Strecke über die B26.

Burgsinn

Tourist-Information, Rathaus, Burgweg 1, 97775 Burgsinn. ✆ 09356/9910-0, Fax 9910-10. www.burgsinn.de. info@vgem-burgsinn.de. **Anfahrt:** RE-Station der Strecke Gemünden – Fulda in Burgsinn, ab Bhf Gemünden Bus 8055 nach Burgsinn. **Auto:** A3, Ausfahrt 63 Weibersbrunn, über Lohr und Gemünden nach Burgsinn; A7 Ausfahrt 97 Hammelburg, Landstraße über Gemünden.

Lohr am Main

Tourist-Information, Schlossplatz 5, 97816 Lohr am Main . ✆ 09352/848460, Fax 70295. www.lohr.de. tourismus@lohr.de. **Zeiten:** Sommer Mo – Fr 9 – 12 und 14 – 17 Uhr, Sa 10 – 12 Uhr; Winter Mo – Fr 10 – 12 und 15 – 17 Uhr. **Anfahrt:** RB/RE-Station auf der Strecke Frankfurt – Aschaffenburg – Würzburg, Züge im Stundentakt. Vom Bhf 20 Gehminuten zum Zentrum oder ab Haltestelle Eisenbahnstraße Bus 1 zum Busbhf Haagstraße, von dort gute Verbindungen in Stadtteile und umliegende Gemeinden. **Auto:** A3 Ausfahrt 63 Weibersbrunn oder 65 Marktheidenfeld oder A7 Ausfahrt 97 Hammelburg, landschaftlich schönere Strecken sind die B26 und die B276.

Miltenberg und Bürgstadt

Tourismusgemeinschaft Miltenberg, Bürgstadt, Kleinheubach, im Rathaus, Engelsplatz 69, 63897 Miltenberg am Main. ✆ 09371/404119, Fax 9488944. www.miltenberg.info. tourismus@miltenberg.info. **Anfahrt:** RB- und RE-Verbindungen nach Frankfurt über Aschaffenburg, über Wertheim und Lauda nach Würzburg. Ab Bhf Miltenberg Bus 82 und 90 nach Bürgstadt. Sonntags keine Busverbindung, 30 min Fußweg zum Bhf Miltenberg. **Auto:** Von der A3 Ausfahrt 57 Stockstadt B469 nach Miltenberg auf der Hauptverkehrstraße weiter nach Bürgstadt oder Abfahrt 66 Wertheim/ Lengfurt, über Wertheim schöne Strecke am Main. Parkplätze am Main. **Rad:** Am Maintalradweg gelegen.

Hunger & Durst

Heiß auf Eis? **Eiscafé Cortina,** Hauptstraße 27, Burgsinn.

Hunger & Durst

Café Rosenkranz, Hauptstraße, Lohr, bietet hausgemachte Kuchen, Torten, eine große Auswahl an Tee, darunter Schneewittchen-Früchtetee, Mo – Sa 8 – 18, So 11 – 18. Die Tourist-Information vermittelt Stadtführungen und geführte Wanderungen, Kutschfahrten und Schiffsfahrten auf dem Main.

Südlicher Spessart

Der Fremdenverkehrsverband Südspessart führt einen Zimmernachweis über die Orte Altenbuch, Collenberg mit Kirschfurt, Dorfprozelten, Faulbach mit Breitenbrunn und Neuenbuch, vermittelt Planwagenfahrten und spezielle Burgführungen mit mittelalterlichen Fressgelagen, Rittern und Hexen, auch für Kinder.

Großheubach

Markt Großheubach, Rathausstraße, 63920 Großheubach. ✆ 09371/40991-0, Fax 40991-88. www.grossheubach.de. oettinger@grossheubach.de. **Anfahrt:** RB-Station in Kleinheubach an der DB-Strecke Aschaffenburg – Miltenberg. **Auto:** A3 Ausfahrt 57 Stockstadt, dann B469 nach Kleinheubach, über die Mainbrücke nach Großheubach. **Rad:** Am Maintalradweg gelegen.

Marktheidenfeld

Touristinformation, Luitpoldstraße 17, 97828 Marktheidenfeld. ✆ 09391/500441, Fax 7940. www.marktheidenfeld.de. minfo@marktheidenfeld.de. **Zeiten:** Mo – Do 7.45 – 18 Uhr, Fr 7.45 – 12.15 Uhr. **Anfahrt:** Bhf in Lohr, Wertheim und Würzburg, nach Marktheidenfeld ab Lohr Bus 8050, ab Würzburg Bus 8091, ab Wertheim 8051, außerdem Bus 8070 Würzburg – Wertheim – Marktheidenfeld. **Auto:** A3, Ausfahrt 65 Marktheidenfeld. Landschaftlich schönere Strecke über die B8, parallel zur A3. **Rad:** Am Maintalradweg gelegen.

Markt Triefenstein

Gemeindeverwaltung, Rathausstraße 2, 97855 Triefenstein. ✆ 09395/9701-14, Fax 9701-15. **Anfahrt:** Ab Bhf Wertheim Bus 8051 in alle Gemeindeteile. **Auto:** A3 Ausfahrt 66 Wertheim-Lengfurt, weiter Richtung Marktheidenfeld. **Rad:** Am Mainufer-Radweg 16 km von Wertheim, 28 km von Lohr.

Wertheim und Kreuzwertheim

Fremdenverkehrsgesellschaft Romantisches Wertheim, Am Spitzen Turm, 97877 Wertheim am Main. ✆ 09342/1066, Fax 38277. www.tourist-wertheim.de. info@tourist-wertheim.de. **Zeiten:** 1. Mai – 13. Okt Mo – Fr 9 – 18 Uhr, Sa 10 – 14, So 11 – 14 Uhr. 1. Nov – 30. April Mo – Fr 9 – 13 und 14 – 16 Uhr. **Anfahrt:** RE/RB nach Aschaffenburg über Miltenberg, nach Würzburg mit Umsteigen in Lauda. Bus 8070 Wertheim – Marktheidenfeld – Würzburg. **Auto:** A3, Ausfahrt 66

Wertheim-Lengfurt, großer Parkplatz am Main. **Rad:** Am Maintalradweg gelegen.

Stadtprozelten

Verwaltungsgemeinschaft Stadtprozelten, Hauptstraße 132, 97909 Stadtprozelten. ✆ 09392/9760-0, Fax 9760-18. www.stadtprozelten.de. info@stadtprozelten.de. **Anfahrt:** RB-Station der Strecke Miltenberg – Wertheim. Bus 90 von Miltenberg über Stadtprozelten nach Wertheim. **Auto:** A3, Ausfahrt 64 Rohrbrunn, weiter auf der Staatstraße 2316 über Schollbrunn nach Hasloch am Main, in Hasloch links auf der Staatstraße 2315 den Main entlang. **Rad:** Am Maintalradweg gelegen.

Mobil ohne Auto

▶ Leider werden nicht alle im Buch aufgeführten Adressen von öffentlichen Verkehrsmitteln angefahren. Gerade zu besonders idyllischen Orten fahren oft keine Busse, andere sind zumindest am Wochenende nur schwierig ohne Auto zu erreichen. Dafür gibt es vor Ort eine Menge Möglichkeiten beweglich zu sein, nicht nur auf eigenen Füßen! Neben Bus- und Bahnverbindungen werden hier auch Fahrradverleihe aufgeführt. Kutschfahrten und Reitmöglichkeiten, Schiffsfahrten und Bootsverleihe findet ihr im regionalen Teil.

Verkehrsinfos Hanau – Gelnhausen

Bahn: Der größte Bahnhof im südlichen Main-Kinzig-Kreis ist der Hauptbahnhof **Hanau**. Er ist IC- und ICE-Station, außerdem RE- und RB-Station der DB-Strecken Frankfurt – Fulda, Frankfurt – Gießen, Frankfurt – Würzburg. Von Frankfurt und Offenbach ist er auch mit der S8 und der S9 zu erreichen. Vom Hauptbahnhof verkehren die Linien der Hanauer Straßenbahn AG zum Busbahnhof Freiheitsplatz und von dort Busse in die Hanauer

VERKEHR

@ **www.connexions.de:** tolle Seite mit Links zu allen Verkehrsbetrieben und -verbünden Deutschlands und vielen anderen Tipps zur Reiseplanung.

@ **Fahrplan- und Preisauskunft:** www.bahn.de

Fahrplan- & Preisauskunft: www.rmv.de, RMV Hotline ✆ 0180/2351451, gebührenpflichtig! VU Verkehrs-GmbH Untermain, Geschäftsstelle Hanau, ✆ 06181/933031.

Stadtteile und in die Gemeinden im südlichen Landkreis. RE-Station auf der Strecke Frankfurt – Fulda sind außerdem Langenselbold, Gelnhausen, Biebergemünd-Wirtheim und Wächtersbach.

Bus: Ab Hanau Freiheitsplatz fährt die Linie HU54 nach Langenselbold, die Linie HU53 über Rodenbach und Freigericht nach Hasselroth. Nach Linsengericht fahren Busse ab Gelnhausen.

Hessischer Spessart

Bahn: Biebergemünd-Wirtheim, Wächtersbach, Bad Soden-Salmünster, Steinau und Schlüchtern sind RE-Stationen der DB-Strecke Frankfurt – Fulda, Sinntal-Sterbfitz und -Jossa RE-Stationen der DB-Strecke Fulda – Gemünden.

Bus: Ab Bahnhof Wächtersbach fährt der HU81 nach Bad Orb, HU82 über das Schullandheim Wegscheide und die Gemeinde Flörsbachtal nach Frammersbach, die HU83 in die Gemeinde Jossgrund. Busverbindungen in die Gemeindeteile Biebergemünds ab Gelnhausen oder Wächtersbach.

Vorspessart & Kahlgrund

Bahn: Auf der DB-Strecke Frankfurt – Aschaffenburg sind Kahl, Dettingen, Kleinostheim RE/RB-Stationen, in Großkrotzenburg halten nur RB. Auf der Strecke der KVG Kahlgrund Verkehrsgesellschaft Hanau-Schöllkrippen halten Züge in Großauheim, Großkrotzenburg, Kahl, Alzenau, Kälberau, Michelbach, Herrnmühle, Niedersteinbach, Strötzbach, Mömbris, Schimborn, Königshofen, Blankenbach und Schöllkrippen. Hösbach und Laufach sind RB-Stationen der DB-Strecke Aschaffenburg – Gemünden.

Bus: ab Bahnhof Aschaffenburg in alle Gemeinden des Landkreises Aschaffenburg.

Fahrplan- & Preisauskunft:

www.rmv.de, RMV Hotline ✆ 0180/2351451, gebührenpflichtig!
VU Verkehrs-GmbH Untermain, Geschäftsstelle Hanau, ✆ 06181/933031.

Fahrplan- & Preisauskunft:

KVG Kahlgrund Verkehrsgesellschaft, ✆ 06024/6550, www.kvg-bahn.de.
VU Verkehrs-GmbH Untermain, Geschäftsstelle Aschaffenburg, ✆ 06021/33920.

Aschaffenburg – Klingenberg am Main

Bahn: RB-Stationen der DB-Strecke Aschaffenburg – Miltenberg in Sulzbach, Kleinwallstadt, Elsenfeld/Arcodis Glanzstoffwerke, Erlenbach, Wörth, Klingenberg-Trennfurt.

Bus: ab Bahnhof Aschaffenburg in alle Gemeinden des Landkreises Aschaffenburg. Nach Obernburg, von dort Bus 60, ab Bahnhof Elsenfeld die 68.

Fahrplan- & Preisauskunft:
Stadtwerke Aschaffenburg, ✆ 06021/391-231 Tarif, ✆ -369 Fahrplan. VU Verkehrs-GmbH Untermain, Geschäftsstelle Aschaffenburg, ✆ 06021/33920.

Hochspessart

Bahn: Heigenbrücken, Wiesthal, Partenstein, Lohr sind RE- und RB-Stationen der Strecke Aschaffenburg – Gemünden.

Bus: Die meisten Gemeinden im Hochspessart sind nur per Bus zu erreichen. Ab Lohr, Marktheidenfeld und Wertheim verkehren Busse der Mainspessart Nahverkehrsgesellschaft, ab Aschaffenburg, Elsenfeld und Klingenberg-Trennfurt Busse der Verkehrsgesellschaft am Untermain. Am Wochenende Rufbusse.

Fahrplan- & Preisauskunft:
VU Verkehrs-GmbH Untermain, Geschäftsstelle Aschaffenburg, ✆ 06021/33920. MSP Nahverkehrsgesellschaft, ✆ 09351/975797, www.msp-nahverkehr.de.

Östlicher Spessart

Bahn: RE-Stationen der DB-Strecke Fulda – Gemünden in Rieneck und Burgsinn, der Strecke Frankfurt – Aschaffenburg – Würzburg in Lohr und Gemünden.

Bus: ab Gemünden Bus 8055 nach Obersinn über Rieneck und Burgsinn, ab Lohr Bus 8050 nach Marktheidenfeld über Neustadt, Rothenfels, Hafenlohr. Am Wochenende Rufbusse.

Fahrplan- & Preisauskunft:
MSP Nahverkehrsgesellschaft, ✆ 09351/975797, www.msp-nahverkehr.de.

Südlicher Spessart

Bahn: RB-Stationen auf der DB-Strecke Miltenberg – Wertheim sind Freudenberg-Kirschfurt, Dorfprozelten, Stadtprozelten, Faulbach und Hasloch.

Bus: Bus 8070 ab Wertheim über Bestenheid, Freudenberg und Bürgstadt nach Miltenberg. Bus 90 ab Miltenberg über Bürgstadt, Freudenberg, Collenberg, Dorfprozelten, Stadtprozelten, Faulbach, Hasloch, Kreuzwertheim.

Fahrplan- & Preisauskunft:
MSP Nahverkehrsges., ✆ 09351/975797, www.msp-nahverkehr.de VU Verkehrs-GmbH Untermain, Geschäftsstelle Aschaffenburg, ✆ 06021/33920.

Rund ums Rad

Fahrradfachgeschäft, Schiebener, Rudolf-Diesel-Straße 3, 63571 Gelnhausen. ☏ 06051/14444. **Preise:** Räder ab 4 €/Tag. Fahrradfachgeschäft mit Zubehör und Reparaturwerkstatt, Verleih von Mehrgangrädern.

Fahrradstation am Hauptbahnhof, Ludwigstraße 2 – 4, 63739 Aschaffenburg. ☏ 06021/374-204. **Zeiten:** Mo – Fr 5.30 – 22.30 Uhr, Sa, So und Fei 10 – 18.30 Uhr. **Preise:** Räder 5 – 20 € pro Tag. **Infos:** Zur Radvermietung auch unter ☏ 06021/374288. Radparkhaus und Fahrradvermietung.

Fahrradverleih im Hotel Wilder Mann, Löherstraße 51, 63739 Aschaffenburg. ☏ 06021/302-0, Fax 302234. Verleih von 3-Gang-Rädern.

Fahrradfachgeschäft, Ernst Noll, Hauptstraße 63, 63860 Rothenbuch. ☏ 06094/1403. **Zeiten:** Mo – Fr 15 – 18 Uhr, Sa 9 – 14 Uhr. **Preise:** Räder für 12 €/Tag, ab 2 Tage 10 €/Tag. Fachgeschäft mit Zubehör und Reparaturwerkstatt, Verleih von Trekkingrädern mit 3, 7, oder 21 Gängen und Mountainbikes.

Bike-Verleih im Landgasthof Hochspessart, Lindenallee 40 – 42, 63869 Heigenbrücken. ☏ 06020/97200, Fax 2630. **Preise:** Räder 10 € für halben Tag, 15 € ganzen Tag; Gruppenermäßigung. Fahrradfachgeschäft mit Zubehör und Serviceleistungen, Verleih von Mountainbikes, geführte Touren.

Verkehrsverein e.V., im Landhaus Hochspessart, Heppenweg 2, 63874 Dammbach. ☏ 06092/5510, Fax 5644. **Preise:** 3-Gang-Rad für 5,50 €/Tag, 7-Gang-Rad für 7,50 €/Tag; Mountainbikes für 10 €/Tag; Gruppenermäßigung. Fahrradfachgeschäft mit Zubehör und Serviceleistungen, Verleih von Mountainbikes, geführte Touren.

Fahrradverleih, Ernst Bilz, Hauptstraße 206, 63875 Mespelbrunn. ☏ 06092/1292. **Preise:** Räder für 7,50 €/Tag. Verleih von Mehrgangrädern, auch Mountainbikes und Kinderräder.

Verkehrsverein, Rathaus, Marktplatz 3, 97833 Frammersbach. ✆ 09355/4800, Fax 4800. www.frammersbach.de. verkehrsverein@frammersbach.de. **Preise:** Räder ab 3 €/Tag. Verleih von 3- und 5-Gang-Rädern.

Fahrradfachgeschäft, Fischlein, Mainblickstraße 6, 97739 Gemünden. ✆ 09351/8931. **Preise:** Räder ab 3,50 €/Tag. Verleih von 3-Gang-Rädern.

Fahrrad Wirthmann, Schlossallee 1, 97775 Burgsinn. ✆ 09356/93884. **Preise:** Räder ab 8 € je Tag. Fahrradfachgeschäft mit Zubehör und Reparaturwerkstatt, Verleih von 7-Gang-Rädern und Mountainbikes.

Fahrradverleih, Pension und Reiterhof Obere Mühle, Familie Brasch, Hauptstraße 49, 97778 Fellen. ✆ 09356/1363. **Preise:** Räder ab 3 €/Tag.

Zweirad-Sport, Mathias Neukirchen, Röllfelder Straße 13, 63920 Großheubach. ✆ 09371/90492. **Preise:** Räder 8 €/Tag. Verleih von Trekking- und MT-Bikes.

Fahrradverleih im Landhaus Adler, Familie Bachmann, Hauptstraße 30, 63927 Bürgstadt. ✆ 09371/978-80, Fax 978-860. **Preise:** Räder ab 5 €/Tag.

Fahrradverleih im Weinhaus Stern, Hauptstraße 23, 63927 Bürgstadt. ✆ 09371/403-50, Fax 403-540. **Preise:** Räder ab 5 €/Tag.

Zweiradfachgeschäft und Fahrradverleih, Jürgen Baumann, Neben-Neugasse 5, 97877 Wertheim. ✆ 09342/1214, Fax 21321. **Preise:** Räder ab 8 €/Tag. Fahrradfachgeschäft mit Zubehör und Reparaturwerkstatt, Verleih von 7-Gang-Fahrrädern.

Fahrradfachgeschäft, Steffen Roth, Breuningser Straße 9, 36391 Sinntal-Sterbfritz. ✆ 06664/7656, Fax 6599. zweiradroth@t-online.de. **Preise:** Räder ab 8 €/Tag. Fahrradfachgeschäft mit Zubehör und Reparaturwerkstatt, Verleih von Fahrrädern mit Mehrgangschaltung, Trekkingrädern und Mountainbikes.

Sportpark 29, Parkstraße 29, 63628 Bad Soden-Salmünster-Bad Soden. ✆ 06056/2580. **Preise:** Räder 3 € für einen halben, 5 € für den ganzen Tag, 3 Tage 12 €, 7 Tage 25 €. Verleih von 3-Gang-Rädern.

Familienfreundliche Unterkünfte

▶ Die aufgeführten Hotels liegen größtenteils in einer sehr ruhigen und idyllischen Umgebung – am Waldrand, in einem Flusstal oder sogar mitten im Wald. Die Eltern finden Erholung und Kinder jede Menge Platz zum Spielen, Toben und Plantschen. Rad- und Wanderwege beginnen oft direkt vor der Haustür, und auch im Haus finden Kinder genügend Beschäftigung. Durchschnittlich befinden sich die Hotels allerdings auf einem höheren Preisniveau als die Unterkunftsmöglichkeiten der anderen Rubriken.

Hochspessart

Waldgasthaus Acisbrunnen, Am Acis 1, 36381 Schlüchtern. ✆ 06661/1738, Fax 72995. www.acisbrunnen.de. info@acisbrunnen.de. ÜF 28 € pro Person, DZ mit Du/WC, auch HP und VP, K. Direkt an einer Waldfreizeitanlage mit großer Spielwiese, Lehrpfaden und Tiergehege.

Schlosshotel, Peter Lehnardt, Schloss, 63860 Rothenbuch. ✆ 06094/9440, Fax 944444. www.schloss-rothenbuch.de. office@schloss-rothenbuch.de. ÜF ab 48,50 €, auch VP und HP, preiswertere Mehrtages-Arrangements, K, bf. Hotel im ehemaligen kurfürstlichen Jagdschloss direkt an der Quelle der Hafenlohr, schmuckvolle Gasträume, Gewölbekeller, Kaminzimmer, Biergarten im Schlosshof, Badehaus mit türkischem Hammam, Sauna und Solarium.

Landgasthof Hochspessart, Familie Samer, Lindenallee 40 – 42, 63869 Heigenbrücken. ✆ 06020/97200, Fax 2630. www.hochspessart.de. hochspessart@t-online.de. ÜF ab 34 €, auch HP und VP, K., Spielplatz, Kinderbeschäftigung, Pauschalangebote für Familien. Café-Restaurant mit regionaler Küche, hausgemachten Kuchen und Eisspezialitäten.

Heimathenhof, Heimathenhof 2, 63872 Heimbuchenthal. ✆ 06092/97150, Fax 5683. www.heimathenhof-online.de. info@heimathenhof-online.de. ÜF ab 32 €, EZ, DZ mit Du/WC, auch HP und VP, K, Kinder bis 3 Jahre

Tipp: Erlebnisgastronomie mit Events wie Märchen-Dinner, Rittermahlzeit, Halloween-Party, Kutschfahrten mit Spessarträuberüberfall. Spielplatz in der Nachbarschaft.

INFO- & FERIENADRESSEN

Ferien, wie Kinder sie lieben: Auf dem Schulbauernhof Weichersbach

Tipp: Ausgezeichnet mit dem bayerischen Umweltsiegel, außerdem als kinderfreundliches Hotel vom Hotel- und Gaststätten-Verband.

Abkürzungen

bf – behindertenfreundlich, Näheres erfragen!
DZ – Doppelzimmer
EZ – Einzelzimmer
FH – Ferienhaus
FeWo – Ferienwohnung
HP – Halbpension
JH – Jugendherberge
K – kleinkindgerecht
MBZ – Mehrbettzimmer
Ü – Übernachtung
F – Ü mit Frühstück (jeweils pro Person)
VP – Vollpension

frei, Kinderermäßigung, preiswerte Mehrtages-Arrangements, ruhige Lage, Talblick, Wanderwege direkt am Haus, Damwildgehege, Spielplatz, Reitmöglichkeit, Kutschfahrten, Landgasthof mit hausgemachten Kuchenspezialitäten.

Landgasthof Kessler, Orber Straße 23, 97833 Frammersbach. ✆ 09355/1236, Fax 99741. www.landgasthof-kessler.de. landgasthof@t-online.de. ÜF ab 26,50 €, EZ, DZ und Dreibettzimmer Du/WC, auch HP und VP, K, bf. Angebote für Familien, Wanderer und MTBler.

Gasthaus im Hochspessart, Familie Geis, 97840 Lichtenau. ✆ 09352/1228, Fax 70229. ÜF im DZ ab 25 € pro Person, im EZ 35 €, HP und VP ab 4 Tage Aufenthalt, K. Gemütliche Gaststuben, teils mit Kachelofen. Spielplatz im großen Hof, viel Federvieh, Pferdekoppel. Sehr ruhige Lage im Hafenlohrtal, Wanderwege direkt am Haus.

Gasthof Pension Hoher Knuck, Familie Muth, 97840 Lichtenau. ✆ 09352/1320. ÜF im DZ 27 € pro Person, EZ 30 €, Dreibettzimmer 75 €, auch HP und VP, K. Gemütliche Gaststube mit Kachelofen, schöne Gartenlaube, große Spiel- und Liegewiese. Sehr ruhige Lage im Hafenlohrtal, am Waldrand, Rad- und Wanderwege direkt am Haus.

Östlicher Spessart

Gut Dürnhof, Familie Münch, Burgsinner Straße 3, 97794 Rieneck. ✆ 09354/1001, Fax 1512. www.gut-duernhof.de. info@gut-duernhof.de. ÜF ab 45 €, Kinder bis 3 Jahre frei, bis 12 Jahre inkl. Kindermenü 20 €, bis 17 Jahre 25 €, auch HP und VP sowie preisgünstigere Mehrtages-Arrangements. Das Landhotel liegt in einem großen Garten mit See, direkt an der Sinn. Umweltbewusste Gastronomie mit Gemüse und Kräutern aus eigenem, biologischen Anbau, schöne Zimmer mit Naturholzmöbeln, Hallenbad, Sauna, Solarium, Liegewiese, großer Spielplatz in der Nachbarschaft, Tischtennis, Angeln, Fahrradverleih, Reitkurse und Ponyreiten für Kinder, Boxen für Gastpferde.

Fränkischer Hotelgasthof Buchenmühle, Alexandra und Uwe Rühl, Buchentalstraße, 97816 Lohr am Main-Steinbach. ✆ 09352/8799-0, Fax -87. www.buchen-muehle.com. info@buchenmuehle.de. ÜF ab 33,50 €, Kinder bis 6 Jahre frei, auch HP und VP, preiswertere Mehrtages-Arrangements. Alte Mühle aus Sandstein, Restaurant mit Kaminzimmer und Gewölbekeller, Terrasse, Hof, Spielplatz.

 Sehr schöne ruhige Lage in einem Mühlental am Fuße des Klosters Mariabuchen, Rad- und Wanderwege direkt am Haus.

Südlicher Spessart

Gut Rosshof Verwaltung GmbH, Rosshof 3, 63920 Großheubach. ✆ 09371/974-90, Fax -949. www.rosshof.de. info@rosshof.de. 5 FeWo zu 55 – 85 qm, Balkon/Terrasse ab 35 €. K, Liegewiese, schöner Spielplatz, sehr ruhige Lage zwischen Wald und Wiesen, Boxen für Gastpferde, Gutsschänke mit Spezialitätenwochen, Hofladen, Gewölbekeller für Feste, Haustiere erlaubt.

Im Hofladen gibt es Produkte aus biologisch-ökologischem Anbau, darunter Obstsäfte, Marmeladen, Apfelwein, Hausmacherwurst, Brot und Nudeln. Mi – So 11 – 21 Uhr, Di nach Vereinbarung, Mo Ruhetag.

Ferien auf dem Bauernhof

▶ Ferien auf dem Bauernhof ist eine Urlaubsform, die Kindern besonders viel Spaß macht, denn auf den Höfen gibt es viel zu tun: Da sind Tiere zu sehen, oft ist es möglich mit aufs Feld hinauszufahren und auf manchen Höfen gibt es Reitpferde. Die meisten Höfe liegen landschaftlich sehr schön, einige gehören zu kleinen Weilern, umgeben von Feldern und Wiesen. Sie bieten entweder Übernachtungen in Gästezimmern mit Frühstück oder Ferienwohnungen.

Hunger & Durst
Zu manchen dieser Bauernhöfe gehört ein Gasthof, und fast alle verkaufen hofeigene Produkte wie Milch, Eier oder Marmelade.

Hanau – Gelnhausen

Marita Pfeiffer, Schönauer Weg, 63571 Gelnhausen-Höchst. ✆ 06051/72398, Fax 971851. 4 DZ ab 20 € pro Person, Kochgelegenheit, Liegewiese, Terrasse, Reitmöglichkeiten, Waldnähe.

Hessischer Spessart

Ferienhaus Drasenberg, Helmut Gold, Drasenberg 3, 36381 Schlüchtern-Klosterhöfe. ✆ 06661/3569, Fax

Tipp: Larbigs veranstalten tolle Ausflüge mit der Ponykutsche zum Pfannkuchenmännchen, das ganz versteckt in einem Felsen bei Wallroth lebt, natürlich mit Pfannkuchenessen am Lagerfeuer – nicht nur für Feriengäste!

3540. 2 FeWo für 2 – 5 Personen, mit Du/WC, Terrasse oder Balkon ab 30 €, K, Mithilfe möglich, Spielplatz, Liegewiese, Rinder, Schweine, Hunde, Katzen, Pferde und Federvieh, Verkauf von Milch, Eiern und Wurst. F auf Anfrage, ruhige Lage mit Talblick.

Larbigs ART, Familie Larbig, Hochstraße 35, 36381 Schlüchtern-Wallroth. ℂ 06661/5528, Fax 608238. www.larbigs-art.de. larbigs.art@web.de. 4 FeWo für 2 – 5 Personen, mit Du/WC, Terasse ab 30 €, K, Mithilfe möglich, viele Hoftiere darunter Ponys, Spielwiese, Gartenküche, Grillplatz, Sauna, Verkauf hofeigener Produkten, Tischtennis, Tischfußball, Leihräder, Tretfahrzeuge, Brötchenservice, ruhige Lage am Ortsrand.

Petra Beringer, Burgstrasse 14, 36391 Sinntal-Altengronau. ℂ 06665/532, Fax 919633. www.hof-beringer.de. info@hof-beringer.de. 1 FeWo für 2 – 3 Personen ab 26 €, 1 FeWo für 4 – 5 ab 36 €, Du/WC, K, Liegewiese. Kinder dürfen mit zur Kuhweide fahren, Hofhund, Verkauf hofeigener Produkte.

Susanne Schneider, Im Aspenweg 2, 36391 Sinntal-Altengronau. ℂ 06665/413. 1 FeWo für 2 – 6 Personen mit Bad/WC ab 30 € pro Tag.

Bauernhof Dittenbrunn, Petra Fuß, 36391 Sinntal-Jossa. ℂ 0665/8501. 2 DZ, Du/WC auf Etage, ÜF 10 € pro Person, HP 5, VP 8 € pro Person, 1 FeWo für 2 – 4 Personen ab 30 €/Tag, K. Spiel- und Liegewiese, Schafe, Ziegen, Rinder und Katzen, ruhige Lage am Waldrand.

Fritz Elm, Am Schlossberg 2, 36391 Sinntal-Schwarzenfels. ℂ 0664/8560, Fritz.elm@schwarzenfels.de. 1 FeWo für 4 – 6 Personen mit Du/WC ab 30 €/Tag; 1 DZ, Du/WC auf Etage, ÜF ab 15 € pro Person, K. Spielplatz, Mitarbeit möglich, Rinder, Katzen und Hofhund, Verkauf hofeigener Produkte, Haustieren erlaubt.

Waltraud Belz, Falkenstrasse 6, 36391 Sinntal-Weichersbach. ℂ 0664/7194, Fax 7194. 1 FeWo für 4 – 6 Personen mit Du/WC, Balkon ab 38 €/Tag.

Schulbauerndorf, Familie Frings, Neumühle 6, 36391 Sinntal-Weichersbach. ℂ 0664/919325, Fax 919328. www.schulbauerndorf.de. MBZ mit Du/WC, verschiedene Aktionen für Schulklassen und Familien rund um die Landwirtschaft, Besichtigungen alter Handwerksbetriebe, Waldexkursionen, Reitmöglichkeit.

Hessische Staatsdomäne Hundsrück, Familie Zimmermann, 36396 Steinau an der Straße. ℡ 06663/919125, Fax 919127. **Anfahrt:** An der L3179. 2 FeWo, Bauernhof und Reiterhof, große Spielwiese mit Weiher und Grill, viel Federvieh, Schweine, Ponys und Pferde, Boxen, Offenstall, Paddock, Koppeln, Weide, Reitplatz, Wanderreiten, Westernreiten.

Bauernhof, Familie Harnischfeger, Jossastraße 17, 63628 Bad Soden-Salmünster-Mernes. ℡ 06660/1206, Fax 1206. 4 DZ mit Du, 1 MBZ mit Du, WC auf Etage, ÜF 15 €/P, HP 7, VP 9 €. K. Mithilfe möglich, Schweine, Pony, Hofhund, Katzen und Federvieh, Spielplatz, Verkauf hofeigener Produkte.

Zum Jossatal, Familie Kröckel, Salmünsterer Straße 15, 63628 Bad Soden-Salmünster-Mernes. ℡ 06660/1376, Fax 919018. www.zum-jossatal.de. info@zum-jossatal.de. Gasthof, ab 5 Tage Aufenthalt ÜF 20 €, HP 9, VP 13,€. K. Gartenlokal, Spielplatz, Grill, Bauernhof in unmittelbarer Nachbarschaft mit Kühen, Ziegen, Hasen und Katzen.

Hildegard Jockel, Huttentalstraße 13, 63628 Bad Soden-Salmünster-Romsthal. ℡ 06056/2193, Fax 2193. 2 DZ, 1 EZ, Du/WC auf Etage, ÜF 16 €, K. Aufenthaltsraum mit Küche, Spielwiese mit Schaukel und Grill, Kühe, Schweine, Hühner, Hofhund, Katzen.

Öko Hof Mosborn, Familie Herter, Waldstraße 15, 63639 Flörsbachtal-Mosborn. ℡ 06057/1358, Fax 1358. www.oekohof-mosborn.de. FH im schwedischen Stil, für 2 – 4 P, Du, WC und kleine Küche, Holzofen, Landwirtschaft und Tierhaltung nach Biolandrichtlinien, viele Hoftiere mit Pferden, Federvieh, Bernhardinerhund.

Vorspessart & Kahlgrund

Christina Kern, Lindenstraße 13, 63825 Sommerkahl. ℡ 06024/80123. 1 FeWo 47 qm für 2 – 4 Personen mit Du/WC, Balkon ab 30 €, Frühstück auf Anfrage.

Tipp: In der Nachbarschaft der Hessischen Staatsdomäne Hundsrück gibt es ein Freibad und eine Tropfsteinhöhle.

Im Hofladen gibt es viele frische Roggenvollkornbackwaren aus der hofeigenen Bäckerei, außerdem Apfelsaft, Wurst und Käse (Bioland)! Öko Hof Mosborn, Fr 10 – 19 Uhr geöffnet!

Familie Pfistner-Zieger, Gasse 10 und 12, 63828 Klein-
kahl. ☎ 06024/1493, Fax 80791. 3 DZ mit Du/WC, mit
Kochnische, Balkon, ab 14 €/Person. 1 FeWo 30 qm
mit Du/WC ab 21 €, 1 FeWo 50 qm ab 28 €, K. Garten,
Wiese, Spielplatz, Grill, Streichelzoo, Waldnähe.

Aschaffenburg — Klingenberg am Main
Robert Bönig, Staudenhöfe 1, 63849 Leidersbach.
☎ 06028/8589. 1 FeWo 70 qm mit Bad/Du/WC, Terrasse ab 30 €, K. Liegewiese, Waschmaschine.

Hochspessart

Landhaus, Hans-Jürgen Beck, Wildensee 87, 63863
Eschau-Wildensee. ☎ 09374/1753. 1 EZ 11,50 €, 5
DZ mit Du/WC 13,50 € pro Person. Aufenthaltsraum,
Küchenbenutzung, Gästekühlschrank, Balkon, Spiel-
platz, Grill, Kneippanlage, Liegewiese.

Pension Tannenhof, Familie Schneider, Wildensee 73,
63863 Eschau-Wildensee. ☎ 09374/90152, Fax
902601. www.tannenhof-wildensee.de. info@tannen-
hof-wildensee.de. 4 DZ ab 16,50 € pro Person, HP
4,50 €. Aufenthaltsraum, Tischtennis, Spielplatz, Grill,
Streichelzoo, Liegewiese, Fahrräder, geführte Wanderungen, Verkauf von Wurst, Eier, Schinken.

Pension Fäth, Familie Fäth, Geißhöhe 1, 63874 Dammbach-Oberwintersbach. ☎ 06092/460, faeth-damm-
bach@herz-im-spessart.de. ÜF ab 18 €, HP 5 €, Aufenthaltsraum, Balkon, Spielwiese, ruhige Lage,
umgeben von Wald und Wiesen.

Wanderwege
direkt am Haus
der Geißhöhe!

Zur Geißhöhe, Familie Hubert, 63874 Dammbach-Oberwintersbach. ☎ 06092/457, hubert-dammbach@herz-
im-spessart.de. Gasthof, ÜF 20, HP 5 €, K, Spielplatz,
-wiese, Pferde, sehr ruhige Lage auf Hochplateau.

Gasthaus zur Schönen Aussicht, Karin Lamster, Bozerei
3, 63875 Mespelbrunn. ☎ 06092/1527, Fax 1527.
www.ihr-gasthaus.de. info@ihr-gasthaus.de. 2 EZ mit
Etagendusche à 16 €, 4 DZ mit Du/WC und Balkon
21 € pro Person, HP 8, VP 10 €. Terrasse, Spielplatz,
Liegewiese, Fahrräder, geführte Wanderungen.

Pension Schleifmühle, Andrea Thauer, Schleifmühle, 97852 Schollbrunn. ✆ 09394/1592, bei Bischbrunn. Alte Mühle mit Wirtsstube und Pension, 4 DZ mit Du/WC à 25 € pro Person, K. Familienanschluss möglich, vollwertiges Langschläferfrühstück, So selbst gebackene Brötchen. Sonnenterrasse, Katzen und Esel, Massagen auf Anfrage.

Ruhig und idyllisch im Wiesental gelegen, geführte Wanderungen.

Rösshof, Familie Ott, Rössweg 9, 97907 Hasloch-Hasselberg. ✆ 09342/5253, Fax 84362. 1 FeWo 75 qm, 1 FeWo 85 qm, für 2 – 5 Personen ab 33 €, K, bf. Brötchenservice, Terrasse, Spielplatz, Tischtennis, Grill, Badeteich, Liegewiese, Bauernhoftiere, Damwild.

Östlicher Spessart

Arthur Riedmann, Massenbuch 65, 97737 Gemünden. ✆ 09351/3595, Fax 609573. www.fewo-riedmann.de. 1 FeWo 75 qm mit Bad/Du/WC ab 35 €, 1 FeWo 85 qm mit Bad/Du/WC ab 35 €, K. Waschmaschine, Balkon, Spielplatz, Tischtennis, Grill, Liegewiese, Mithilfe möglich, Milchkühe, Streichelzoo, Verkauf hofeigener Produkte, Haustiere erlaubt.

Tipp: Hofführung und Brennereibesichtigung!

Josef Geisel, Kaspar-Volpert-Straße 11, 97737 Gemünden-Seifriedsburg. ✆ 09351/3195, Fax 3195. www.ferienwohnung-geisel.de. familie-geisel@web.de. 1 FeWo 50 qm mit Bad/Du/WC für 2 – 4 Personen ab 30 €, 1 FeWo 70 qm mit Bad/Du/WC für 2 – 8 Personen ab 30 €. Balkon, Liegewiese, Tischtennis, Abholung vom Bahnhof.

Haus Drikitis, Dorfstraße 34, 97816 Lohr am Main-Halsbach. ✆ 09359/1312, www.drikitis.de. info@drikitis.de. 1 FeWo 65 qm mit Bad/Du/WC, für 2 – 5 Personen ab 30 €, 1 FeWo 55 qm ab 28 €. K, Balkon, Terrasse, Spiel- und Liegewiese, Grillmöglichkeit, Bioprodukte.

Pension, Rita und Günter Freitag, Zum Sommerhof 2 – 4, 97816 Lohr am Main-Halsbach. ✆ 09359/998-08, Fax 998-06. www.bauernhof-freitag.de. rita.freitag@gmx.de. 1 FeWo 65 qm mit Du/WC für 2 – 5 Personen ab 30 €. 2 FeWo à 65 qm für 2 – 4 Personen ab 35 €. 1 FeWo 45 qm für 2 Personen ab 30 €. K, Sauna, viele Hoftiere, darunter Ziegen und Esel, Streichelzoo, Bastelnachmittage, Planwagenfahrten.

Südlicher Spessart

Pension, Karl Frankenberger, Hauptstraße 52, 63934 Röllbach. ✆ 09372/2750. 4 DZ ab 12 €, Aufenthaltsraum, Küche, Balkon, 1 FeWo 104 qm für 5 – 8 Personen ab 38 €. Liegewiese, Spielplatz, Kutschfahrten, Verkauf hofeigener Produkte, ruhige Lage.

Ferienwohnung, Bettina Glock, Im Heckenkopf 11, 97906 Faulbach. ✆ 09392/1655. Auf keinem Bauernhof, aber kinderfreundlich: 1 FeWo mit Bad, Du/WC, 90 qm, für 2 – 5 Personen, ab 35 €, Kinderbett, Balkon, Spielplatz, Waldnähe.

Ferienwohnung, Gabriele Glock, Weinweg 11, 97906 Faulbach. ✆ 09392/8142. Kein Bauernhof, aber kinderfreundlich: 1 FeWo mit Bad, Du/WC, 90 qm, für 2 – 5 Personen, ab 35 €, K, Balkon/Terrasse, Waldnähe.

Gusshof, I. und H.P. Ehrenheim, Gusshof 3, 97906 Faulbach-Breitenbrunn. ✆ 09392/8915. 1 FeWo 83 qm mit Bad/Du/WC für 2 – 5 Personen ab 28 €. Hühner und Katzen, ruhige Lage.

Ellernhof, Familie Kappes, Hofthiergarten, 97909 Stadtprozelten. ✆ 09392/7578, Fax 935644. www.hofthiergarten.de. 1 FeWo mit Du/WC für 2 – 3 Personen ab 27 €. 2 FHs mit Du/WC, großer Wohnraum mit Kachelofen, rustikale Bauernmöbel, Südterrasse mit Kamin, für 5 – 7 Personen ab 40 €. K, große Spiel- und Liegewiese, Grill, Gartenmöbel, Teich, Schafe, Katzen. Verkauf von Eiern, Marmelade, Wein und Apfelwein. Sehr ruhige Lage in Waldnähe, Talblick, Haustiere erlaubt.

Tipp: Zum Ellernhof gehört ein kleines **Bauernhofmuseum**!

Reiterferien

▶ In der Regel können hier Kinder ab 8 Jahre eine Woche ohne ihre Eltern Urlaub machen, Reiten lernen oder das bereits erlernte Hobby pflegen. Dabei lernen sie andere pferdebegeisterte Kinder kennen und den richtigen Umgang mit ihrem Lieblingstier.

Denn die Pferde wollen nicht nur geritten werden, sondern brauchen auch einiges an Pflege: Striegeln und Stall ausmisten gehört unbedingt dazu. Anbieter von Reiterferien benötigen die Erlaubnis des Jugendamtes. Das Wohlergehen der Reitpferde überprüft die Deutsche Reiterliche Vereinigung e.V./FN, sie setzt auch die Richtlinien für Reitprüfungen.

Hanau – Gelnhausen

Hof Birkelbach, Reitbetrieb und Reiterpension, Beatrix Wilhelm, Hauptstraße 2, 63579 Freigericht-Altenmittlau. ✆ 06055/2788, www.sofortausritte.de. hofbirkelbach@gmx.de. Reiturlaub für Kinder ab 10 Jahre, Pauschalangebot VP mit Betreuung und Unterricht ab 314 €/Woche, auch Familienurlaub möglich, ÜF ab 20 €/P. Unterbringung in EZ und DZ, überwiegend mit DU/WC, 23 Betten insgesamt. Ausritte 20 €, Boxen auch für Gastpferde, Koppeln, Weide, Reitplatz, Lehrgänge FN, geführte Wanderritte, Tourenplanung.

Hessischer Spessart

Islandpferdegestüt und Ökobauernhof Spatzenhof, Familie Höret, Dietershof 2, 36391 Sinntal-Breunings. ✆ 0664/918800, www.gestuet-spatzenhof.de. info@gestuet-spatzenhof.de. Reiturlaub für Mädchen, Pauschalangebote VP mit Betreuung und Ausritten ab 250 €, auch Familienurlaub möglich, Unterbringung in 2 Vierbettzimmern mit Waschgelegenheit, Etagenbad. Reitunterricht, Ausritte und Wanderritte, Reithalle, Koppeln und Weiden, Verkauf und Ausbildung von Islandpferden. Familienanschluss möglich, Mithilfe erwünscht. Ruhig und weit außerhalb gelegen, Stutenmilchverkauf, vegetarische Küche.

Pferdewelt im Hopfenfeld, Schulbauerndorf Weichersbach, Familie Zell, Hopfenmühle 12, 36391 Sinntal-Weichersbach. ✆ 06664/401-20, Fax -21. www.pferdezentrum-zell.de. Reiturlaub für Kinder, VP mit Betreuung und Unterricht 330 €/Woche, auch Familienurlaub möglich. EZ, DZ und MBZ mit Du/WC, Koch-

Tipp: Die Pferdewelt ist Teil des Schulbauerndorfes Weichersbach mit vielen Aktionen rund um die Landwirtschaft!

möglichkeit. Reit- und Voltigierunterricht, Lehrgänge FN, Prüfungen für Reitabzeichen, geführte Wanderritte, Tourenplanung, Kutsch- und Planwagenfahrten. Boxen auch für Gastpferde, 14 Stellplätze, 4 Boxen, Koppel, Weiden, Reithalle.

Östlicher Spessart

Reiterhof und Pension Obere Mühle, Familie Brasch, 97778 Fellen. ☏ 09356/1363, Fax 2833. www.reiterhof-oberemuehle.de. reiterhof-oberemuehle@t-online.de. 4 DZ Du/WC ab 18 €/P, 2 FeWo à 55 qm mit Du/WC ab 41 €. K, Aufenthaltsraum, Kaminzimmer, Sauna, Terrasse. Reitunterricht, Lehrgänge FN, Prüfungen für Reiterabzeichen, Ausritte, Ponyreiten, Kutschfahrten, im Winter Schlittenfahrten. Boxen für Gastpferde, Haustiere willkommen, Spiel- und Liegewiese, Grillplatz, Angelmöglichkeit, Fahrradverleih, ruhige Lage am Waldrand.

Gut Dürnhof, Burgsinner Straße 3, 97794 Rieneck. ☏ 09354/1001, Fax 1512. Hotel in sehr schöner Lage, Boxen für Gastpferde, 4 Stellplätze, Boxen, Koppel, Weide, Reitplatz, Wanderreiten, Kutschfahrten, Unterbringung ↗ Hotels.

GRUPPEN- & JUGEND- UNTER- KÜNFTE

Achtung! Bayerische Jugendherbergen nehmen in der Regel Gäste ab 27 Jahren nur ungern auf. Von dieser Regelung sind aber Familien ausgenommen.

Jugendherbergen

▶ Diese Unterkünfte gehören dem Deutschen Jugendherbergswerk DJH an. Um hier übernachten zu können, braucht man einen gültigen Herbergsausweis, wofür ein Jahresbeitrag von 12 € für Mitglieder bis 26 Jahre bzw. 20 € für Mitglieder ab 27 Jahre fällig ist.

Hanau – Gelnhausen

JH Haus der Jugend, Inge und Bernd Schulz, 63589 Linsengericht-Geislitz. ☏ 06051/72029, Fax 75694. www.djh-hessen.de. linsengericht@djh-hessen.de. **Zeiten:** geschlossen 24. – 26. Dez. Junioren ÜF 18 €, auch VP und HP, 124 Betten in 2-, 4-, 6- und 8-Bettzimmern, davon 4 Familienzimmer. 4 Aufenthaltsräume, 2 Klaviere, Tischtennisplatten, Fußballplatz, Grillplatz und Lagerfeuerstelle. Umgeben von Wald- und Wiesen. Idealer Startpunkt für Wanderungen, Wildgehege in circa 3 km Entfernung. Pauschalangebote für Schulklassen.

Aschaffenburg — Klingenberg am Main

JH Aschaffenburg, Elke Jehmaiel, Beckerstraße 47, 63739 Aschaffenburg. ✆ 06021/930763, Fax 970694. www.djh-bayern.de. jhaschaffenburg@djh-bayern.de. **Zeiten:** geschlossen 20. Dez – 20. Jan. Junioren ÜF 14 €, 2 – 3 Nächte 12,70 €/Nacht, ab 4 Nächte 12,20 €, auch VP und HP, Kinder bis 2 Jahre frei, bis 5 Jahre die Hälfte. 110 Betten in 2- bis 6-Bettzimmern, 2 Aufenthaltsräume, 1 Speiseraum, 1 Notlager mit 22 Betten. Am südöstlichen Stadtrand gelegen, großer Garten, Basketballfeld, Fußballfeld.

Östlicher Spessart

JH Lohr, Bärbel und Uwe Kunow, Brunnenwiesenweg 13, 97816 Lohr am Main. ✆ 09352/2444, Fax 70873. www.lohr.jugendherberge.de. jhlohr@djh-bayern.de. **Zeiten:** geschlossen 16. Nov – 15. Feb. Junioren ÜF 16,50 €, 2 – 3 Nächte 15,90 €, ab 4 Nächte 15,35 €, auch VP und HP, Kinder bis 2 Jahre frei, 3 – 6 Jahre 50% Ermäßigung. 94 Betten in 6-Bettzimmern, 1 Aufenthaltsraum, 2 Speiseräume, 1 Hobbyraum, Bolzplatz, Basketball, Tischtennis, Kicker. Am südwestlichen Stadtrand von Lohr gelegen, umgeben von einer Grünanlage mit Teich.

Burg Rothenfels, *Jugendherberge* der Vereinigung Freunde von Burg Rothenfels, Stefan János Wagner, 97851 Rothenfels am Main. ✆ 09393/999-99, Fax 999-97. www.burg-rothenfels.de. verwaltung@burg-rothenfels.de. **Zeiten:** geschlossen 23. – 31. Dez und Ostern. VP 19 €, Ü 8, F 3, Mittagessen 4,50 €, Abendessen 3,50 €, Nachmittagskaffee 2,50 €, Lunchpaket 3 €. Eine Buchung kann nur erfolgen, wenn mindestens eine Mahlzeit eingenommen wird. Vegetarische Kost nach Vereinbarung. 170 Betten in 1- bis 14-Bett-Zimmern. 4 Speiseräume, 10 Aufenthaltsrräume für Gruppen zwischen 20 und 100 Personen. Der Rittersaal mit 300 Plätzen ist geeignet für Theater- und Musikgruppen, Instrumente und Medien stehen zur Verfügung. Die Herberge ist in einer mittelalterlichen Burganlage untergebracht, Burgkapelle, Spiel- und Fußballplatz, Boule, Boggia, Feuerstelle, Burgführungen, schöne Lage mit Blick auf den Main, Wanderwege am Haus. ⬈ Schullandheime und Seminarhäuser.

Südlicher Spessart

JH Frankenland, Elke Sigmund und Rolf Deschner, Alte Steige 16, 97877 Wertheim. ✆ 09342/6451, Fax 7354. www.djh.de. info@jugendherberge-wertheim.de. **Zeiten:** im Winter zeitweilig geschlossen. Junioren ÜF 16,80 €, auch VP und HP. 106 Betten in 2- bis 3- Bettzimmern und Schlafsälen à 10 Betten, 3 Tagesräume. Westlich der Altstadt gelegen, mit Blick auf Burgruine.

Achtung! Die Übernachtung im NFH muss in der Regel angemeldet werden!

Naturfreundehäuser und Wanderheime

▶ Naturfreundehäuser und Wanderheime sind oft sehr einfach ausgestattet. Übernachtet wird in Mehrbettzimmern oder auf Matratzenlagern. Meist gibt es Waschräume, komplett eingerichtete Selbstversorgerküchen und Aufenthaltsräume. Sie liegen sehr idyllisch, manchmal mitten im Wald. Einige können nicht angefahren werden, sondern müssen erwandert werden. Einige sind am Wochenende bewirtschaftet, dann gibt es einfache, deftige Speisen.

Hanau – Gelnhausen

Naturfreundehaus Hanau, Bergstraße 47, 63517 Rodenbach-Oberrodenbach. ✆ 06184/522322, Bergmann-Hanau@t-online.de. nordöstlich von Oberrodenbach. **Anfahrt:** vom Bhf Langenselbold (Strecke Frankfurt –

Fulda) 1 Stunde auf Wanderroute über den Buchberg. **Zeiten:** Sa, So. **Infos:** Wolfgang, Buchbergstraße 9, 63450 Hanau, ✆ 06181/32712. 21 Betten, 1 Raum für 50, 1 Raum für 25 Personen, teilbewirtschaftet, Getränke, Selbstversorgerküche, Spielplatz.

Hessischer Spessart

Naturfreundehaus Günthersmühle, Touristenverein Naturfreunde, Ortsgruppe Offenbach, Bornweg, 63599 Biebergemünd-Kassel. ✆ 06050/7066. **Zeiten:** April – Okt Sa, So und Fei, während der hessischen Sommerferien auch werktags, Sondervereinbarungen möglich. **Infos:** Rita Müller, ✆ 069/856760 nach 17 Uhr. Altes Fachwerkhaus mit 2-, 3-, 4- und 5-Bettzimmern und Matratzenlager im Dachgeschoss, Aufenthaltsraum, Küche. Dusch- und Waschräume, Toiletten im Nachbargebäude, Parkplatz. Ruhige Lage.

 Das Naturfreundehaus Günthersmühle ist ein idealer Startpunkt für Wanderungen, Wanderkarten im Haus erhältlich.

Vorspessart & Kahlgrund

Wanderheim des Spessartbundes, Freie Wandervögel Goldbach, Ernst-Klug-Haus, 63773 Goldbach. **Zeiten:** täglich außer Di ab 15 Uhr bewirtschaftet, Übernachtungen nach Vereinbarung. **Infos:** Herr Pleß, ✆ 06021/51419. 3 EZ, 6 DZ, Schlafsaal mit 15 Betten.

Aschaffenburg – Klingenberg am Main

Wanderheim des Spessartbundes, Wanderverein Edelweiß, 63834 Sulzbach am Main-Obernau. **Zeiten:** Übernachtung nach Vereinbarung. **Infos:** Werner Fescher, ✆ 06028/8705, und Rudolf Steinleitner, ✆ 06028/6808. 2 Zimmer à 10 Matratzen, 2 Duschen, 1 Waschraum, 1 Aufenthaltsraum, Küche.

Wanderheim des Spessartbundes, Am Aussichtsturm, 63911 Klingenberg. **Zeiten:** Mi, Sa, So und Fei ab 10 Uhr bewirtschaftet, Übernachtungen nach Vereinbarung. **Infos:** Edgar Weigand, ✆ 9372/3243. Matratzenlager mit 12 Schlafplätzen, Ü 8 €, Kinder 5 €, Bettwäschengebühr 3 €, Duschen, Selbstversorgerküche, Spielplatz, Aussichtsturm, ruhige Lage.

Wanderheim des Spessartbundes, Rausche, Wanderverein 1951, 63911 Klingenberg-Röllfeld. ✆ 09372/20185. **Zeiten:** So ab 10 Uhr bewirtschaftet, Übernachtungen nach Vereinbarung. **Infos:** Herbert Schott, ✆ 09372/20388, und Heinz Renz, ✆ 09372/2921. Ü im Sommer 7,50 €, Kinder und Jugendliche bis 18 Jahre 5 €. Im Winter Heizkostenzuschlag. Matratzenlager mit 38 Schlafplätzen, aufgeteilt auf 4 Räume, Duschen, Küche, Aufenthaltsraum, Gasgrill, Spielplatz.

Schullandheime, Jugendfreizeit- und Seminarhäuser

▶ Die hier aufgeführten Gruppenunterkünfte liegen preislich auf einem höheren Niveau als die Naturfreundehäuser und Wanderheime. Sie sind aber auch komfortabler ausgestattet. Sie eignen sich vor allem für Klassenfahrten. Einige bieten ein umfangreiches pädagogisches Programm und Umweltprojekte an.

Hessischer Spessart

Burg Schwarzenfels, Schlossgasse 21, 36391 Sinntal-Schwarzenfels. ✆ 06664/7665, 402073. **Zeiten:** Nov – Feb geschlossen. Übernachtungsmöglichkeit für Gruppen ab 15 Personen. Schüler/Jugendgruppen bei einmaliger Ü 6,50 €, bis 3 Nächte 5,50 €, bis 8 Nächte 5, mehr als 8 Nächte 4,50 €. Sonstige Gruppen 1 Nacht 7 €/P, bis 3 Nächte 6, bis 8 Nächte 5,50 €, mehr als 8 Nächte 5 €. Ermäßigung ab 30 Personen, Kinder bis 2 Jahre frei, während der Heizperiode Heizkostenzuschlag. VP 10 €/Tag, MBZ mit Doppelstockbetten und Spinden im ehemaligen Marstall der Burg. Küche, Speise- und Aufenthaltsraum, Tischtennisplatten, Grillplatz, Volleyballfeld. Ruhige Lage am 3-Burgen-Wanderweg.

Schulbauerndorf Weichersbach, Familie Frings, Neumühle 6, 36391 Sinntal-Weichersbach. ✆ 06664/ 919325, www.schulbauerndorf.de. **Infos:** Anna Zell, ✆ 06664/

Achtung! Anmeldung für die Burg Schwarzenfels nur über das Hessische Immobilienmanagement, ✆ 0661/9241-909. Infos auch über den Burgwart Rudolf Gerlach, ✆ 06664/ 1426.

40120. Schulbauerndorf für Schulklassen, andere Kindergruppen und Familien. Unterbringung auf verschiedenen Bauernhöfen, überwiegend in MBZ mit Du/WC. Ü und VP 33 € pro Schüler. Großes Beschäftigungsprogramm rund um die Landwirtschaft je nach Jahreszeit, zum Beispiel Aussaat, Kartoffelernte, Ferkel füttern, Kühe melken, Reiten, Brot backen, Marmelade kochen. Betriebsbesichtigungen beim Müller, Schmied, Holzschuhmacher, Imker, Waldexkursionen mit dem Förster. Halbtagesprogramm 6 €, Ganztagesprogramm 12 € je Schüler.

Evangelisches Jugendheim Bieber, Familie Schulz, Zum Jugendheim 6 – 8, 63599 Biebergemünd-Bieber. ✆ 06050/911-890, Fax 911-8912. **Zeiten:** ganzjährig geöffnet. **Infos:** Anmeldung über das Kirchliche Rentamt Schlüchtern, ✆ 06661/960213. Gästehaus für Jugendfreizeiten, Klassenfahrten und Familienfahrten, Mindestteilnehmerzahl 8 Personen, Preis auf Anfrage. Insgesamt 80 Betten in 1- bis 3- Bettzimmern, Vollverpflegung. Tischtennis-, Tischfußball-, Bastel- und Werkräume, Kinderspielecke, Fitnessraum, große Spielwiese mit Fußballtoren, Schwimmbecken, Volleyballanlage, Bolzplatz, Basketballanlage, Kinderkarussell, Grillplatz.

Frankfurter Schullandheim Wegscheide, Würzburger Straße, 63619 Bad Orb. ✆ 06052/2508, Fax 918355. www.schullandheim-wegscheide.de; www.die-wegscheider.de. bardoff@schullandheim-wegscheide.de. **Anfahrt:** RB-Haltestelle der DB-Strecke Frankfurt – Fulda in Wächtersbach, weiter mit dem Bus nach Bad Orb, von dort Bus HU82 Richtung Frammersbach bis Wegscheide. **Zeiten:** ganzjährig geöffnet, Nov – März nur für Selbstversorgergruppen. Schullandheim, Umweltzentrum und Seminarhaus, während der Schulzeit vorwiegen für Schulklassen und Kindertagesstätten, an Wochenenden, in belegungsschwachen Zeiten und in den Ferien auch für Vereine, kirchliche Gruppen und Privatpersonen. Überwiegend Mehrbettzimmer. Selbstversorger 12,50 €, Tagessatz mit Vollverpflegung für

Achtung! Anmeldung über die Geschäftsstelle Stiftung Frankfurter Schullandheim in Frankfurt, ✆ 069/612845.

INFO- & FERIENADRESSEN

Vereine 21,50 € pro Person für Schulen und Kindertagesstätten 21 €, zuzüglich Reinigungskosten. Unterbringungsmöglichkeiten für 23 Schulklassen insgesamt, 32 ha Gelände mit eigenem Wald, Lehrpfaden, Hochsitzen zum Übernachten, Lagerfeuerplätzen, Fußballfeld, Skaterbahnen, Beachvolleyballnetzen, Tischtennishalle, Kletterwand, umfangreiches pädagogisches Programm, Umweltprojekte, Exkursionen.

Falken Freizeithaus, Verlängerung Gartenstraße, 63639 Flörsbachtal-Lohrhaupten. Auf dem Zeltlagergelände. **Zeiten:** Sep – April. **Infos:** Anmeldung über Vereinigung für Heimstätten der SJD, Bezirk Hessen-Süd e.V., ✆ 06257/938432. Außerhalb der Zeltlagersaison, Selbstversorgerhaus für Kinder-, Jugend- und Erwachsenengruppen bis zu 20 Personen. Ü/Gruppe 130 €, ab 2 Übernachtungen 115 €. Unterbringung in Mehrbettzimmern, Küche, 2 Aufenthalträume mit Kamin und Terrasse, Sauna, 11.000 qm große Sport- und Spielwiese mit Bachlauf.

Tipp: Beheiztes Freibad in 700 m Entfernung vom Falken Freizeithaus.

Hochspessart

Schullandheim und Umweltzentrum Hobbach, Bayernstraße 2 – 4, 63863 Eschau-Hobbach. ✆ 09374/97110, www.swu-online.de. swu.hobbach@t-online.de. **Infos:** Auch unter ✆ 0931/706034. Schullandheim und Umweltzentrum, auch für Lehrerfortbildungen, Studenten, außerschulische Gruppen, Unterbringung in EZ, DZ oder MBZ, Tagessatz einschließlich Unterbringung und Vollpension für Schulklassen ab 5 Tagen Aufenthalt 17 – 19,50 € pro Schüler, je nach Zimmerwahl, Tagessatz für Kurzurlauber, Erwachsene 23 – 25 €, Jugendliche bis 18 Jahre 19 – 21, Kinder 6 – 14 Jahre 18 – 20 €, Kinder unter 6 Jahre 11,50 – 12,50 €. 125 Betten insgesamt. Unterrichts- und Werkräume, Umweltbibliothek, Umweltlabor, Kräutergarten, Geräte zur Gartenarbeit, Feuchtbiotop, Waldlehrweg, Scheune mit Holzbackofen, Kleinsporthalle, Spielplatz, Bolzplatz, Volleyballfeld, Grillplätze. Solaranlage zur Warmwasserbereitung, Fotovoltaik zur Stromerzeugung.

Schullandheim Schaippachsmühle, Sinntalstraße 31, 97737 Gemünden-Schaippach. ✆ 09354/766, Fax 902340. www.swu-online.de. swu.schaippach@t-online.de. Maximal 2 Klassen, 78 Betten insgesamt. Tagessatz einschließlich VP 16,50 €/Schüler. Sonderpreise für nichtschulische Gruppen. Schöne Lage, direkt an der Sinn, Burg Rieneck und SOS Kinderdorf Hohenroth zu Fuß erreichbar, Spielwiese, Volleyball, Basketball, Fußball, Tischtennis, Lagerfeuer- und Grillstelle, Orff-Grundausstattung und Jongliermaterial.

Östlicher Spessart

Burg Rieneck, Bundeszentrum des Verbandes Christlicher Pfadfinderinnen und Pfadfinder (VCP), Schlossberg 1, 97794 Rieneck. ✆ 09354/902-317, Fax 902-319. www.burg-rieneck.de. info@burg-rieneck.de. Übernachtungsmöglichkeit für Jugendgruppen; Familien auf Anfrage. Bei Unterbringung in MBZ VP 27,50 €, Kinder bis 3 Jahre frei, ab 3 Jahre 12 €, 6 – 18 Jahre 23,50 €, VCP-Mitglieder 23,50 €; im Matratzenlager ÜF 8 €; Zeltplatz 5 €. Herberge in mittelalterlicher Burganlage, Aufenthaltsräume, Rittersaal mit Kamin, Saal für 150 Personen, Burgkapelle, Gewölbekeller, Discoraum, großer Zeltplatz mit Sanitäranlagen, Sportfeld für Fußball und Volleyball, Tischtennis und Freiluftschach; Kanus, Fahrräder, Organisation von Geländespielen, Bastel- und Spieleworkshops, Burgführungen.

Tipp: Geführte Wanderungen und Hospitanzen in der SOS Dorfgemeinschaft in Gemünden-Hohenroth.

Burg Rothenfels, *Tagungshaus und Bildungsstätte* der Vereinigung Freunde von Burg Rothenfels, Stefan János Wagner, 97851 Rothenfels-am Main. ✆ 09393/999-99, Fax 999-97. www.burg-rothenfels.de. verwaltung@burg-rothenfels.de. **Zeiten:** geschlossen 15. Dez – 5. Jan und 22. März – 1. April. Unterbringung in EZ 21 €, in DZ 15,50 €, in MBZ 11,50 € pro Person. Verpflegung 17 €, Frühstück 4, Mittagessen 7,50, Abendessen 5,50 €. Kinder bis 3 Jahre frei, Kinder bis 8 Jahre zahlen 8 € für Unterkunft und 11 € für Verpflegung, Kinder bis 15 Jahre 8 € für Unterkunft und 13,50 € für Verpflegung. Eine Buchung kann nur erfol-

Tipp: Die Vereinigung der Freunde von Burg Rothenfels ist hervorgegangen aus der kath. Jugendbewegung Quickborn. Sie bietet ein Bildungsprogamm in Zusammenarbeit mit der Heimvolkshochschule an, darunter auch musisch-kreative Wochen für Familien. Jahresprogramm anfordern!

INFO- & FERIENADRESSEN

gen, wenn mindestens eine Mahlzeit eingenommen wird. Vegetarische Kost nach Vereinbarung. ⌁ Jugendherberge.

Südlicher Spessart

Jugendgästehaus Klotzenhof der Arbeiterwohlfahrt, Klotzenhof 10, 63920 Großheubach. ✆ 09371/2791, Fax 90697. www.jugendgaestehaus-klotzenhof.de. klotzenhof@gmx.de. Gästehaus für Jugendgruppen nur nach Vorausbuchung. Selbstversorgung oder VP. Werktags VP 19 €, Selbstversorger 7,90 €, Sa, So VP 20, Selbstversorger 8,90 €. 40 Betten, zwei 4-Bettzimmer, 1 EZ. bf, Speisesaal, Küche, Spiel-, Bolz- und Volleyballplatz, am Waldrand, Waldlehrpfad.

UNTERM STERNEN-ZELT

Jugendzeltplätze

▶ Im Spessart gibt es eine Vielzahl von Zeltplätzen, die nur ein Minimum an Komfort bieten. Oft gibt es keinen Stromanschluss, nicht immer Wasser und Toiletten, dafür aber Natur pur, am Tag viel Platz für Geländespiele und am Abend Lagerfeuerromatik.

Diese Zeltplätze sind von organisierten Gruppen zu buchen, für manche benötigt man die Erlaubnis der Naturschutzbehörde, weil sie in einem Landschaftsschutzgebiet liegen.

Spontanes Campen ist auf keinem Jugendzeltplatz erlaubt. Dafür stehen Campingplätze bereit. Die hier aufgenommenen sind für Familien gut geeignet. Sie liegen oft am Main, haben Spiel- und Bademöglichkeiten. Zum Standard gehören Wasser-, Strom- und Kanalanschluss, Sanitäranlagen, ein Restaurant und Einkaufsmöglichkeiten.

Naturdenkmal Schlangenbuche und Basaltsteinbruch in der Nachbarschaft des Schulwaldes.

Hessischer Spessart

Zeltplatz im Schulwald, 36391 Sinntal-Weichersbach. Zwischen Sterbfritz und Oberzell. **Infos:** Anmeldung über Gemeinde Sinntal, ✆ 066664/800. Schöne Lage im Wald, Zeltplatz mit Schutzhütte, großer Grillanlage, Toiletten, Wasseranschluss, Wiesen zum Toben und Bolzen.

Zeltplatz Bieber, 63599 Biebergemünd-Bieber. **Infos:** Anmeldung über Hess. Forst, ✆ 06050/97210. Terrassenförmig angelegter Zeltplatz in schöner Lage, geeignet für circa 100 Personen, 2 Toiletten ohne Wasser, Trinkwasser in 80 m Entfernung.

Zeltplatz Klinggrund, 63628 Bad Soden-Salmünster-Hausen. **Infos:** Anmeldung Hess. Forst, ✆ 06661/964510. Zeltplatz im Tal, geeignet für circa 80 Personen, Toilettenanlage und Waschraum.

Falken Zeltlagerplatz, Verlängerung Gartenstraße, 63639 Flörsbachtal-Lohrhaupten. **Preise:** Platzgebühr ab 2,30 € pro Nacht und Person zuzüglich Nebenkosten. **Infos:** Anmeldung über Vereinigung für Heimstätten der SJD, Bezirk Hessen-Süd e.V., ✆ 06257/938432. Terrassenförmig angelegter Zeltplatz von 11.000 qm, geeignet für 150 Personen, Zeltplatzhaus mit 2 Aufenthaltsräumen, Küche, Kiosk, Lagerkeller. Schlafräume für Personal im Haus, Sanitärgebäude mit 2 Waschräumen und 2 Toiletten, überdachte Außenspüle mit Warmwasseranschluss, Esszelt mit Zeltgarnituren, Anmietung von Schlafzelten und Matratzen möglich, Spielwiese mit Bach, Wasserspielkiste, Feuerstelle, Tischtennis, Basketball, Bolzplatz.

Tipp: Schwimmbad mit Skaterplatz in 700 m Entfernung vom Falken Zeltlagerplatz.

Vorspessart & Kahlgrund

Zeltplatz Autenborn, 63857 Waldaschaff. **Infos:** Anmeldung über Gemeinde Waldaschaff, ✆ 06095/97100. Schöne Lage im Wald, kleiner Zeltplatz, geeignet für circa 20 Personen, Wasseranschluss, Feuerstelle, einfache Toilettenanlage.

Aschaffenburg — Klingenberg am Main

Jugendzeltplatz Gailbachtal, 63743 Aschaffenburg-Gailbach. **Zeiten:** Mai – Sep. **Preise:** 1,80 € pro Nacht und Person zuzüglich Nebenkosten. **Infos:** Auskunft und Anmeldung über Pfadfinder St. Georg, ✆ 06021/60145. Zeltplatz von 3000 qm, Holzhaus mit Heizung,

Dusche, Toilette, Küche ohne Geschirr, 2 Aufenthaltsräume, Strom-, Wasser-, Gasanschluss, Telefon, Spielwiese mit Toren, Volleyballnetz und Basketballkörben,
Feuerstelle.

Hochspessart

Jugendzeltplatz am Adamsberg, 63869 Heigenbrücken.
Infos: Anmeldung über VG Heigenbrücken, ✆ 06020/
971040. Schöne Lage am Waldrand, Zeltplatz geeignet für circa 130 Personen, Sanitärgebäude mit Toiletten und Duschen, Kellerraum. offene Hütte, Grill- und
Feuerstelle, Stromanschluss.

Zeltplatz am Buttenbrunnen, 63872 Heimbuchenthal.
Preise: Platzgebühr 2 € pro Nacht und Person, Kaution 50 €. **Infos:** Auskunft und Anmeldung über Gemeinde Heimbuchenthal, ✆ 06092/9420. Schöne Lage am
Waldrand, Zeltplatz von 3000 qm, geeignet für circa
100 Personen, Versorgungshaus mit Küche, 2 Lager-
räumen und Sanitäranlagen, Wasser- und Stromanschluss.

Zeltplatz Aubachtal, 63933 Mönchberg. **Preise:** 1,80 €
pro Nacht und Person zuzüglich Stromkosten. **Infos:**
Anmeldung über Markt Mönchberg, ✆ 09374/
9799616. Schöne Lage am Bachlauf, Zeltplatz geeignet für circa 150 Personen, Sanitärhaus mit Duschen
und Toiletten, Stromanschluss, Feuerstelle.

Sportgelände Esselbach, 97839 Esselbach. **Infos:** Anmeldung unter ✆ 09394/1406. Großes Sportgelände,
circa 20.000 qm, Sanitärgebäude, Stromanschluss.

Jugendzeltplatz im Hafenlohrtal, 97840 Hafenlohr-Windheim. Am westlichen Ortsrand von Hafenlohr-Windheim gelegen. **Preise:** Platzgebühr 1,60 € pro Nacht
und Person für Gruppen aus dem Landkreis Main-
Spessart, 2,10 € für Gruppen von außerhalb. **Infos:**
Landratsamt MSP, Kommunale Jugendarbeit, Karlstadt, ✆ 09353/906924. Schöne Lage im Hafenlohrtal, bewirtschaftete Mühlen und Forsthäuser in der
Nachbarschaft, Zeltplatz von 8000 qm, geeignet für
circa 100 Personen, Versorgungsgebäude, 2 Küchen

Tipp: Waldsee, Spiel-
platz und Sportgelände
in der Nachbarschaft
vom Zeltplatz am But-
tenbrunnen.

mit Gaskocher, Kühlschränken und Vorratsräumen, Aufenthaltsräumen, Wasch- und Duschräumen, Toilette. Wasser-, Gas-, Stromversorgung, Spielwiese mit Bolzplatz, Freiluftschach, Tischtennisplatten und 3 Feuerstellen.

Zeltplatz Schleifmühle, 97852 Schollbrunn. Bei Bischbrunn. **Infos:** Familie Thauer, ✆ 09394/2218, und über die Naturschutzbehörde MSP Karlstadt, ✆ 09353/793426. Idyllische Lage im Springbachtal, kleiner Platz für circa 30 Personen auf einer Waldlichtung mit Feuerstelle.

Tipp: Alte Mühle mit Wirtshaus in der Nachbarschaft.

Östlicher Spessart

Zeltplatz Klause, 97778 Fellen. **Infos:** Anmeldung über die Staatliche Forstverwaltung Gemünden, ✆ 09351/50833. Idyllische Lage auf einer Waldlichtung im Talgrund, Zeltplatz von 8000 qm, geeignet für circa 80 Personen, Holzhütte mit Aufenthaltsraum, Waschräumen und Toilette.

Zeltplatz Fuchsenmühle, 97842 Karbach. Zwischen Karbach und Zimmern. **Infos:** Familie Ludwig, ✆ 09391/7596. Idyllische Lage am Bachlauf, großer Zeltplatz von circa 15.000 qm, Platz für maximal 200 Personen, Waschräume und Toilette.

Zeltplatz Reußenmühle, 97854 Lohr am Main-Steinfeld. **Infos:** Auskunft und Anmeldung, ✆ 09352/2722 und über die Naturschutzbehörde MSP Karlstadt, ✆ 09353/793426. Schöne Lage im Buchental, in der Nähe der Klosters Mariabuchen, kleiner Zeltplatz für maximal 50 Personen, Toilettenwagen, Wasser- und Stromanschluss auf Wunsch möglich.

Südlicher Spessart

Zeltplatz Breitenbrunn, 97906 Faulbach. **Preise:** Platzgebühr bis 18 Jahre 1,80/Nacht, ab 18 Jahre 2/Nacht. **Infos:** Anmeldung über den FVV, ✆ 09392/8350. Zeltplatz im Tal zwischen Bachlauf und Waldrand gelegen, Platz für 150 – 200 Personen, Sanitäranlage, Wasseranschluss, offene Hütte, Ballspielwiese.

Campingplätze

▶ Für Kinder hat es etwas Abenteuerliches und einen Hauch von Freiheit, in einem Zelt auf einer Wiese in der Nähe von Bach, Fluss oder Wald zu leben, den Regen auf das Zelt prasseln zu hören und dem Rauschen des Windes und Zwitschern der Vögel zu lauschen. Man braucht nur aufzuspringen und ist bereits mitten in der Wiese und auf frischem Gras. Die Übernachtungspreise variieren genauso wie die Ausstattung. Wichtig ist aber auch, mit welchem Fahrzeug man kommt: Wohnmobilisten zahlen wegen des größeren Platzbedarfs deutlich mehr als Radler und Fußgänger mit einem kleinen Zelt.

Vorspessart & Kahlgrund

Campingplatz Margareta Hölzern, Zeil 4, 36391 Sinntal-Oberzell. ✆ 06664/1485. Einfacher, kleiner Platz mit nur 70 Stellplätzen, davon 30 Dauerparker, Wohnwagen und Pkw zusammen 5,70 €, Erwachsene 2,85 €, Kinder 1,80 €, Strom pro KWh 0,50 €. Sanitäre Einrichtungen, Spielplatz, Badeweiher, im Tal der Schmalen Sinn gelegen, Einkaufsmöglichkeiten und Restaurant in Oberzell.

Camping Freizeitgebiet Großwelzheim, 63791 Karlstein-Großwelzheim. ✆ 06188/5094, Fax 991605. www.karlstein.de. Camping.Karlstein@t-online.de. **Zeiten:** ganzjährig. Am Badesee, von Wald umgeben, 500 Stellplätze, davon 400 für Dauercamper, Erwachsene 3, Kinder ab 6 Jahre und Jugendliche 2, Wohnmobil/Campingbus 7, Caravan 5, Zelt 3, Pkw 3, Motorrad, Mofa 1, Fahrrad 0,50 €, Strom pauschal 1,50 € oder Kwh über Zähler 0,35 €, Küche mit Kochgelegenheit, Kinderspielplatz, Tischtennis, Minigolf, Strandbad.

Campingsee Kahl, Königsberger Straße, 63796 Kahl am Main. ✆ 06188/94467, Fax 81268. www.campingplatz-kahl.de. info@campingplatz-kahl.de. Am See, Platzgröße 22.000 qm, 910 Stellplätze, davon 870 Dauerparker, Wohnwagen, Pkw, Motorrad, Wohnmobil je 4 €, Erwachsene 4, Kinder- und Jugendliche 6 – 17 Jahre

Tipp: Burg Schwarzenfels und das Schulbauerndorf Weichersbach in der Nachbarschaft vom Campingplatz Hölzern.

und Schwerbeschädigte 3 €, Kinder bis 6 Jahre frei. Strom 1,50 €. Sanitäranlagen, Einkaufsmöglichkeiten, Kiosk, Restaurant, großer Badesee, Spielplatz, Tischtennis, Basketball, Minigolf, Kegelbahnen.

Seecamping Freudenberg, Familie Baumer, Mühlgrundweg 10, 97896 Freudenberg. ✆ 09375/8389, Fax 1431. www.seecamping-freudenberg.de. seecamping@t-online.de. **Zeiten:** ganzjährig. Standplatz für Wohnwagen und Pkw zusammen 6 €, für Zelt und Fahrrad zusammen 3,50 €, Zelt und Motorrad 4,50 €; Erwachsene 5,50 €, Kinder 3 – 16 Jahre 3,50 €, Hund 2 €; Stromgebühr pro KWh 0,50 €, plus Pauschale von 2 €. Marken für Warmduschen 0,50 €. Gute Sanitäranlage, bf, mit Babybad und Wickeltisch, Koch- und Spülküche, Waschküche und Trockenraum, Kiosk, Spielplatz, Freischach, Tischtennis, Kinderanimation.

Tipp: Direkt am Main-Radweg gelegen, Vogelschutz- und Badesee mit Restaurant und Freizeitanlage in umittelbarer Nachbarschaft.

Hochspessart

Campingplatz Mönchberg, Campingstraße 2, 63933 Mönchberg. ✆ 09374/1330. **Zeiten:** April – Okt. Platzgröße 10.000 qm, 62 Stellplätze, davon 48 Dauerparker, Zeltplatz 3,60 €, Wohnwagen 3,60 €, Wohnmobil 3,60 €, Erwachsene 3,10 €, Kinder 1,50 €, Strom pro KWh 0,50 €, Sanitäranlagen.

Tipp: Gaststätte 200 m entfernt, Einkaufsmöglichkeiten, Spielplatz, Grillmöglichkeit, städtisches Freibad und Minigolfplatz in der Nähe.

Öslicher Spessart

Spessart-Camping Schönrain, Schönrainstraße 4 – 18, 97737 Gemünden-Hofstetten. ✆ 09351/8645, Fax 8721. www.spessart-camping.de. info@spessart-camping.de. **Zeiten:** 1. April – 30. Sep. Platzgröße 70.000 qm, 200 Stellplätze, davon 100 Dauerparker, Stellplätze nach Größe zwischen 4,20 – 9,70 €, Erwachsene 5,70 € Kinder 3, Hund 2 €, Strom pro KWh 0,55 € zuzüglich 2 € Pauschale. Gute Sanitäranlage, bf, Einkaufsmöglichkeiten, Gaststätte, Imbiss, Krabbelstube, Spielplatz, Schwimmbad mit Kinderbecken, Tischtennis, Freilandschach, Fitnessraum, Whirlpool, Römerbad, Solarium, Bibliothek, Jugend- und Fernsehraum, Internetzugang.

Tipp: Direkter Zugang zum städtischen Freischwimmbad, Anlegestelle für Bootsfahrten.

TSV 1846 Lohr am Main, Campingplatz Mainufer, Jahnstraße 12, 97816 Lohr am Main. ✆ 09392/893-92, Fax 893-91. Handy 0172/6637135. www.tsv.lohr.de. info@tsv-lohr.de. **Zeiten:** 1. April – 15. Okt. Platzgröße 15.000 qm, 150 Stellplätze, davon 100 Dauerparker, Zeltplatz 3 €, Wohnwagen und -mobil 5, Pkw 2,50 €, Erwachsene 5, Kinder 3, Hund 2 €, Strom pro KWh 0,50 € zuzüglich 1,50 € Pauschale, Sanitäranlagen, Einkaufsmöglichkeiten, Imbiss, Gaststätte mit Biergarten, Spielplatz, Minigolf, Tennis.

Tipp: Kinderbetreuung Juli – Aug. Direkt am Main gelegen, Wasserski, Bootslip, -stege, -liegeplätze, Angeln.

Main-Spessart-Camping International, L. und H. Klöckes, 97845 Neustadt am Main. ✆ 09393/639, Fax 1607. www.camping-neustadt.de. info@camping-neustadt.de. **Zeiten:** April – Sep. Platzgröße 56.000 qm, 250 Stellplätze, davon 160 Dauerparker, Zeltplatz, Wohnwagen und Wohnmobil 6 €, Boot 2, Erwachsene 5, Kinder 3, Hund 2 €, Strom extra. Gute Sanitäranlagen, Einkaufsmöglichkeit, Imbiss, Spielplatz, beheiztes Freibad, Kinderbecken, Tischtennis, Volleyball, Jugendraum.

Südlicher Spessart

Campingplatz Mainland, Mainstraße 9, 97828 Marktheidenfeld-Zimmern. ✆ 09391/2558, Fax 913180. campingmainland@aol.com. **Zeiten:** April – Okt. Platzgröße 10.000 qm, 60 Stellplätze, davon 40 Dauercamper, Zeltplatz 2,60 €, Wohnwagen 3, Pkw 0,50 €, Wohnmobil 3,60 €, Erwachsene 3, Kinder 2,50 €, Strom 1 €. Sanitäranlagen, Gaststätte, Imbiss, Spielplatz, Bolzplatz, Angeln und Grillen.

Tipp: Direkt am Main gelegen, Bootsfahrten, Angeln.

Campingpark Wertheim-Bettingen, Geiselbrunnweg 31, 97877 Wertheim-Bettingen. ✆ 09342/7077, Fax 913077. www.camping-main-spessart.de. **Zeiten:** April – Okt. Platzgröße 75.000 qm, 225 Stellplätze, davon 145 Dauerparker, Pkw 1,50 €, Zelt 2,50 €, Caravan 2,50 €, Wohnmobil 4 €, Boot 1,50 €, Erwachsene 4, Kinder 2,50 €, Hunde 0,75 €, Strom pro KWh 1,50 €, Entsorgungsumlage 0,80 €, gute Sanitäranlagen, bf, Gaststätte, Imbiss, Laden, Spielplatz, Grillplatz.

Grillplätze und -hütten

Hanau — Gelnhausen

Grillplatz Barbarossaquelle, 63517 Rodenbach. Im Wald zwischen Oberrodenbach und Freigericht-Somborn, ab Parkplatz Barbarossaquelle, knapp 2 km südlich von Oberrodenbach, ausgeschildert. **Infos:** Erlaubnisschein über den Hessenforst, ✆ 06181/950190. Kleine Freizeitanlage, Weiher mit Entenhäuschen und Seerosen, Holzbrücke, Holzhütte, Holztischgarnituren, Feuerstelle. Das Grillgerät muss mitgebracht werden.

Grillplatz Klosterruine Sankt Wolfgang, 63517 Rodenbach. Im Wald zwischen Niederrodenbach und Hanau-Wolfgang, knapp 500 m vom Wanderparkplatz Klosterruine an der B43, ausgeschildert. **Rad:** entlang der B43. **Infos:** Erlaubnisschein über den Hessenforst, ✆ 06181/950190. Sehr romantisch inmitten einer Klosterruine mit Turm und altem Brunnen. Schutzhütte mit Holztischgarnituren und Feuerstelle. Grillgerät muss mitgebracht werden.

Grillplatz Oberrodenbach, 63517 Rodenbach. Südlich von Oberrodenbach am Wanderparkplatz Barbarossaquelle gelegen. **Infos:** Erlaubnisschein über den Hessenforst, ✆ 06181/950190. Grillhütte mit Rosten, offene Feuerstelle, Schutzhütte, Holztischgarnituren.

Freizeitanlage Dicke Tanne, 63517 Rodenbach-Oberrodenbach. Zwischen Oberrodenbach und Somborn, Nähe Wanderparkplatz Barbarossaquelle/Oberrodenbach. **Preise:** gegen eine Gebühr von 25 € richtet die Schutzgemeinschaft Deutscher Wald e.V. Grillfeste aus. Essen muss mitgebracht, Getränke können vor Ort gekauft werden. **Infos:** Bruno Dieter, ✆ 06055/3281. Freizeitanlage mit Hütte, großem Holzspielplatz, Naturlehrpfad und Waldlehrgarten.

Grillplatz Buttergraben, 63571 Gelnhausen. Zwischen Gelnhausen-Höchst und Biebergemünd- Wirtheim. **Preise:** nach Personenzahl, Schulklassen frei. **Infos:** Anmeldung unter ✆ 06050/97210. Grillplatz mit Holztischgarnituren für maximal 40 Personen.

LAGER-FEUER-ROMANTIK

Tipp: Es gibt schöne Wege zum Wandern, Radeln und Skaten rund um die Klosterruine.

Achtung! Die Benutzung der meisten Grillplätze muss vorher bei den angegebenen Adressen angemeldet werden.

INFO- & FERIENADRESSEN

Tipp: Mariengrotte, Kneippanlage, Spiel- und Skaterplatz in der Nähe vom Grillplatz Gondelweiher.

Grillplatz Gondelweiher, 63579 Freigericht. Am Ortsausgang von Freigericht-Horbach Richtung Geiselbach gelegen. **Preise:** nach Personenzahl, Schulklassen frei. **Infos:** Anmeldung unter ✆ 06050/97210. Hütte mit Grillrost und Holztischgarnituren für maximal 40 Personen, an einem Seerosenweiher.

Hessischer Spessart

Grillplätze am Neidhof, 36381 Schlüchtern. Zwischen Schlüchtern und Ahlersbach gelegen. **Infos:** Verkehrsbüro, ✆ 0661/85360. 2 Grillanlagen, jeweils mit Rost, Schutzhütte und Holztischgarnituren.

Grillplatz im Bühl, 36381 Schlüchtern-Breitenbach. Zwischen Breitenbach und Wallroth gelegen. **Infos:** Verkehrsbüro, ✆ 0661/85360. Grillanlage mit Rost, Schutzhütte und Holztischgarnituren.

Tipp: Basaltsteinbruch und Naturdenkmal Schlangenbuche in der Nachbarschaft vom Grillplatz im Schulwald.

Grillplatz im Schulwald, 36391 Sinntal-Weichersbach. Zwischen Sterbfritz und Oberzell. **Infos:** Gemeinde Sinntal, ✆ 066664/800. Großer Grillplatz mit 6 Rosten, Schutzhütte, Toilette, Wiese.

Grillhütte im Webersfeld, Verkehrs- und Verschönerungsverein Bieber e.V., Karl Nickel, 63599 Biebergemünd-Bieber. ✆ 06050/2407, am nordöstlichen Ortsrand gelegen. **Preise:** Hüttenmiete 68 €, Kaution 50 €. Hütte mit Grillanlage, Zapfanlage, Gläserspülautomaten, Küche und Toiletten; in der Hütte Platz für circa 40 Personen, vor der Hütte überdachte Holztischgarnituren, kleiner Spielplatz und Kneippanlage.

Grillplatz am Schwimmbad, 63628 Bad Soden-Salmünster-Mernes. ✆ 06660/1376. **Preise:** Gebühr 20 €, Kaution 40 €. **Infos:** Gaststätte Jossatal, ✆ 06660/1374. Große Anlage für circa 50 Personen, Eisengrill mit 3 Rosten in einer Hütte, Schwenkgrill über Feuerstelle, viele Holztische und Bänke, Toilette, Wasser- und Stromanschluss. Kneippanlage in der Nähe.

Grillplatz Buchenkuppe im Schwarzen Grund, 63637 Jossgrund-Pfaffenhausen. ✆ 06059/619, Handy 0175/5726744. **Preise:** gratis. **Infos:** Anmeldung über die Revierförsterei, ✆ 06059/619. Hütte mit Grillrost und 2 gemauerten offenen Grills sowie Holztischgarnituren.

Grillplatz am Pfingstweiher, 63639 Flörsbachtal-Kempfenbrunn. **Preise:** für Familien frei, für größere Gruppen Gebühr von 12 €. **Infos:** Anmeldung über Revierförsterei, ✆ 06057/622. Grillanlage mit gemauertem Grill, Schutzhütte und Holztischgarnituren.

Grillplatz im Heiligen, 63639 Flörsbachtal-Lohrhaupten. Oberhalb des Wildgeheges. **Preise:** gratis. **Infos:** Erlaubnisschein über die Revierförsterei, ✆ 06057/653. Gemauerter Grill mit Rost, Schutzhütte und Holztischgarnituren.

Aschaffenburg – Klingenberg am Main

Grillplatz am Röllbachsbrunnen, 63934 Röllbach. Zwischen Röllbach und Collenberg gelegen. **Preise:** je nach Personenzahl bis 20 Personen 10 € für Einheimisch, 15 € für Auswärtige. **Infos:** Gemeindeverwaltung, ✆ 09372/923653. Idyllische Lage in einem alten Eichenbestand an einer Quelle. Kneippanlage, Blockhütte, offener, gemauerter Grill, Holztischgarnituren.

Grillplatz am Franziskusberg, 97837 Erlenbach am Main-Streit. **Preise:** 10 €. **Infos:** Stadt Erlenbach, ✆ 09372/70430. Großgrill mit Umgriff, Holztischgarnituren, Wasseranschluss, Toilette im Friedhofsgebäude.

Hochspessart

Grillplatz am Kloster Himmelthal, 63820 Elsenfeld. Zwischen Rück-Schippach und Eschau gelegen. **Infos:** Frau Gaese, ✆ 09374/7534. Grillhütte mit Holzkohlegrill, elektrischem Strom, Wasseranschluss, Lagerfeuerstelle und Bolzplatz.

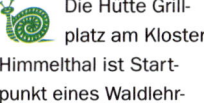 Die Hütte Grillplatz am Kloster Himmelthal ist Startpunkt eines Waldlehrpfades.

Grillplatz am Lichtenauer Weg, 63860 Rothenbuch. Am östlichen Ortsrand. **Preise:** Gebühr 15 €, Kaution 50 €. **Infos:** ✆ 06094/462. Überdachter Schwenkgrill, Holztischgarnituren, einfache Toiletten, kein Wasseranschluss, Stromanschluss kann gelegt werden.

Grillplatz in Wildensee, 63863 Eschau-Wildensee. Am nördlichen Ortsrand. **Preise:** gratis. **Infos:** Anmeldung

unter ✆ 09374/328 oder 99917. Freizeitanlage mit Grillhütte, Holzspielplatz, Weiher und Kneippanlage.

Grillplatz am Freizeitgelände Buchrain, 63872 Heimbuchenthal. Am südlichen Ortsrand, Nähe Waldsee, Sportanlagen. **Preise:** gratis. **Infos:** Gemeindeverwaltung, ✆ 06092/94228. Freizeitanlage mit Grillhütte und Holzspielplatz. In der Nähe ist ein kleiner Weiher.

Grillplatz am Eselsweg, 63933 Mönchberg. An der Staatsstraße 2241 Richtung Collenberg. **Preise:** Gebühr 15 €, Kaution 100 €. **Infos:** Markt Mönchberg, ✆ 09374/9799616. Grillplatz mit gemauertem Grill, Schutzhütte und Spielplatz, schöner Talblick.

Grillplatz am Hainbuchenbrunnen, 63933 Mönchberg. Nördlich von Mönchberg, Richtung Aubachtal gelegen. **Preise:** Gebühr 15 €, Kaution 100 €. **Infos:** Markt Mönchberg, ✆ 09374/9799616. Grillplatz mit gemauertem Grill und kleinem, überdachten Rondell.

Grillplatz am Sportplatz, 63933 Mönchberg-Schmachtenberg. Nördlich von Mönchberg, Richtung Aubachtal gelegen. **Preise:** 15 €, Kaution 100 €. **Infos:** Markt Mönchberg, ✆ 09374/9799616. Grillhütte für 100 Personen mit gemauertem Grill, großes Freigelände.

Tipp: Auf Wunsch richtet der **Gasthof Talblick** auch Grillfeste aus.

Grillhalle beim Gasthof Talblick, 97839 Esselbach-Steinmark. **Preise:** Hüttenmiete 100 € plus Kaution. **Infos:** ✆ 09394/97220. Hütte mit Grillanlage, Theke, Zapfanlage, Spüle, Toiletten, 70 Sitzplätzen, großes Grundstück mit Fischteichen.

Östlicher Spessart

Grillplatz am Mäusberg, 97775 Burgsinn. Wegweiser an der Straße nach Fellen/Bad Orb. **Preise:** Gebühr 25 €. **Infos:** Verbandsgemeinde Burgsinn, ✆ 09356/991021. Offener Grill mit Holztischgarnituren und Toilette, Wasser- und Stromanschluss.

Tipp: Der Aufenthalt auf dem Grillplatz am Parksee lässt sich gut mit einer Kanutour verbinden.

Grillplatz am Parksee, 97794 Rieneck. Zwischen Rieneck und Gut Dürnhof. **Preise:** gratis. **Infos:** Stadt Rieneck, ✆ 09354/97330. Schöne Lage, direkt an der Sinn. Gemauerter Grill, Schutzhütte, Holztischgarnituren. Ein Grillrost ist bei der Stadt Rieneck zu leihen.

Südlicher Spessart

Grillplatz am Busigberg, 63920 Großheubach. Fußweg von Straße Großheubach-Roßhof, in circa 15 Minuten erreichbar. **Infos:** Marktverwaltung, ☎ 09371/409933. Schutzhütte, Sitzgelegenheit, Grillgerät mitbringen.

Grillplatz Walzrainweg, 63925 Bürgstadt. ☎ 09371/97380, Am Radweg nach Eichenbühl. **Preise:** gratis. **Infos:** Markt Bürgstadt, ☎ 09371/97380. Offener Grillplatz mit zwei Rosten und Holztischgarnituren.

Erlebnisbad Maradies, Am Schwimmbad, 97828 Marktheidenfeld. ☎ 09391/4131, karl-heinz.pilsl@marktheidenfeld.de. **Zeiten:** Mo – Fr 9 – 22 Uhr, Sa, So und Fei 9 – 20 Uhr. **Preise:** 2,50 €; Kinder bis 5 Jahre frei, bis 16 Jahre 1 €. Barbecue-Zone im Freibad, Elektrogrill mit Münzeinwurf. Die Benutzung ist im Schwimmbadeintritt inbegriffen.

Grillplatz an der Köhlerhütte, 97828 Marktheidenfeld-Glasofen. Auf der Glasofener Höhe. **Infos:** Köhlerverein Glasofen, ☎ 0160/98976695. Holzhütte mit Spüle, Strom-, Wasser- und Gasanschluss für circa 25 Leute, vor der Hütte Feuerstelle, Holztischgarnituren, Spiel- und Sportplatz.

Grillplatz des Stammtischs Neuenbuch, 97909 Stadtprozelten-Neuenbuch. Zwischen Neuenbuch und Wildensee. **Preise:** Gebühr 55 €, Kaution 45 €. **Infos:** ☎ 09392/8180. Hütte mit gemauertem Grill, Toilette, Wasser- und Stromanschluss, Holztische und Bänke.

Im Wald rund um den Grillplatz am Busigberg viele Kletterfelsen, schöne Aussicht über das Maintal und zum Kloster Engelberg.

Schöne Wandermöglichkeit zum Waldspielplatz des Wandervereins Maßkanne.

Bei Bauern, Schäfern und Winzern

▶ Einkaufen auf dem Bauernhof macht bestimmt nicht nur Kindern mehr Spaß als das langweilige Schlangestehen an der Supermarktkasse. Auf den meisten Höfen darf man einen Blick in die Stallungen werfen. Es gibt frisches Obst und Gemüse, sowie Geflügel, Fleisch und Wurst aus eigener Schlachtung, häufig frisches Holzofenbrot und Eier von frei laufenden Hühnern zu kaufen. Zu den Spezialitäten des Spessarts zählen außerdem Wild, Bachforellen,

EINKAUFEN

Achtung! Vor einem Einkaufsbesuch empfiehlt es sich anzurufen. Die meisten Hofläden haben keine festen Öffnungszeiten und manche Produkte gibt es nur auf Vorbestellung.

INFO- & FERIENADRESSEN

Kochkäse und Apfelwein. Entlang des Mains gibt es viele Winzer, die zum Teil auch Führungen durch ihre Weinberge anbieten.

Hanau – Gelnhausen

Ralf Wurps, Speckweg 23, 63456 Hanau. ✆ 06181/60939, Fax 661299. ralfwurps@t-online.de. Obst und Gemüse.

Hessischer Spessart

Fritz Kohlhepp, Huttener Straße 51, 36381 Schlüchtern-Elm. ✆ 06661/1851. Diverse Backwaren, Apfelsaft.

Hofladen Deuker, Familie Deuker, Hirschwaldstraße 8, 36391 Sinntal-Weichersbach. **Zeiten:** Sa 8 – 13 Uhr. Rindfleisch aus Mutterkuh-Haltung, Schweinefleisch, Wurstwaren, Eier.

Luisenhof, Karl-Ernst Herber, 36396 Steinau an der Straße-Ulmbach. ✆ 06667/474. Kartoffeln, Fleisch- und Wurstwaren.

Weidenhof, Achim Müller, 63607 Wächtersbach-Neudorf. ✆ 06053/2822, Fax 1858. weidenhof.mueller@t-online.de. Kartoffeln, Fleisch von Schwein und Rind.

Bioland Hofladen, Matthias Herter, Waldstraße 15, 63639 Flörsbachtal-Mosborn. ✆ 06057/1358, Fax 1358. www.oekohof-mosborn.de. **Zeiten:** Fr 15 – 19 Uhr. Fleisch und Wurstwaren, Gemüse, Salat, Getreide und Getreideprodukte, Vollkornbrot, Käse, Milchprodukte, Wein und Säfte.

Vorspessart & Kahlgrund

Erdbeerranch, Familie Höfler, Märkerstraße 35, 63755 Alzenau. ✆ 06023/5882. Saisonal Grün- und Bleichspargel, Erdbeeren, Himbeeren, Gemüse, Salate und Kräuter, Speise- und Zierkürbis sowie Christbäume. Ganzjährig Äpfel, Kartoffeln, Honig, Frankenweine, Sekt und Edelbrände, Wurst, eingelegte Spargelspitzen und -stücke, Erdbeermarmelade.

Weingut Friedel Simon, Schlossbergstraße 1a, 63755 Alzenau-Wasserlos. ✆ 06023/5477, Fax 5420. www.

Spessartmarkt, Steinau an der Straße. Bauernmarkt auf dem Marktplatz/Kumpen Di 8 – 13 Uhr.

Tipp: Produkte aus kontrolliert biologischem Anbau im Bioland Hofladen.

weingut-simon.de. weingut-simon@t-online.de. Frankenweine, -sekt, Bordeaux, Destillate aus eigenem Obst, saisonal außerdem Äpfel, Birnen, Federweißer und Sommerweine. Nettes Weinlokal.

Winzerstübchen, Jürgen Simon, Schlossbergstraße 2, 63755 Alzenau-Wasserlos. ✆ 06023/7493, Fax 993279. www.simon-weingut.de. weingut-j.simon@t-online.de. **Zeiten:** Weinverkauf täglich ab 9 Uhr; Gaststätte Fr, Sa, Mo ab 17 Uhr, So ab 13 Uhr. Weinlädchen mit Frankenweinen aus eigenem Anbau.

Kurt Holler, Am Boppengraben 4, 63768 Hösbach-Rottenberg. ✆ 06024/7143. Rindfleisch, Lammfleisch, Obst und Wein.

Hirtenhof Erich Fleckenstein, 63768 Hösbach-Rottenberg. ✆ 06024/9877. Lammfleisch und -felle, Kalbs- und Rindfleisch, Getreide, Kartoffeln, Biolandprodukte.

Otto Klotz, Wendelinusstraße 6, 63776 Mömbris-Brücken. ✆ 06029/8674. Kartoffeln, Eier, Obst, Beeren, Saft, Apfelwein, Schnaps.

Auhof, Familie Herzog, Auf der Au 1, 63811 Stockstadt am Main. ✆ 06027/1505, 1690. Müsliprodukte, Eier, Nudeln, Honig, Beeren, Hausmacher Wurst, Obstsäfte ud Obstschnaps.

Berghof, Familie Schmelz/Schudt, Im Langenborn 8, 63825 Schöllkrippen. ✆ 06024/9233, Fax 633737. www.derberghof.de. info@derberghof.de. Ziegenmilchprodukte, Taschen und Hosen aus Ziegenleder, Ziegenfleisch und -wurst, auch Rind- und Kalbsfleisch, neben eigenen Erzeugnissen auch ausgesuchte Bioprodukte anderer Höfe der Region.

Josefshof, Hans Radizi, 63825 Schöllkrippen. ✆ 06024/1706, 80267. Rind- und Schweinefleisch, Geflügel, Eier, Wurst.

Langenborner Hof, Klaus und Burgi Kilgenstein, Im Langenborn 5, 63825 Schöllkrippen. ✆ 06024/675-433, Fax 675-4348. www.langenborner-hof.de. info@langenborner-hof.de. **Zeiten:** Mo – Fr 9 – 18 Uhr, Sa 8 – 13 Uhr. Wurstwaren, Frischfleisch von Hase, Lamm, Schwein, Rind, Geflügel, Wild. Brot- und Backwaren,

Hunger & Durst

Das **Winzerstübchen** ist ein nettes Weinlokal mit Laube, leckerem Käse, die meisten Gerichte gibt es auch als kleine Portionen.

 In den **Weinorten am Main** bietet eine Vielzahl von Winzern Weine, Tresterbrände und Winzersekt im Direktverkauf an. In den Sommermonaten gibt es häufig Weinproben in den Weinbergen oder auf den Winzerhöfen. Dazu wird eine Vesper gerreicht. Getafelt wird oft draußen im Freien! Termine und Adressen dieser »Häckerwirtschaften« telefonisch erfragen. Infos beim Weinbauverein, ✆ 06023/5947.

Tipp: Ferienappartements in einer Villa aus dem Jahr 1918 in Planung mit Sonnenterrasse, Badeteich, Fahrradverleih!

Kartoffeln, Obst, Gemüse, Liköre, Brände, Nudeln und Käsespezialitäten.

Bauernladen, Monika Büttner, Großkahler Straße 10, 63828 Kleinkahl-Großkahl. ✆ 06024/3278, Fax 633472. **Zeiten:** Mi und Fr 9 – 12.30 und 14.30 – 18 Uhr; Sa 8 – 12.30 Uhr. Stallhasen, Rind- und Schweinefleisch, Wurst, Räucherwaren, Eier, Nudeln, Kochkäse. Sa heißer Leberkäse, Haspel und Grillfleisch.

Heinrich Seubert, Dr.-Fr.-Stein-Straße 7, 63846 Laufach. ✆ 06093/8174. Frischgeflügel auf Bestellung, Milch, Eier, Nudeln; Geschenkkörbe.

Hunger & Durst
Brückner ist ein Bauerngasthof mit rustikaler Gaststube.

Gasthof Brückner & Hans Werner GmbH, Sachsenhäuser Straße 11, 63846 Laufach. ✆ 06023/475. **Zeiten:** Mi – Sa. Hausschlachtung, Apfelwein und Quarkkäse. Im Verkauf auch Hausmacherwurst, Holzofenbrot, Kartoffel- und Birnenbrand.

Georg Gerber, Steiger 16, 63856 Bessenbach. ✆ 06093/8882. Schweine-, Rindfleisch, Babybeef, Hausmacher Wurst, Schinken, Kochkäse, Apfelwein.

Alfred Scherf, Dorfstraße 3, 63856 Bessenbach. ✆ 06095/558. Obst, Schnäpse, Likör, Apfelwein, Most, Fleisch und Wurst.

Tipp: Ökologisch ausgerichteter Betrieb.

Landgasthof Waldmichelbach, Familien Herold und Schultes, Waldmichelbach 4, 63856 Bessenbach. ✆ 06095/674, www.waldmichelbacher-hof.de. info@waldmichelbacher-hof.de. **Zeiten:** Di 14 – 24 Uhr, Mi – So 11 – 24 Uhr, Mo Ruhetag. Schlachtung von Jungrindern aus Mutterkuhherden-Haltung, außer Rind- auch Schweinefleisch, Wurst, Brot, Apfelwein, Obstbrände.

Bauernhof Hermann Gross, Mühlstraße 12, 63877 Sailauf. ✆ 06024/9046. Rindfleisch, Backofenbrot.

Aschaffenburg – Klingenberg am Main

🍎 **Bauernmarkt** auf dem Schlossplatz von Aschaffenburg jeden Sa 8 – 12 Uhr.

Franz Ebert, Schollstraße 30, 63808 Haibach. ✆ 06021/69891. Saisonal Erdbeeren, Spargel, Buschbohnen, Gurken. Ganzjährig Eier, Nudeln, Äpfel, Kartoffeln, Karotten.

Christian Schüßler, Spessartstraße 74, 63834 Sulzbach am Main. ✆ 06028/3165. Rind- und Schweinefleisch,

Wurst, Ziegen-, Kochkäse, Butter, Eier, Nudeln, Honig, Marmelade, Liköre, Kartoffeln; Geschenkkörbe.

Kastanienhof, Gebrüder Ludwig, 63911 Klingenberg-Röllfeld. ✆ 09372/3245. Beeren, Obst.

Winzer- und Spargelhof, Rainer Wengerter, Himmeltalerstraße 42, 63911 Klingenberg-Röllfeld. ✆ 09372/921154. Kartoffeln, Spargel, Wein, Äpfel, Apfelwein, und -saft.

Hochspessart

Leo Spieler, Heimathenhof 1, 63872 Heimbuchenthal. Eier, Nudeln, Honig, hausgemachte Marmelade, Eierlikör, Säfte.

Karin Lamster, Bozerei 3, 63875 Mespelbrunn. ✆ 06092/1527. Rindfleisch, Obst, hausgemachte Marmeladen, Apfelwein, Getreide, Kartoffeln.

Wolzmühle, Klaus Wolz, 63933 Mönchberg. ✆ 09374/1251. Rind- und Schweinefleisch, Wurst, Eier, Nudeln, Kochkäse, Forellen, Kartoffeln, Obst.

Forellenzucht, Peter Grimm und Monika Nolda, 97840 Hafenlohr-Erlenfurt. T 09352/9046. Süßwasserfische, frisch oder geräuchert.

Bauernhof Günter Tretter, Faulbacher Straße 39, 97907 Hasloch. ✆ 09342/84440. Rindfleisch, Milch, Kartoffeln.

Rößhof, Richard und Rainer Ott, 97907 Hasloch-Hasselberg. T 09342/5253. Juni bis August Heidelbeeren; Juni bis Dezember Damwild; November bis Dezember Gänse und Enten.

Östlicher Spessart

Schäferei, Edeltraud und Edwin Michler, Adolphsbühlstraße 73, 97737 Gemünden. T 09351/3864. Lammfleisch, Schafswurst, -schinken, Marmelade, Schnaps, Liköre, Bauernbrot.

Hofladen und Café der SOS Dorfgemeinschaft Hohenroth, 97737 Gemünden-Hohenroth. T 09354/909-90, Fax 909-918. Handy 1342. **Zeiten:** Mi – Sa 9 – 17.30 Uhr, So 13 – 17.30 Uhr, Mo nur Hofladen 9 – 11.30

🍎 **Viktualienmarkt**, Klingenberg. auf dem Winzerfestplatz, Fr ab 14 Uhr.

Tipp: Betriebsbesichtigung nach Absprache.

🍎 Jeden 1. So im Mai ist **Kräutertag** im Hofladen der SOS Dorfgemeinschaft mit Verkauf von Kräutern, Pflanzen und Sämereien für den Garten aber auch krautigen Schlemmereien und Kinderspielen! Jeden 1. So im Advent großer Adventsbazar!

und 14 – 17.30 Uhr. Produkte aus den hofeigenen Werkstätten, darunter Holzspielzeug, handgewebte Decken und Schals, Bienenwachskerzen, landwirtschaftliche Produkte, Milcherzeugnisse, Backwaren, Demeterprodukte und Transfair-Kaffee.

Bauernmarkt, Lohr am Main. am Alten Rathaus jeden 1. Sa im Monat außer im Januar.

Josef und Peter Dietrich, Steintalerhof 5, 97816 Lohr am Main. T 09352/1384, 70104. Geflügel, Eier, Nudeln, Kartoffeln.

Fischzucht, Aldalbert Höfling, Brunnenwiesenweg 38, 97816 Lohr am Main. ✆ 09352/2865. Süßwasserfische, frisch oder geräuchert.

Peter Stenger, Am Dorfbrunnen 10 – 12, 97816 Lohr am Main-Halsbach. ✆ 09359/478. Himbeeren, Johannisbeeren, Stachelbeeren, Edelobstbrände, Fruchtliköre, Apfelsaft, -most, Fruchtwein.

Hunger & Durst

Zu den meisten Höfen des Klotzenhofs gehört eine Gaststube, in der man ausgesprochen günstig vespern kann.

Tipp: Der Weinbauverein informiert über Direktvermarkter von Wein, Bränden und Sekt sowie über die Termine der Häckerwirtschaften.

Südlicher Spessart

Klotzenhof, Josef Schiepeck, Klotzenhof 3, 63920 Großheubach. ✆ 09371/3422. Der Klotzenhof ist ein hübsch gelegener Weiler nordöstlich von Großheubach. Neben Obst und Gemüse frisch vom Bauern gibt es auch Hausmacher Wurst, Kochkäse, Holzofenbrot, Apfelwein und Schnaps.

W. und M. Zöller GbR, Äußere Mühle, Röllbacher Straße 80, 63920 Großheubach. ✆ 09371/80804, 8144. Holzofenbrot aus Natursauerteig, Hausmacher Wurst und Schinken, Lamm- und Rindfleisch auf Vorbestellung, Honig, Spargel, Äpfel, Kartoffeln, Christbäume.

Weinbauverein Großheubach, 63920 Großheubach. ✆ 09371/67609.

Winzer, Peter Meisenzahl, 63927 Bürgstadt. ✆ 09371/1220. Neben Weinproben auch Weinbergführungen, Mithilfe bei der Traubenernte möglich.

Winzerhof, Alfred Blank, Maintalstraße 33, 97855 Triefenstein-Homburg. ✆ 09395/99319. Wein, Schnaps, Apfelwein, Marmelade.

Werner Bendel, 97855 Triefenstein-Rettersheim. ✆ 09395/270. Rindfleisch, Geflügel, Eier, Himbeeren, Erdbeeren, Marmelade, Kartoffeln.

Bauernmarkt in Marktheidenfeld Fr 8 – 18 Uhr.

PMV RABBIT

FREIZEIT-KARTEN

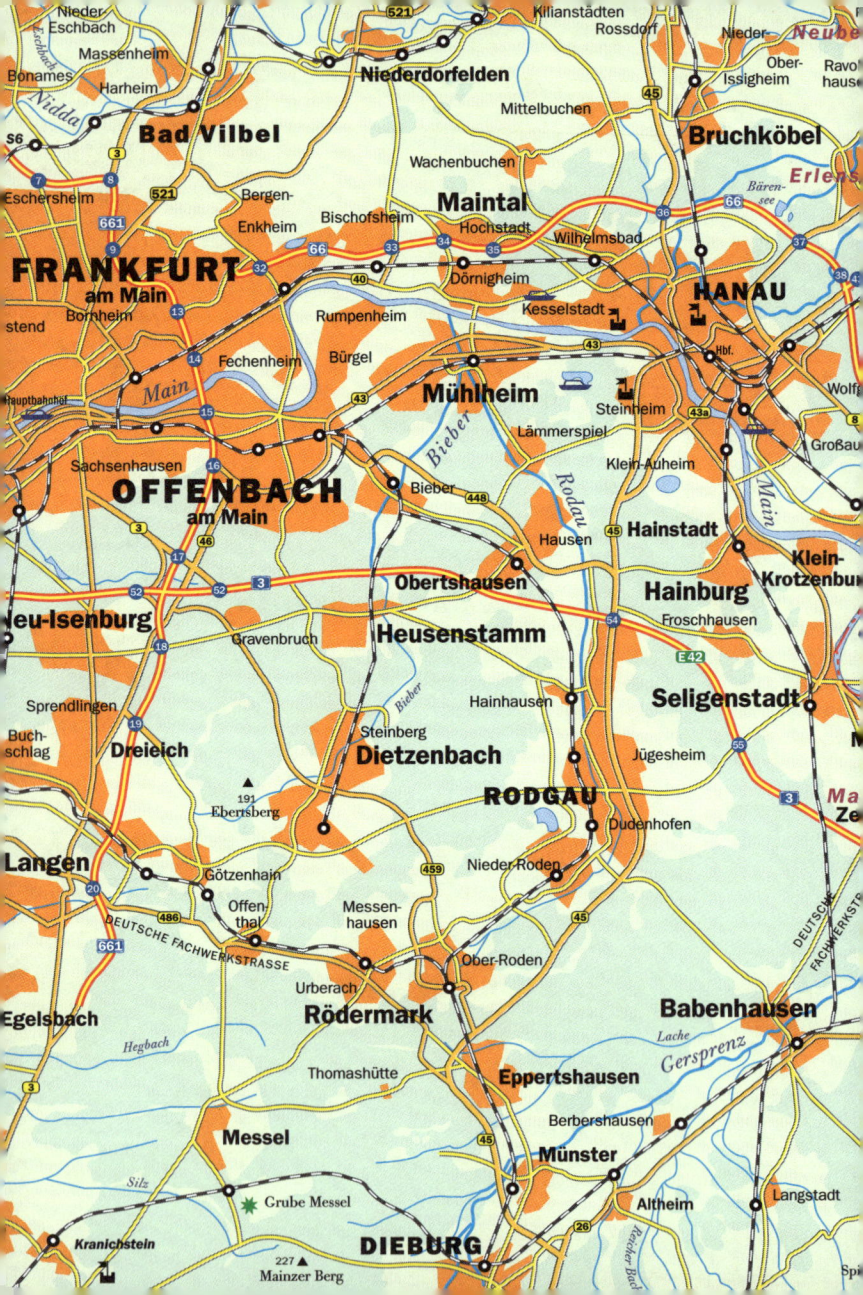

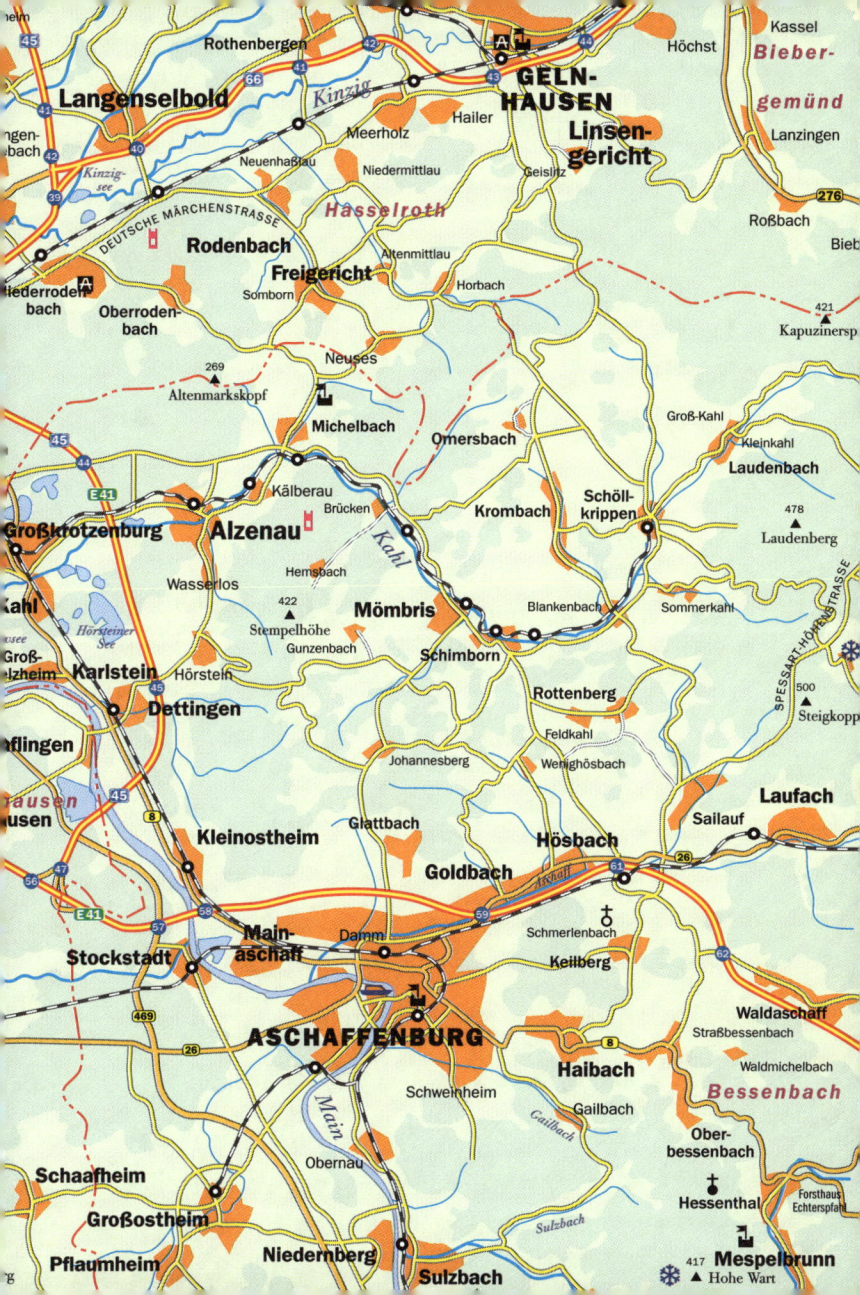

Register

A

B

C

D

E

Impressum

Unsere Inhalte werden ständig gepflegt, aktualisiert und erweitert. Für die Richtigkeit der Angaben kann der Verlag jedoch keine Haftung übernehmen. | © 2. Auflage 2006. Peter Meyer Verlag, Schopenhauerstraße 11, 60316 Frankfurt am Main, info@PeterMeyerVerlag.de, http://www.PeterMeyerVerlag.de Umschlag- und Reihenkonzept, insbesondere die Kombination von Griffmarken und Schlagwort-System auf dem Umschlag, sowie Text, Gliederung und Layout, Karten, Tabellen und Illustrationen sind urheberrechtlich geschützt. | **Druck & Bindung:** Kösel, Kempten; www.KoeselBuch.de | **Umschlagdesign:** Agentur 42, Mainz | **Zeichnungen:** Silke Schmidt, Offenbach | **Fotos:** die Autorin, der Verlag sowie mit Dank: Burg Rieneck 180, 196; Puppenschiff Mainaschaff 116, 140; Campingsee Kahl 99; Deutsche Zentrale für Tourismus 35, 232; Heinrich-Fischer-Bad 12, 13; Hessen Tourismus Service 46, 218; pmv Caroline Rothauge 90 , 92, 97, 118; Schulbauerndorf Weichersbach 75, 266; Karoline Sinur 87; Spessartmuseum Lohr 199; Tourist-Information Bad Orb 71; Tourist-Information Lohr am Main 203; Tourist-Information Steinau a.d.Straße 50, 52, 64, 76, 83, 84, 85, 108; Tourist-Information Spessart-Main-Odenwald 121, 129, 132; Wolfsgrube, Ernst Bilz 165. | **Karten:** Peter Meyer Verlag. Lizenzvergabe gegen Gebühr möglich. | **ISBN:** 3-89859-407-6 | **Bezug über:** ✆ 069/494449.

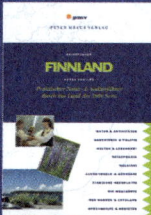